女子栄養大学 料理のなるほど実《じつ》験《けん》室《しつ》

研究室で検証しました!

料理をおいしく作るコツ

監修
吉田企世子 女子栄養大学名誉教授
松田康子 女子栄養大学調理学研究室教授
奥嶋佐知子 女子栄養大学調理学研究室准教授

女子栄養大学出版部

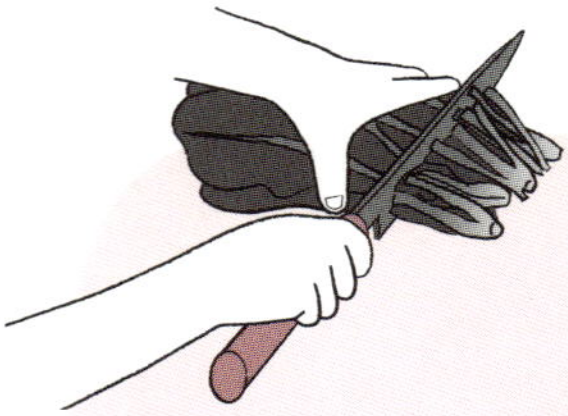

家庭でおいしい料理を作ってほしい。

この本の根本にあるのは、「家庭でおいしい料理を作ってほしい」という思いです。料理を作るのがめんどうだから作りたくないという人には、おいしさは守りつつ、できるだけ調理の作業を簡単にする方法を紹介したい、料理をよく失敗するという人には、失敗せずにおいしく作るポイントを紹介したい、料理をもっとおいしく作りたいという人には、もっとおいしく作るポイントを紹介したい、そのために、いろいろな調理法を検証し、きちんとした確証のある結果（調理法）をこの本で紹介します。

この本に紹介している内容は、すべて月刊誌『栄養と料理』の企画として、女子栄養大学や女子栄養大学短期大学部の先生方が、実験・検証して、それを記事にしてきたものです。ですから、料理や調理の専門家のお墨つきです。

料理を作る手間が減ったり、料理を失敗せずにおいしく作れるようになったりすると、日々の料理作りが楽しくなるのではないでしょうか。料理を作る人がそのような気持ちになるよう、この本がお手伝いできると幸いです。

この本の見方

味の官能評価とは

●人の五感（視覚・聴覚・臭覚・味覚・触覚）を使って食べ物の外観や香り、味、テクスチャー（かたさ、なめらかさ等）などの特性や嗜好《しこう》を調べることです。

例／図1　こんぶとカツオ節のだし汁の官能評価

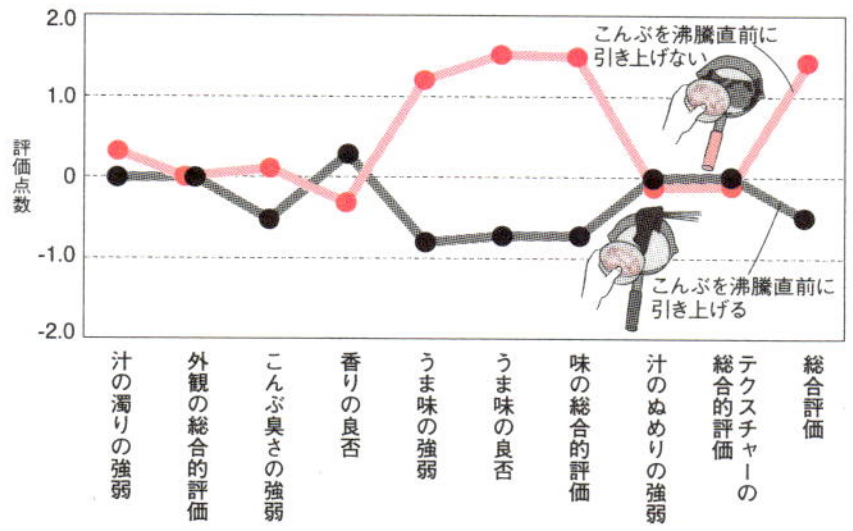

例／図2　ゆでたほうれん草の破断強度とかたさの官能評価

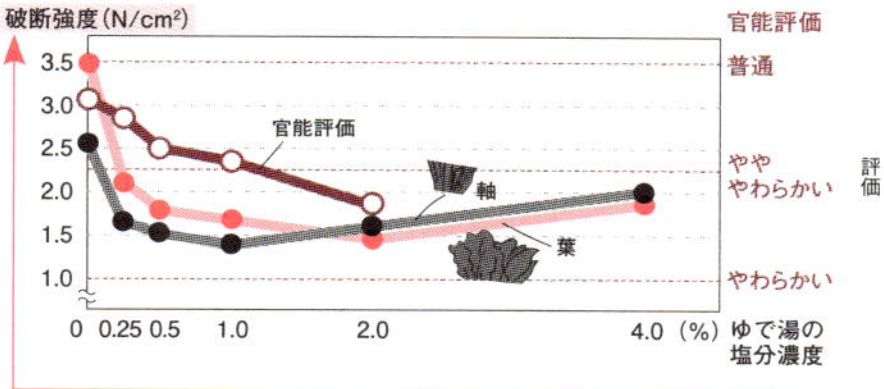

官能評価の図の見方

●評価項目を横軸に、評価点数を縦軸にとって評価の平均点数を図に表わしました（例／図1）。

評価者について

●女子栄養大学と女子栄養短期大学部の教職員および学生で行ないました。

用語について

●「破断」の説明

図中にある「破断」とは食品のかたさを機器で測定した数値（測定試料が壊れるまで圧縮させる破断強度試験の数値）です。数値が高いとかたいことを表します（例／図2）。

●破断の単位変更の説明

『栄養と料理』掲載時はかたさの測定単位をdyn／㎠で示していましたが、経済産業省が「計量法」を国際単位系（SI単位）に改めたため、SI単位のN／㎠に変更して表示しました。

料理のレシピについて

●レシピにある1カップは200㎖、大さじ1は15㎖、小さじ1は5㎖、ミニスプーンは1㎖です。計量カップ・スプーンによる調味料等の重量は、11ページを参照してください。

●レシピの分量は、基本的に正味重量（下処理したあとの重量）で示しています。

●料理に使用した塩は精製塩（小さじ1＝6g）です。

●塩分は、食塩相当量（ナトリウムの量を食塩に換算した量）のことです。

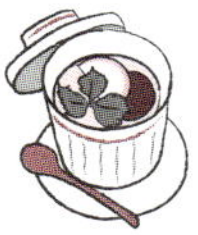

調理の基本

卵

肉

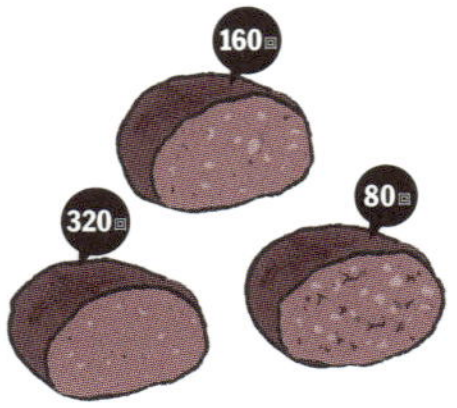

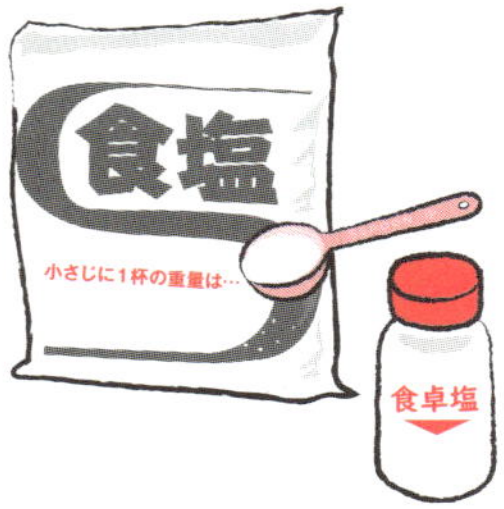

魚介

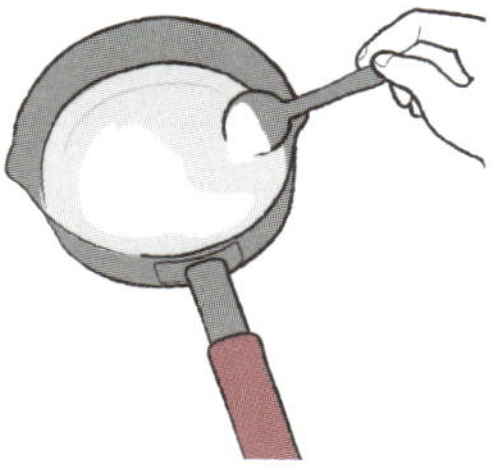

野菜

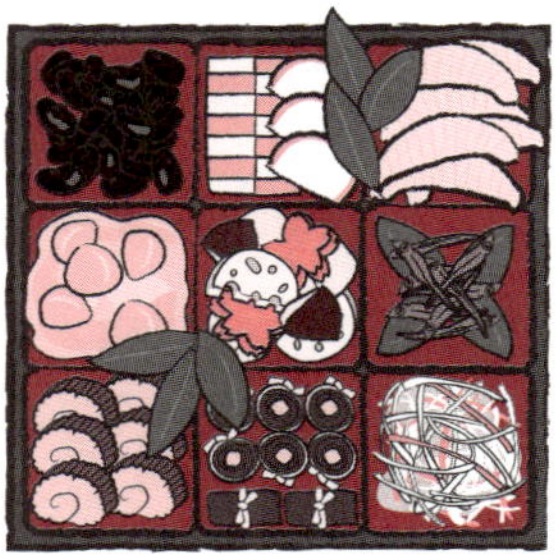

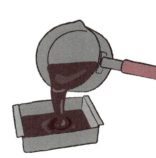

食塩の小さじ1杯の重量は？

食塩※1および精製塩※1は小さじ1杯で6g、並塩※2は小さじ1杯で5gになる。

小さじに1杯（5㎖）の塩の重量はどの塩でも同じというわけではありません。

「食塩」「精製塩」「並塩（あら塩、天然塩など）」の三種の塩について小さじ1杯の重量を精査したところ、「並塩」の小さじ1杯は5gでしたが、「食塩」と「精製塩」の小さじ1杯は6gであるという結果が出ました。これは、食塩と精製塩は精製度が高くて塩の粒子が細かく、粒子間のすき間の部分が少ないことが要因にあると考えられます。

※1／（財）塩事業センターの食塩および精製塩。
※2／たいていの天然塩（特殊製法塩）。「あら塩」などの名称で販売されている。

検証 三種の塩の重量を計ってみた。

食塩

（財）塩事業センターが販売している塩（塩化ナトリウム含有量は99％以上）。

小さじ１
6g

精製塩

（財）塩事業センターが販売している、精製度の高い塩（塩化ナトリウム含有量は９９.５％以上）。

小さじ１
6g

並塩

「あら塩」「天然塩（特殊製法塩）」などの名称で販売している塩。

小さじ１
5g

【実験条件】

女子栄養短期大学の学生を無作為に10人選出し、三種の塩について、計量カップおよび計量スプーンによる計量をそれぞれ10回ずつ行なった。

表1 標準計量カップ・スプーンによる重量表（g）

2017年1月改訂

食品名	小さじ（5mℓ）	大さじ（15mℓ）	1カップ（200mℓ）	ミニスプーン（1mℓ）
水・酒・酢	5	15	200	
並塩（あら塩・天然塩）	5	15	180	1
食塩・精製塩	6	18	240	1.2
しょうゆ（濃い口・うす口）	6	18	230	1.2
みそ（淡色辛みそ）	6	18	230	
みそ（赤色辛みそ）	6	18	230	
みりん	6	18	230	
砂糖（上白糖）	3	9	130	
グラニュー糖	4	12	180	
はちみつ	7	21	280	
メープルシロップ	7	21	280	
ジャム	7	21	250	
油・バター	4	12	180	
ラード	4	12	170	
ショートニング	4	12	160	
生クリーム	5	15	200	
マヨネーズ	4	12	190	
ドレッシング	5	15	—	
牛乳（普通牛乳）	5	15	210	
ヨーグルト	5	15	210	
脱脂粉乳	2	6	90	
粉チーズ	2	6	90	
トマトピュレ	6	18	230	
トマトケチャップ	6	18	240	
ウスターソース	6	18	240	
中濃ソース	7	21	250	
わさび（練り）	5	15	—	
からし（練り）	5	15	—	
粒マスタード	5	15	—	
カレー粉	2	6	—	
豆板醤・甜麺醤	7	21	—	
コチュジャン	7	21	—	
オイスターソース	6	18	—	
ナンプラー	6	18	—	
めんつゆ（ストレート）	6	18	230	
めんつゆ（3倍希釈）	7	21	240	
ぽんずしょうゆ	6	18	—	
焼き肉のたれ	6	18	—	
顆粒だしのもと（和洋中）	3	9	—	
小麦粉（薄力粉、強力粉）	3	9	110	
小麦粉（全粒粉）	3	9	100	
米粉	3	9	100	
かたくり粉	3	9	130	
上新粉	3	9	130	
コーンスターチ	2	6	100	
ベーキングパウダー	4	12	—	
重曹	4	12	—	
パン粉・生パン粉	1	3	40	
すりごま	2	6	—	
いりごま	2	6	—	
練りごま	6	18	—	
粉ゼラチン	3	9	—	
煎茶・番茶・紅茶（茶葉）	2	6	—	
抹茶	2	6	—	
レギュラーコーヒー	2	6	—	
ココア（純ココア）	2	6	—	

			1カップ（200mℓ）	1合（180mℓ）
米（胚芽精米・精白米・玄米）			170	150
米（もち米）			175	155
米（無洗米）			180	160

小さじ1（5㎖）＝5gとは限らない

料理をするときに、調味料などは計量カップや計量スプーンで計量して使うことが多いことでしょう。多くの料理雑誌や料理本のレシピで使われていることも一因でしょう。

しかし、同じ小さじ1杯（5㎖）でも、食品によって重量（g）が違うことをご存知ですか。

「小さじ1杯（5㎖）＝5g」と思いがちですが、食品によって重量が違います。たとえば、酒や酢は小さじ1＝5gですが、砂糖は小さじ1＝3gですし、しょうゆは小さじ1＝6gです。また、塩は種類によっても重量が違います。特に塩は使用量が少量でも違うと味が変わりますし、塩分を気にしている人には、1gの差は重大です。まずは、塩について説明します。

塩は種類によって重量が違う

以前、塩は「小さじ1杯＝5g」として認識されてきました。しかし、1999年版の女子栄養大学出版部刊『四訂食品成分表』の「標準計量カップ・スプーンによる重量表」から、「食塩」「精製塩」は小さじ1＝6g、「並塩（天然塩・特殊製法塩）」は小さじ1＝5gを採用することにしました。

というのも、それまでの「標準計量カップ・スプーンによる重量表」の値は、計測してからすでに20年は経過しているといわれており、塩に限らず新製品がいろいろと出まわっていたため、さまざまな食品の重量を再計測し、従来の測定値と比較検討することにしたのです。

塩については、「食塩」「精製塩」「並塩（特殊製法塩）」の三種について小さじ1杯の重量を調査したところ、並塩の小さじ1杯は5gでしたが、食塩と精製塩の小さじ1杯は6gであるという結果が出ました。ただし、並塩はいろいろな製品が販売されています。塩の粒子や水分量の違いなどから、すべて小さじ1杯が5gとは限りません。並塩を使う場合は、一度測ってみましょう。

ほかの食品についても再検討

先の三種の塩の重量はこの調査の中で得られた結果の

一つであり、同時に何種類かの食品について、小さじ1杯の重量が従来の重量表の数値とは違うことが明らかになりました。

なお、それぞれの食品の大さじ（15㎖）の重量はすべて小さじ（5㎖）の重量の3倍となっています（本調査で、小さじ1杯の重量の3倍を大さじ1杯の重量とみなしてもよいことを確認してあります）。一方、計量カップ（200㎖）1杯の重量は計測結果の平均値をそのまま採用したものであり、小さじでの重量を40倍して得た数値ではありません。

女子栄養大学ではこの調査結果に基づいて、「標準計量カップ・スプーンによる重量表（g）」の数値全体は『四訂食品成分表』１９９９年版から新しい重量表の数値を採用することになりました。

時代の変化とともに食品の重量を再検討

その後、２００７年12月からは、米について「精白米」「胚芽精米」「無洗米」「もち米」の1カップと1合の重量についても再計測した新しい数値を採用しました。

さらに、２０１７年1月には、新しい食品や使用頻度の高くなった食品を加えたり、再計測したりした新しい数値を採用しました。

11ページの表1に、これら最新の「標準計量カップ・スプーンによる重量表（g）」を掲載しました。

また、1㎖が計れる「ミニスプーン（1㎖）」は塩少量を計ることができるため、少人数分の料理を作る人や減塩食にとり組んでいる人には便利な計量スプーンです。塩としょうゆについてミニスプーンの重量も紹介しています（この数値は、小さじや大さじの重量から換算したものです）。

これらの調味料の重量を知っておくと、いちばん便利なのは、栄養素量や塩分が計算できることです。「日本食品標準成分表」（文部科学省）は100g当たりの数値で掲載されていますし、商品などのパッケージに表示されている栄養表示には、重量（g）で紹介されていることもあるからです。

ただし、「標準計量カップ・スプーンによる重量表」はあくまでも目安量として考えてください。

（ミニスプーン問い合わせ／女子栄養大学代理部　TEL03－3949－9371）

カツオこんぶだしのこんぶは、沸騰直前に引き上げなければいけないか。

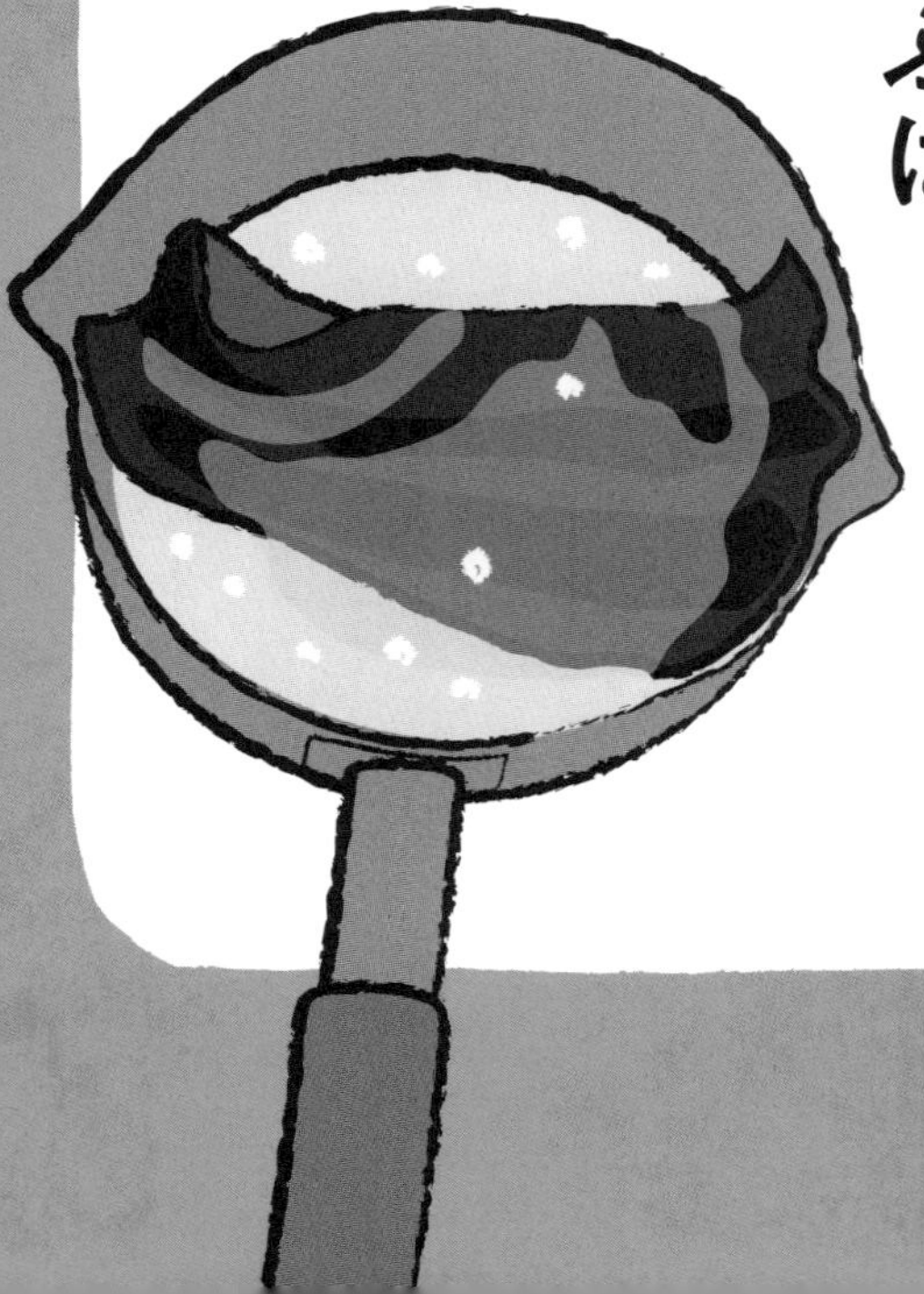

こんぶは**引き上げない**ほうが、うま味が強く出ておいしい。

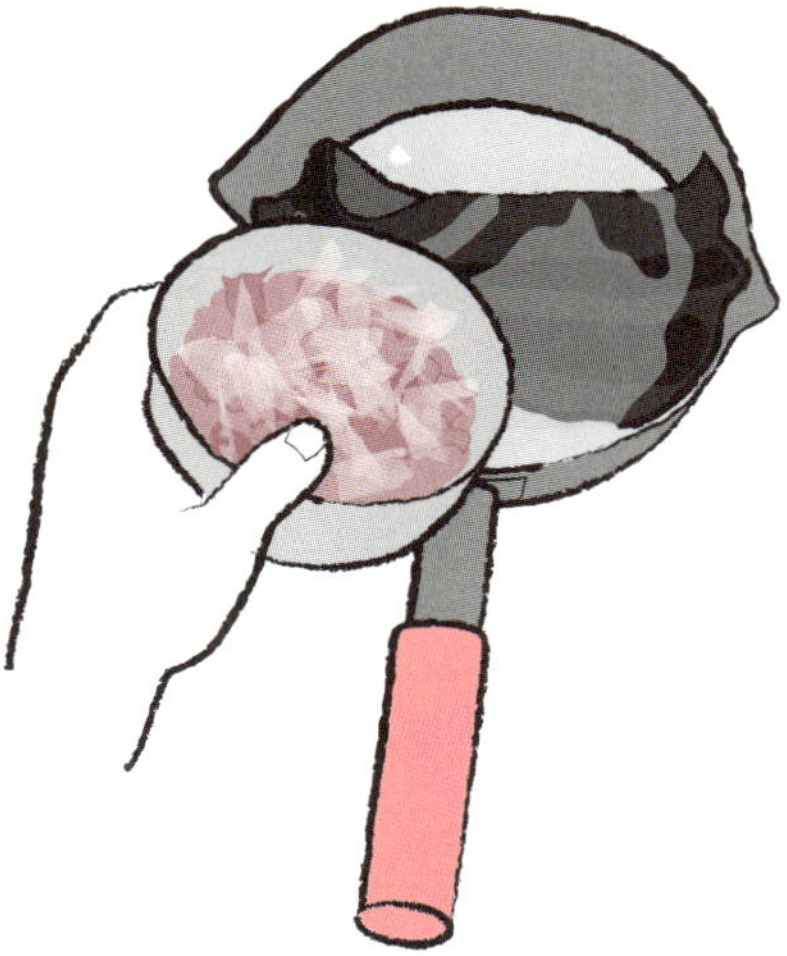

「こんぶを沸騰直前に引き上げる」だし汁と「こんぶを沸騰直前に引き上げない」だし汁とを、10項目について比べてみました。「うま味の強弱」、「うま味の良否」、「味の総合的評価」、「総合評価」の4項目において、「こんぶを沸騰直前に引き上げない」だし汁のほうが、高く評価されました。

こんぶを沸騰直前に引き上げる

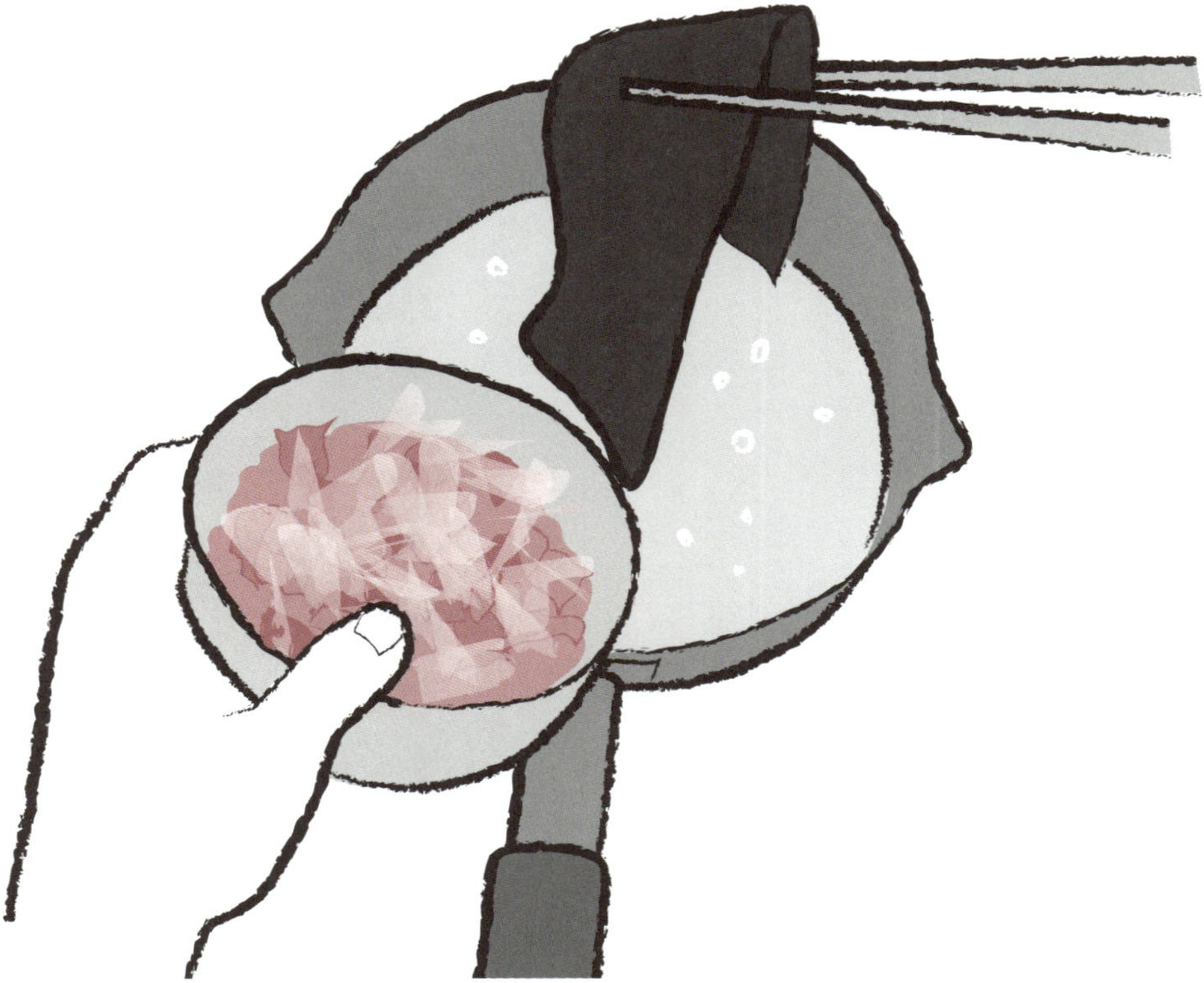

味がうすく感じられた。

【実験方法】

こんぶを沸騰直前に引き上げる

なべにこんぶ 8g と水 800㎖を入れて火にかけ、8 分で沸騰するように火力を調節し、だし汁は目測で沸騰が始まる直前にこんぶをとり出し、カツオ節 16g を加え、1 分静かに加熱して火を消し、そのまま 1 分置いて濾《こ》した。評価者 20 名。

こんぶを沸騰直前に引き上げない

うま味が強く感じられた。

【実験方法】

こんぶを沸騰直前に引き上げない

なべにこんぶ 8g と水 800mℓを入れて火にかけ、8 分で沸騰するように火力を調節し、だし汁はこんぶを入れたまま、カツオ節 16g を加え、1 分静かに加熱して火を消し、そのまま 1 分置いて濾《こ》した。評価者 20 名。

こんぶを沸騰させるとだしが
こんぶ臭くなるのか

こんぶとカツオ節でだしをとる場合、こんぶは沸騰させるとだしがこんぶ臭くなるという理由から、沸騰直前にとり出すのが一般的です。「沸騰直前を見過ごさないようになべを見張らなくてはおいしいだしがとれないと思うと、ついおっくうに……」という人も多いのではないでしょうか。はたして本当にこんぶ臭くなり、味や香りに影響するのでしょうか。「こんぶを沸騰直前に引き上げる」だし汁と「こんぶを沸騰直前に引き上げない」だし汁とを、汁の濁りぐあい、こんぶ臭さ、うま味の強弱など10項目について比べてみました。

こんぶの
うま味を出しきる

〝こんぶは煮立ててはいけない〟と気をつかうことはなさそうです。だしを大量にとるような料亭などに比べて、家庭ではこんぶの使用量が少なく、また最近では二番だし※をとることもあまり行なわれません。そのようなことから考えると、こんぶは最後までなべに入れたままにしておいて、だし汁中にうま味を出しきるのが合理的な方法だといえるでしょう。

※だし殻に水を加えてもう一度煮出してとっただし。

結論 こんぶを引き上げないほうがうま味が強い

図1のように、「うま味の強弱」、「うま味の良否」、「味の総合的評価」、「総合評価」の4項目において、「こんぶを沸騰直前に引き上げない」だし汁のほうが、「こんぶを沸騰直前に引き上げる」だし汁より高く評価されました。これはこんぶをカツオ節とともに加熱したもののほうがうま味が強く、一方、こんぶを引き上げたほうは味がうすく感じられたことが理由です。また、汁の濁りぐあいや、外観、こんぶ臭さ、香り、汁のぬめりぐあい、テクスチャー（食感）については、両者に評価の差は見られませんでした。

結論として、こんぶを予備浸水しない場合は、こんぶを沸騰直前に引き上げずにカツオ節とともに加熱したからといって、こんぶ臭いということで香りの評価が低くなることはなく、むしろうま味が強くておいしいということになりました。

図1 こんぶとカツオ節のだし汁の官能評価

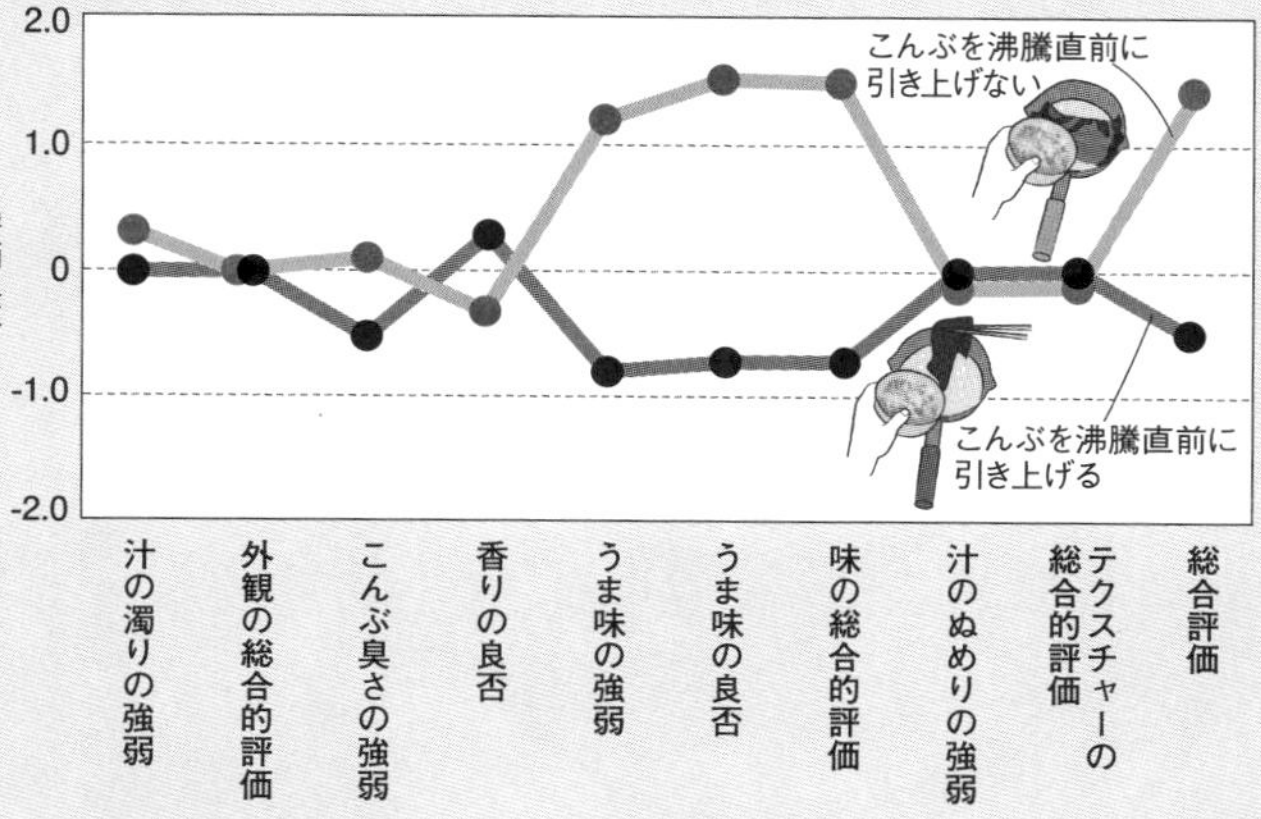

茶わん蒸しは、卵液を濾《こ》すか、濾さないか。

卵液を濾しても濾さなくてもでき上がりに**大きな差はない。**

卵液を濾したものと濾さないものを比べると、味には差がなく、テクスチャーも大きな差がありませんでした。卵液を濾す手間や、調理道具を数種類使うことで増える洗い物の手間を省きたい人は、濾さなくてもよいのではないでしょうか。

卵液を濾して蒸す

卵液を濾すと濾し器に
カラザや卵黄膜が残り、
卵液は均一の状態になって
なめらかな蒸し上がりになる。

卵液を濾さないで蒸す

卵白と卵黄を充分に混ぜても蒸し茶わんの底にカラザや卵黄膜が沈むが、蒸すとほとんど気にならない。

結論 卵液を濾しても濾さなくても でき上がりに大差はない

実験では、違いがよくわかるように卵液だけを蒸して比べた。

卵液を濾さないものは、カラザや卵黄膜が少し沈むが、蒸し上がりの外観に影響はなかった（図1）。

この実験は具を入れないで行なったが、味には差がなく、テクスチャーも大きな差がなかったので、具を入れる場合は差はほとんどないのではないかと考えられる。

茶わん蒸しは、卵をよくときほぐして、調味しただしと均一に混ぜれば、卵液を濾す手間を省いても仕上がりには大きな差は出ないことがわかった。ただし、卵をよくときほぐさなかったり、塩が溶けていなかったり、卵と調味しただしが均一に混ざっていなかったりすると凝固状態がむらになる。また、だしに対する卵の割合が20％より少ないと凝固しない。

図1　卵液を濾した場合と濾さない場合の官能評価

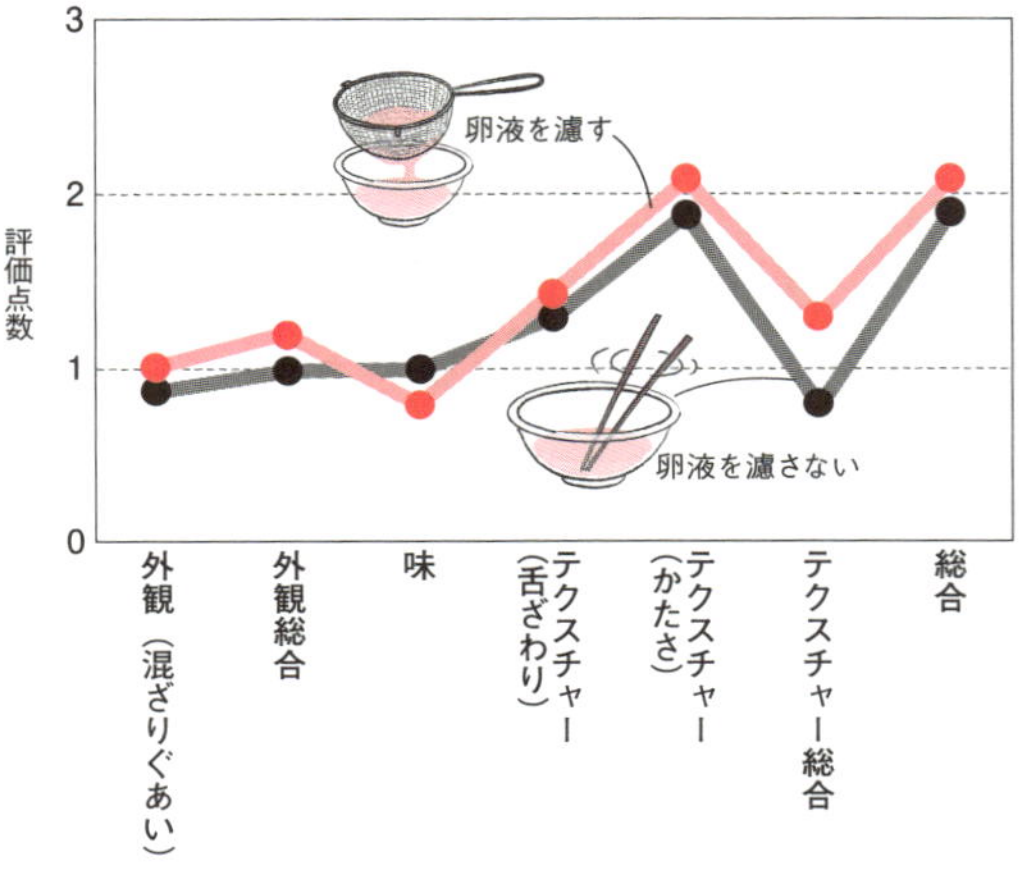

【官能評価の図の見方】

混ざりぐあい、外観総合、味、舌ざわり、テクスチャー総合、総合の６項目は、非常によい３点、よい２点、ややよい１点、普通０点、やや悪い－１点、悪い－２点、非常に悪い－３点と点数を配し、かたさについては非常にやわらかい３点から非常にかたい－３点まで同様に点数を配した。点数が高いほうが評価が高い。

基本の茶わん蒸しの作り方

材料／４人分

卵液	卵	２個（100mℓ）
卵液	だし（卵の４倍容量）	２カップ
卵液	塩（卵とだしの0.6%塩分）	小さじ½弱
卵液	しょうゆ（卵とだしの0.6%塩分）	小さじ½
	鶏ささ身	40g
	しょうゆ・酒	各少量
	エビ	小８尾
	塩・酒	各少量
	生しいたけ・かまぼこの薄切り	各４枚
	ぎんなん	８個
	三つ葉	10g

1人分 84kcal　塩分 1.3g

作り方

❶ささ身は筋を除き、一口大のそぎ切りにする。しょうゆと酒で下味をつける。
❷エビは背わたを除いて殻を除き、塩と酒をふる。
❸しいたけは軸を除く。かまぼこは薄切りにする。ぎんなんは殻を割り除いて少量の沸騰湯に入れ、ゆでて薄皮を除く。三つ葉は２cm に切っておく。
❹卵は泡立てないようにときほぐして卵白と卵黄をよく混ぜ合わせる。
❺だしに塩としょうゆを加えてよくとかし、卵に加え混ぜる（目の細かいざるなどで濾す）。
❻蒸し茶わんに三つ葉以外の具を入れ、卵液を注ぐ。
❼蒸気が上がった蒸し器に入れ、ふたをし、中火で約２分蒸す。表面が白っぽくなったら弱火にして 12 ～ 15 分蒸す。かたまったら三つ葉を散らし、約１分蒸す。

電子レンジで作る茶わん蒸し

基本のレシピの半分量で、マグカップなどを使用して２人分作ることができます。

器に卵液と具を均等に入れて、１つにつき電子レンジ（200W）で加熱時間 10 分前後を目安に作ることができます。
加熱むらを防ぐために、電子レンジには、１つずつ入れて加熱します。具の量や器の形によっても加熱時間が変わるので調節して作りましょう。

ポークソテーの下ごしらえで、筋切りと肉たたきは必要か。

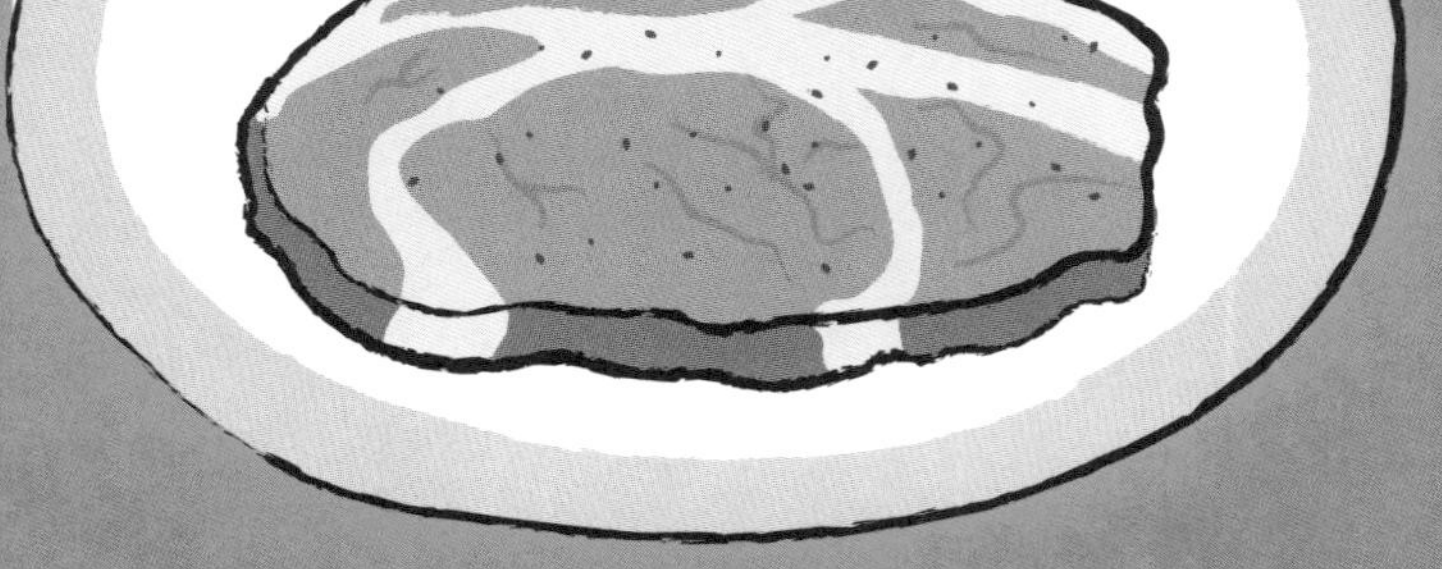

約１cm厚さの豚ロース肉なら、筋切りは必要だが、肉はたたかなくてよい。

筋切り

筋切りをしないで加熱すると、肉がそって見かけが悪く、また裏返して焼くときに、そり返った部分がうまく加熱できずに焼きむらができます。そのため、筋切りは必要です。

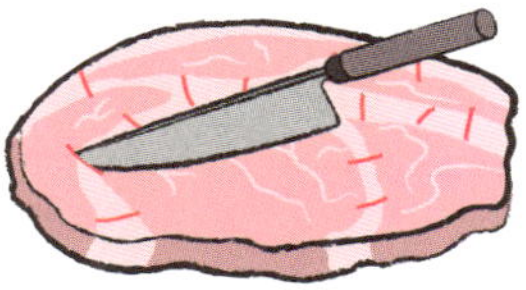

肉たたき

厚みのある肉でも、たたきすぎると焼き上がりがかたく感じます。近ごろの肉はやわらかいので、厚さが１cmほどの肉なら、肉たたきをしなくてよいでしょう。

検証 筋切りと肉たたきによる焼き上がりの違い

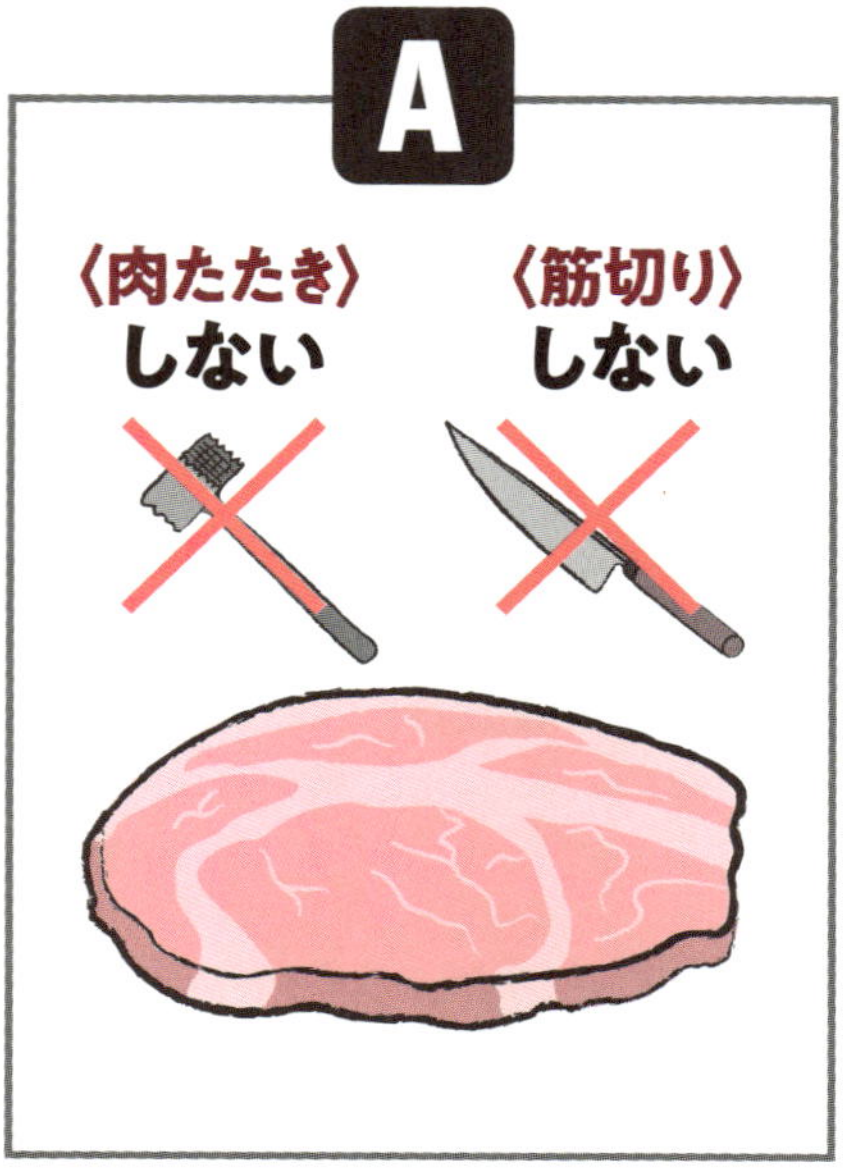

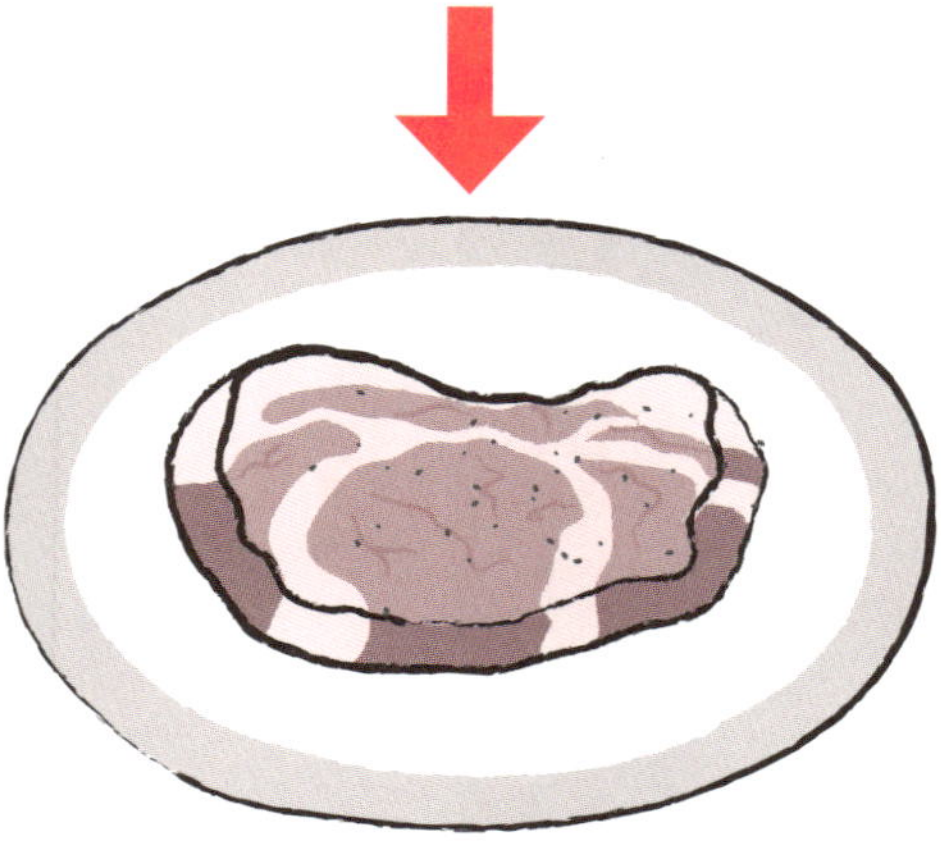

焼き上がり

筋が強く縮んで
肉がそり返る。

筋切り

脂身と赤身の境には筋がある。筋は加熱すると脂身や赤身より強く収縮するので、筋を断ち切らないで加熱すると肉がそり返りやすく、それを防ぐために筋を数か所包丁の刃先で切っておく。

肉たたき

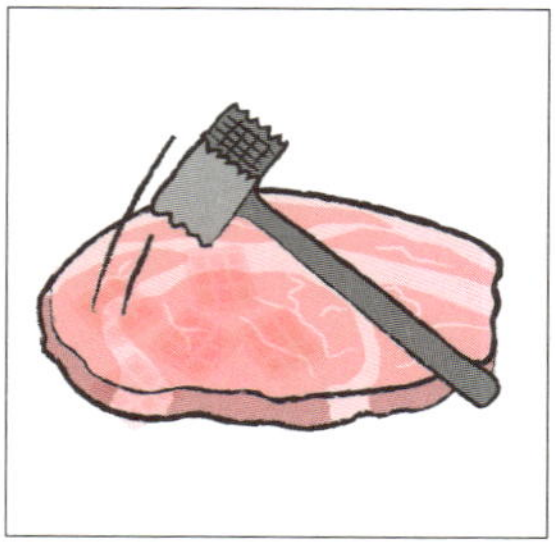

肉たたき用の器具で１か所１回を基本に全体をたたく。肉をたたくと肉の筋線維の細胞間の結着がほぐれてやわらかくなるといわれている。

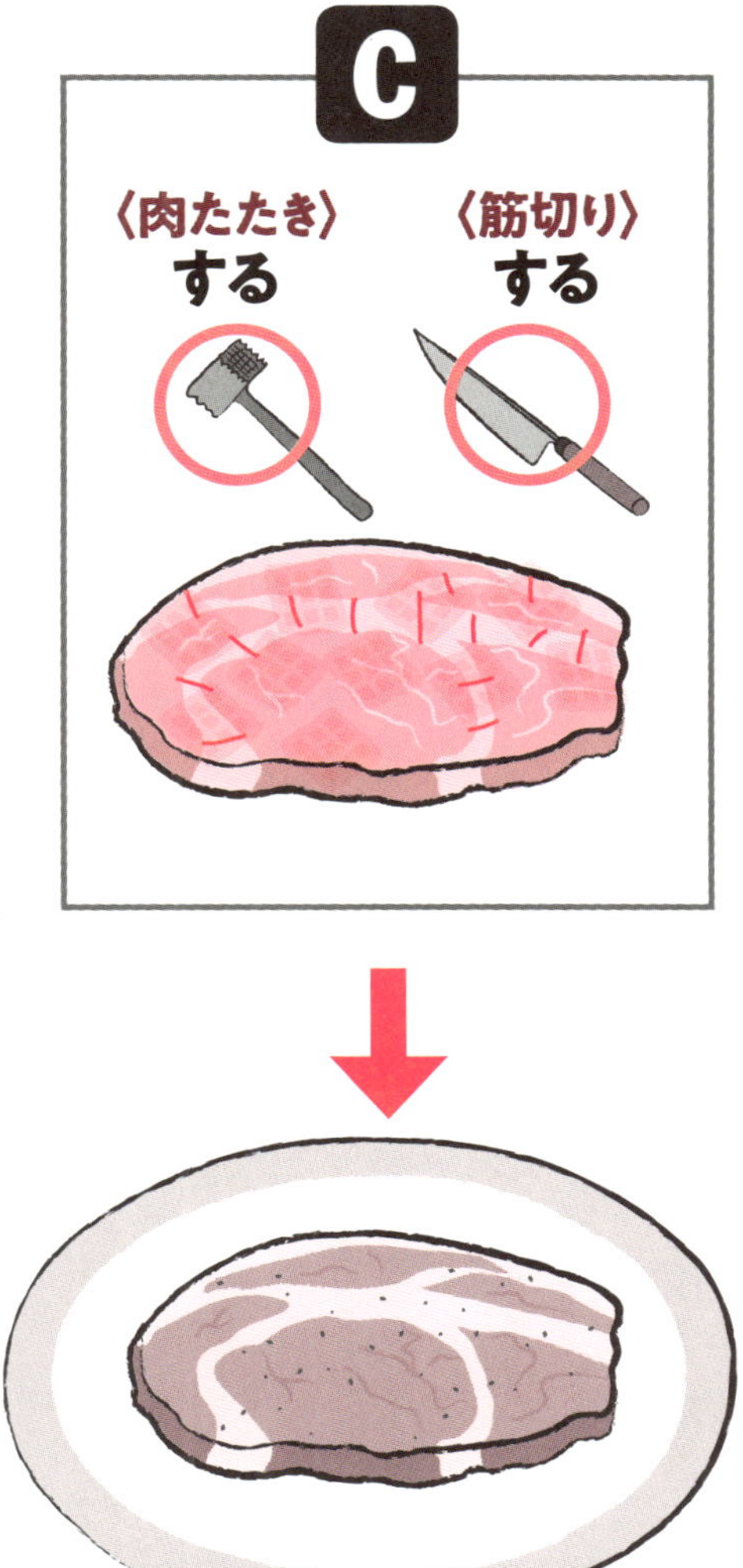

焼き上がり

筋が切ってあり、肉の筋線維が短く切断されるので
そり返りがなく、見た目がよい。
ただし、肉たたきしないものより、やわらかくなるとはいいきれない。

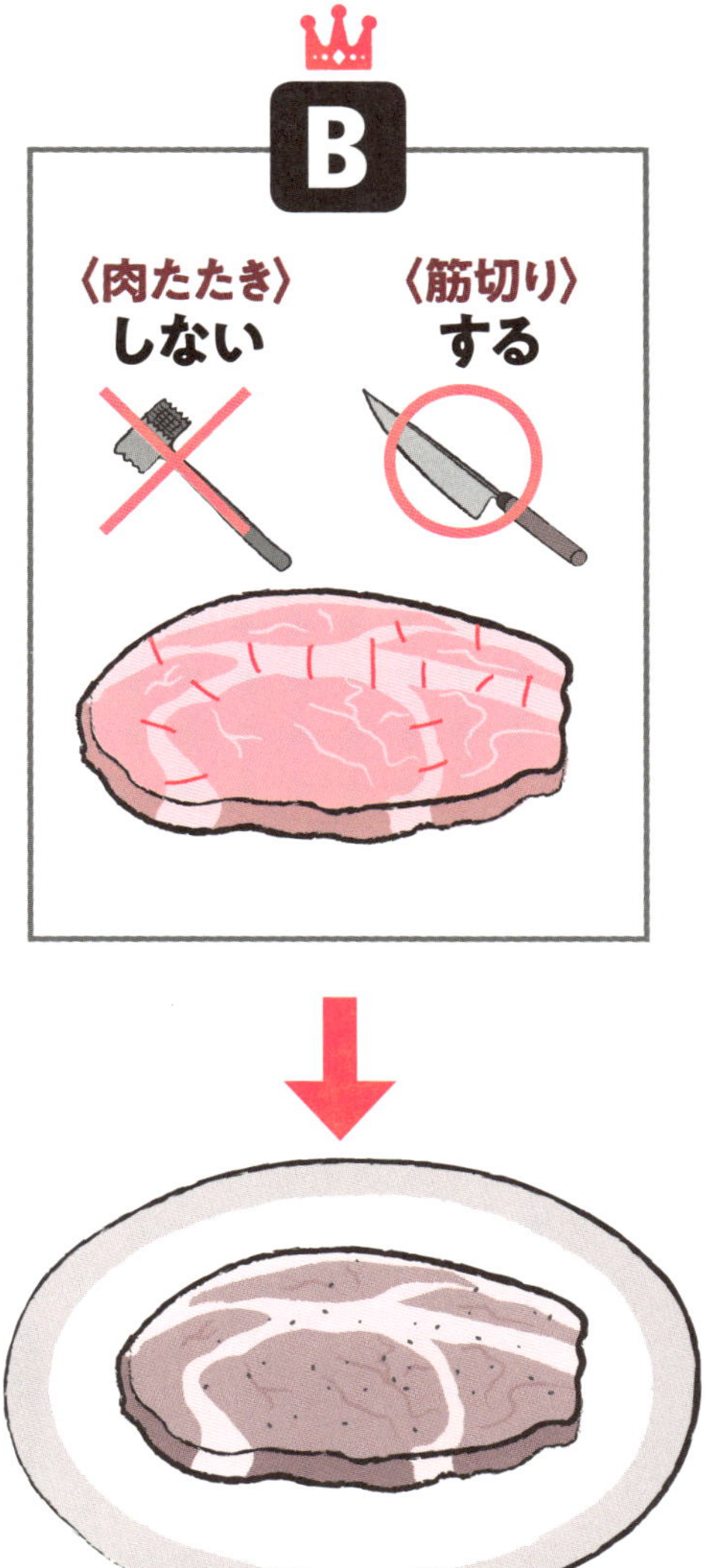

焼き上がり

筋が切ってあるので
そり返りはなく、見た目がよい。

筋切りと肉たたきは必要な下ごしらえなのか

ポークソテーのレシピでは、下ごしらえとして豚ロース肉の「筋切り」と「肉たたき」をしますが、はたして必要なのでしょうか。その効果について実験しました。

結論

筋切りは必要

筋を切らないで加熱すると肉がそり返りやすくなります。これは、豚ロース肉の赤身と脂身（脂肪層）の間に、筋（結合組織。赤身と脂身の間にある）があり、この3つは、加熱による収縮開始温度、収縮率がそれぞれ違うからです。筋は赤身や脂身より収縮率が大きいのでこの縮みに引っ張られて肉がそり返るのです。筋の数か所を包丁で切断すれば、焼けて縮むときにその切断した所が開いてそり返りが防げます。

また、筋切りをしないで加熱して肉がそってしまうと、見かけが悪いだけではなく、焼くときにそり返った部分がうまく加熱できないため、焼きむらができてしまうという不つごうもあります。したがって筋切りは必要な下処理であるといえます。

肉たたきは、厚さが1cm程度の肉なら 不要

約1cm厚さの豚ロース肉を肉たたきをせずにソテーしたもの（㋑とする）と肉たたきで1か所1回ずつ全体をたたいてソテーしたもの（㋺とする）を官能評価した結果、「㋺のほうがやわらかい」と答えた人は5人、「同じ」と答えた人は5人、「㋑のほうがやわらかい」と答えた人は3人で、明確な差は認められませんでした（図1）。

肉たたきの目的は、火の当たりを均一にすることと肉の筋線維をたたきほぐしてやわらかくすることです。薄い肉の場合、線維はすでに短いのでそれをする必要はありません。厚みのある肉でも、たたきすぎると砕けた線維組織の中から肉汁が逃げてしまって焼き上がりがかえってかたく感じます。近ごろの肉はやわらかい肉質のものが多いので、厚さが1cmほどの一般的なポークソテー用の肉の場合は、肉たたきをしなくてもよいでしょう。

図１　肉たたきの有無によるやわらかさの比較（官能評価）

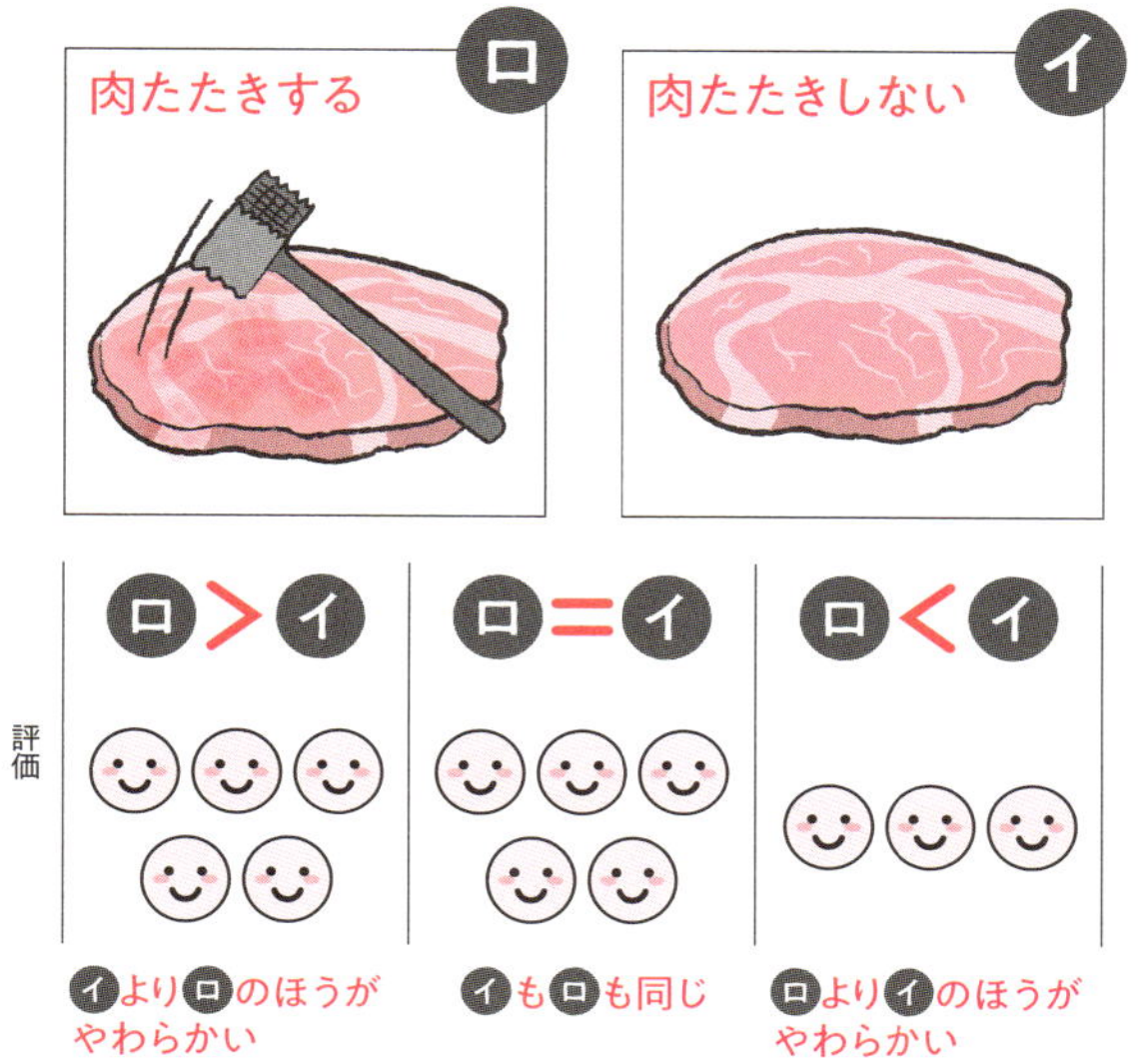

基本の
ポークソテーの作り方

材料／４人分

豚ロース肉１cm 厚さのもの
……………………４枚（400g）
塩（肉の１%）……小さじ2/3（４g）
こしょう…………………少量
油（肉の３%）…………大さじ１
１枚分 291kcal　塩分 1.1g

作り方

❶豚肉は赤身と脂身の間の筋を包丁の刃先で数か所切って（筋切り）、塩とこしょうをふる。
❷フライパンに油を熱し、幅の広いほうを左、脂身を向こうにして置いたとき上になる面を先に強火で 30 秒焼き、火を弱めて１分 30 秒焼く。裏返して同様に焼く。

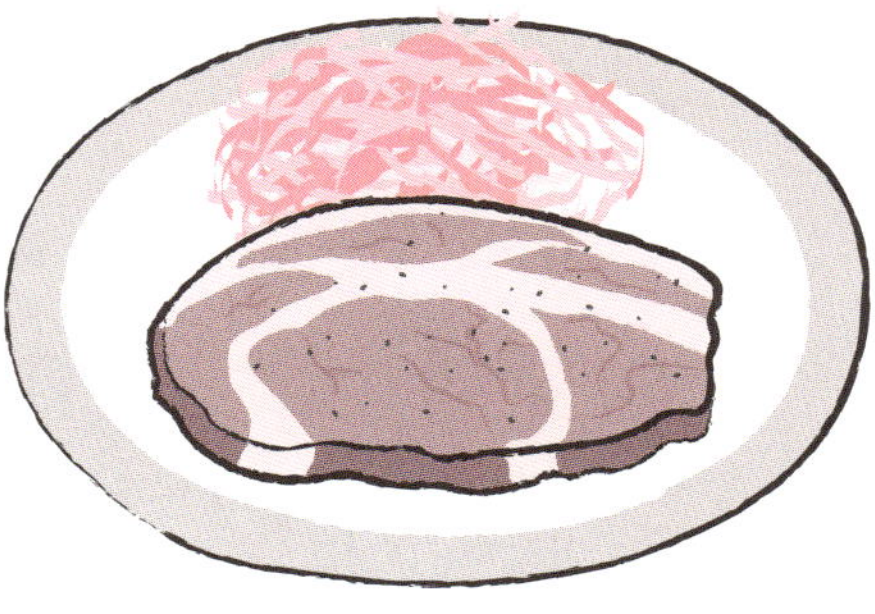

ハンバーグのたねに入れる玉ねぎはいためるか、いためないか。

玉ねぎの量が、肉の重量の15～20%であれば生で加えても差し支《つか》えない。

例ひき肉100g

＋

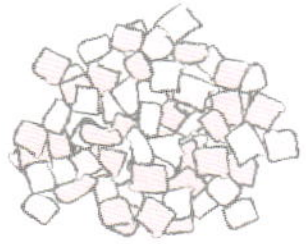

玉ねぎ15～20g

生でもOK!

玉ねぎをいためてから加えると甘味と香りが加わります。しかし、玉ねぎをいためる手間を省きたいときは、肉の重量の15～20%であれば、生の玉ねぎを加えてもよいでしょう。

検証

玉ねぎを「いためる」「生」の場合と加える量によるでき上がりの違い

A

ひき肉 100g

＋

いため玉ねぎ 15%

（生30gをいためて15gになったもの）

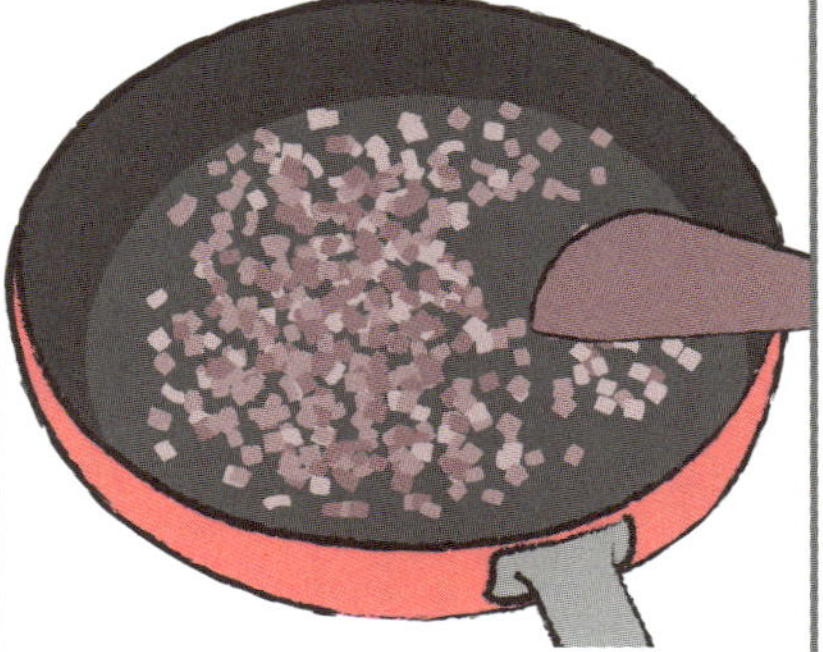

肉の30%重量の玉ねぎを油でいためて加えたハンバーグだねを焼いたもの（基本）。

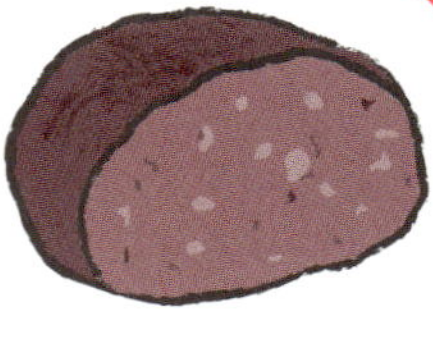

評価 ○

C

ひき肉 100g
＋
玉ねぎ 20%
（刻んだもの生20g）

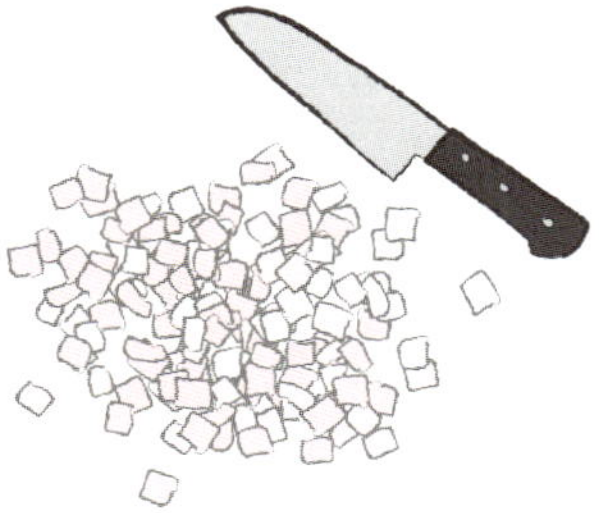

生の玉ねぎを肉の20%重量加えて焼いたもの。それほど評価は悪くない。

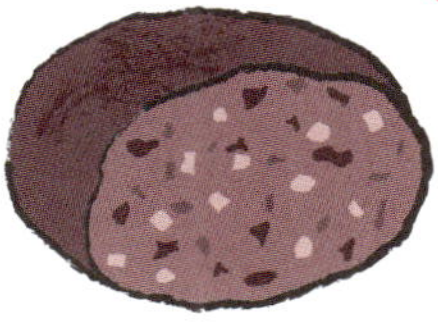

評価 ○

B

ひき肉 100g
＋
玉ねぎ 30%
（刻んだもの生30g）

生の玉ねぎを肉の30%重量加えて焼いたもの。焼いている間に玉ねぎから水分が出るので、焼き上がりが水っぽくなり、玉ねぎと肉の間にすき間ができる。

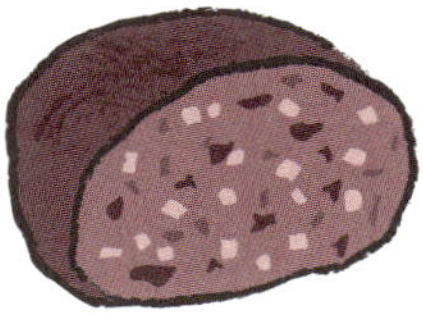

評価 ×

結論　加える玉ねぎを**いためた場合**と**生の場合**の違いは？

多くの場合、ハンバーグだねに入れる玉ねぎはいためます。玉ねぎは、時間をかけていためることで甘味が出ます。これをハンバーグだねに加えることで甘味と香りが加わるために、玉ねぎはいためてから加える場合が多いのです。

しかし、ハンバーグを作る過程で、玉ねぎをいためてさますには手間がかかります。この作業を省いて、手軽でおいしいハンバーグが作れる方法がないか検証してみました。

ハンバーグだねに入れる玉ねぎを、いためた場合と生の場合と、入れる量で比べてみました。

官能評価では好みに差があるにせよ、玉ねぎが肉の20％までなら生でもそれほど評価は悪くありません。しかし、生の玉ねぎを30％以上加えるとなると肉に対する分量が多すぎて、焼き上がりが水っぽく、しかも玉ねぎ臭さを感ずるため評価は下がります（表1）。

100gの肉に対して30％である30gの生の玉ねぎをいためると、重量が生のときの半分の15gになります。

つまり、肉に対して、いためた玉ねぎは15％になります。生で加える場合もいためて加える場合も、同様に肉に対して15～20％が適量ということになるようです。

表1　いため玉ねぎを加えた場合と生の玉ねぎを加えた場合の官能評価

	評価	悪い	やや悪い	普通	ややよい	よい
A	いため玉ねぎを肉の15％（基本）			1	3	3
	生の玉ねぎを肉の10％		2	2	3	
C	生の玉ねぎを肉の20％		2	3	2	
B	生の玉ねぎを肉の30％		4	2	1	
	生の玉ねぎを肉の40％	1	5	1		
	生の玉ねぎを肉の50％	3	3	1		

（人）

基本のハンバーグの作り方

材料／４人分
牛豚ひき肉 ……………………400g
塩(肉の１%)………… 小さじ⅔（4g）
こしょう・ナツメグ ……… 各少量
卵（肉の 10%）………… 小１個（40g）
［ 玉ねぎ(肉の30%) …………120g
　 油（玉ねぎの4%)……… 小さじ１強
［ 生パン粉（肉の 10%)………… 40g
　 牛乳(肉の10%) … 大さじ２⅔(40g)
油…………………………大さじ１
１人分 359kcal　塩分 1.3g

作り方
❶玉ねぎはみじん切りにし、油であめ色にいためてさます。
❷パン粉は牛乳で湿らせる。
❸ボールにひき肉、塩、こしょう、ナツメグを入れて手でつかむようにして混ぜる。卵を加えて同様に混ぜ合わせて、均一になったら玉ねぎ、パン粉を加えてさらに混ぜる。
❹手のひらに油（分量外）を薄く塗って③を¼量とり、両手のひらに打ちつけながら往復させて空気を抜く。厚さ約 1.5cm の長円形に整え、中央を押してくぼみをつける。残りも同様にして全部で４つ作る。
❺フライパンに油を熱し、くぼみを上にして肉を入れる。強火 30 秒で焼き色をつけ、火を弱めて２～３分焼く。裏返して同様に焼く。竹串を刺して、澄んだ肉汁が出ればよい。

グレービーソース

フライパンに焼いたあとの油大さじ½ほどを残して他はあけ、小麦粉大さじ⅔を加えて中火で少し色づくまでいためる。ブイヨン½カップ、トマトケチャップ大さじ１、ウスターソース・赤ワイン各大さじ½を加えてとろっとなるまで煮る。

つけ合わせ

じゃが芋２個は皮をむいて４つ割りにして水につける。塩を水の0.5%加えた水でゆで、湯を捨て、火にかけて余分な水けをとばして粉を吹かせ、こしょう少量をふる。ブロッコリー 150g は小房に分けて塩を水の 0.5%加えた湯でゆでる。

グレービーソースとつけ合わせ
１人分 93kcal　塩分 0.7g

玉ねぎが生の場合の材料

材料／４人分
牛豚ひき肉 ……………………400g
塩(肉の１%)………… 小さじ⅔（4g）
こしょう・ナツメグ ……… 各少量
卵（肉の 10%）………… 小１個（40g）
玉ねぎ（肉の 20%）……………80g
［ 生パン粉（肉の 10%)…………40g
　 牛乳(肉の10%) … 大さじ２⅔(40g)
油…………………………大さじ１
１人分 346kcal　塩分 1.3g

ハンバーグのたねに加える パン粉の適量は？

例

ひき肉100g＋パン粉10g

［同量の牛乳（小さじ2）で湿らせてから肉に加える］

パン粉は、肉の10%程度が適量。

パン粉を10%程度加えると、適度に肉のしまりをやわらげて口当たりをソフトにし、それに加え、肉と肉の間に入り込んで肉汁が流れ出るのをおさえるとともに肉の縮むのを防ぎます。

検証

加えるパン粉の量によるでき上がりの違い

A 37ページの基本のハンバーグの作り方から生パン粉と牛乳を除いて作ったもの。

B 37ページの基本のハンバーグの作り方で作ったもの。

C 37ページの基本のハンバーグの作り方の生パン粉と牛乳をそれぞれ増やして作ったもの。

A

パン粉なし

↓

パン粉を加えないで成形して焼くと、肉汁が流れ出てハンバーグがしまり、焼き縮みが大きい。

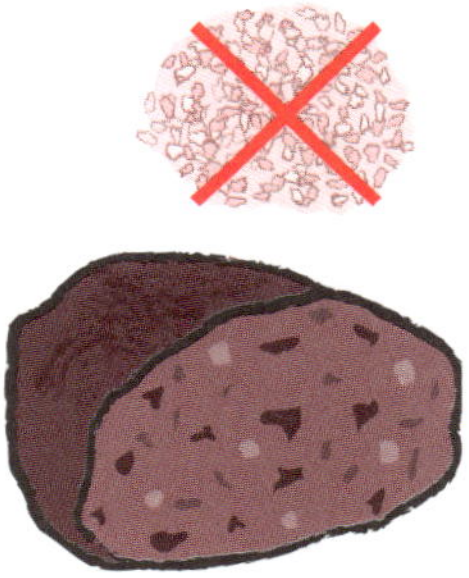

結論

パン粉は肉の10％程度が適量

ハンバーグだねに入れるパン粉の役割は、肉のしまりをやわらげて口当たりをソフトにします。それに加え、肉と肉の間に入り込んで肉汁が流れ出るのをおさえるとともに肉の縮むのを防ぎます。

パン粉をまったく入れない場合は肉汁が流れ出てかたくしまった仕上がりになります。しかし、官能評価の結果は、「やや悪い」と「ややよい」と、両極端となり、個人の好みに分かれました（表1）。

逆にパン粉を入れすぎるとパン粉自体には肉と肉をつなぐ力がないため、肉のしまりを弱くし、やわらかくなります。また、パン粉の味やにおいが強くなるので評価が下がります。パン粉は肉に対して10％程度が適量です。

C

パン粉 肉の30%、50%

肉の 30%、50%のパン粉を同重量の牛乳で湿らせて加えて焼くと、肉をつなぐ力が弱くなり、やわらかくなる。

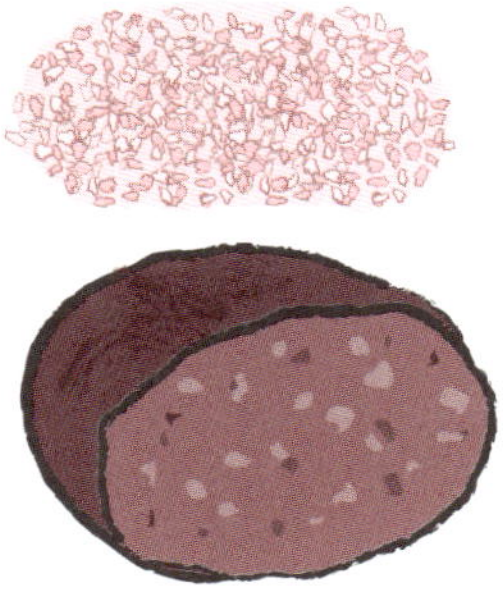

B

パン粉 肉の10%

肉の 10%のパン粉を同重量の牛乳で湿らせて加えて焼くと（基本）、適度なやわらかさで口当たりがよい。

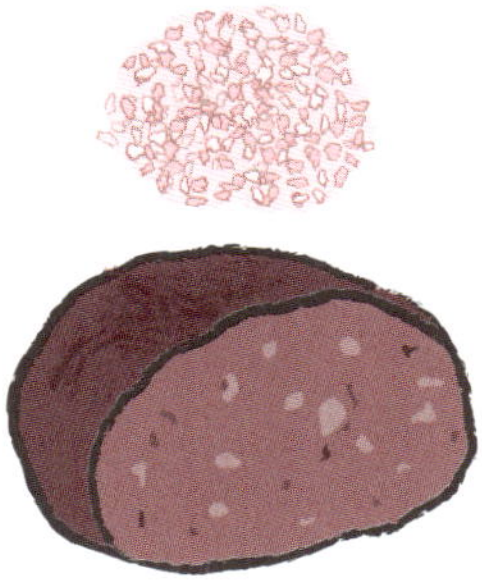

表 1 パン粉の量の違いによる官能評価

		悪い	やや悪い	普通	ややよい	よい
A	加えない		4		4	
B	肉の 10%（基本）		2	1	3	2
C	肉の 30%		7	1		
	肉の 50%		7	1		

（人）

ハンバーグのたねは、どのくらいこねるといいのか。

こねる回数によって
ハンバーグのでき上がりは違うが、
おいしさの評価に影響は少ない。

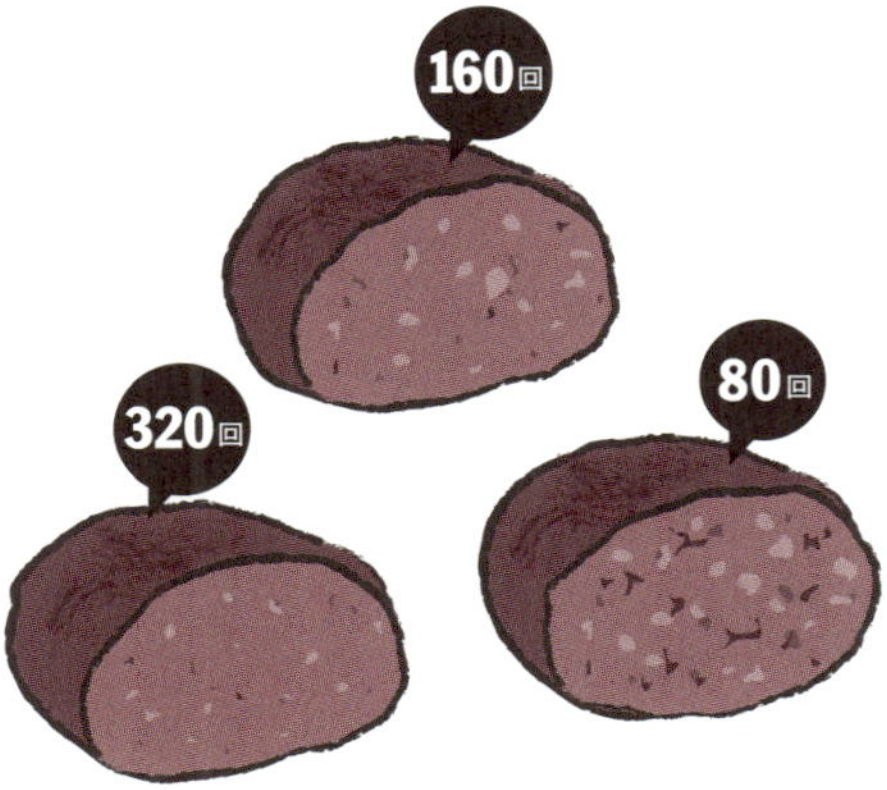

80回こねたものは、まとまりが悪く、形がくずれやすくて歯ざわりはもろくなります。160回こねると肉のしまり具合など適度。320回こねると、肉がペーストのようになって、焼き上がりはしまった食感になります。それぞれでき上がりは違いますが、官能評価（おいしさ）の結果では大きな差は出ませんでした。材料や分量が適切であれば、仕上がりの評価にこねる回数は、大きく影響しないと思われます。

検証
こねる回数によるでき上がりの違い

合計 320 回

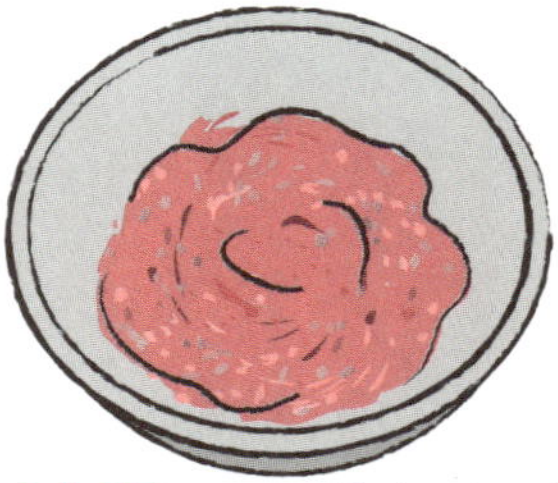

焼き上がり

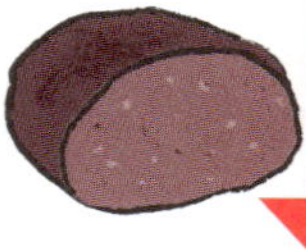

仕上がりが
しまりすぎて
口当たりは
かたい。

こねすぎ

合計 80 回

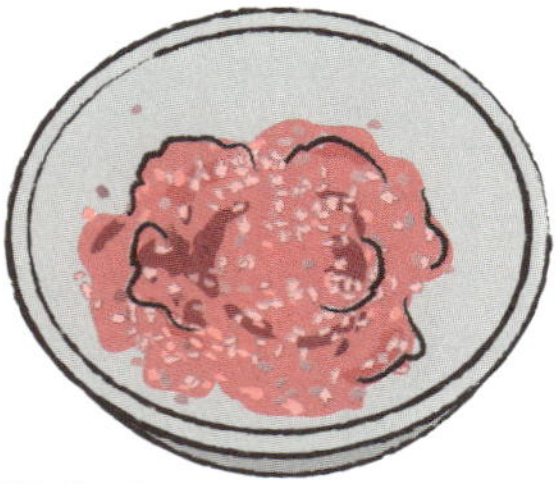

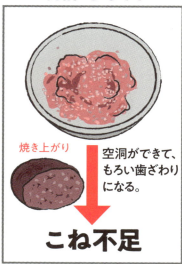

焼き上がり

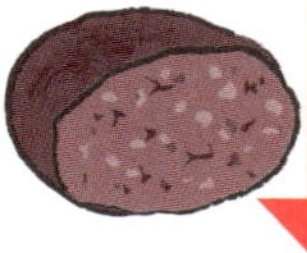

空洞ができて、
もろい歯ざわり
になる。

こね不足

合計 160 回

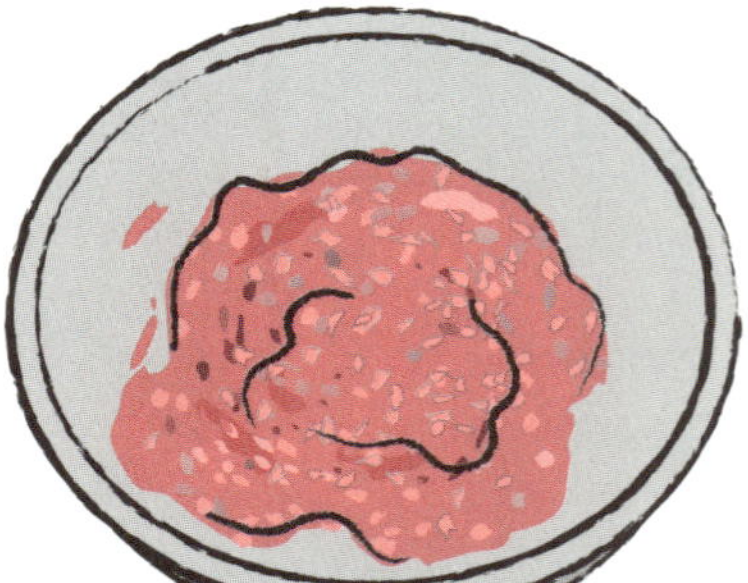

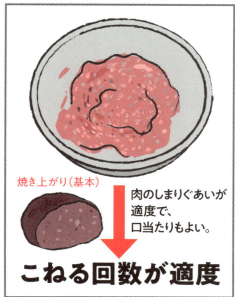

焼き上がり（基本）

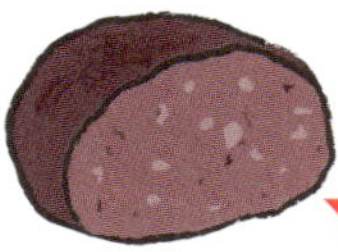

肉のしまりぐあいが
適度で、
口当たりもよい。

こねる回数が適度

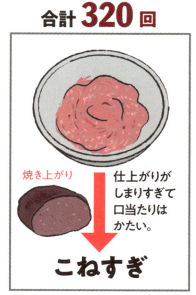

結論　こねる回数で、でき上がりの状態は違うが、どれもおいしさの評価に差はない。

こねる回数によるでき上がりの違いを比較してみます。予備テストで4人分（37ページの基本のハンバーグの作り方）のハンバーグを作ったところ、ちょうどよい粘りになったのが、160回混ぜたものでした。そこで、合計で160回混ぜるのを基本にし、こね不足のたねは基本の半分（80回）、こねすぎのたねは基本の2倍（320回）こねます。

基本の160回だとこねる回数がちょうどよく、焼き上がりも肉のしまり具合が適度で口当たりがよい仕上がりになります。

80回だとこね方が足りないため、まとまりが悪く、焼いたときに空洞ができて形がくずれやすくなります。歯ざわりももろくなります。

逆に320回こねると、こねすぎてしまい、肉がペーストのようになって、焼き上がりはしまった食感になります。また、こねるときハンバーグだねに粘りが出すぎて、火が通るのに時間を多く要します。

ですが、それぞれのハンバーグの官能評価の結果（表1）では大きな差は出ませんでした。ハンバーグのおいしさの評価には、適切な材料と分量であれば、こねる回数はあまり影響しないようですが、コネ不足や過度のこねは避けた方がよさそうです。

表1　こねる回数の違いによる官能評価

評価	悪い	やや悪い	普通	ややよい	よい
不足（80回）		1	2	4	
適度（160回）			1	3	3
過度（320回）	1		1	3	2

（人）

スープ煮にする肉団子を ふっくらとさせる方法は？

ひき肉（赤身）に対して50%の「水＋酒」を加えるとしっとりとして口当たりがよい肉団子になる。

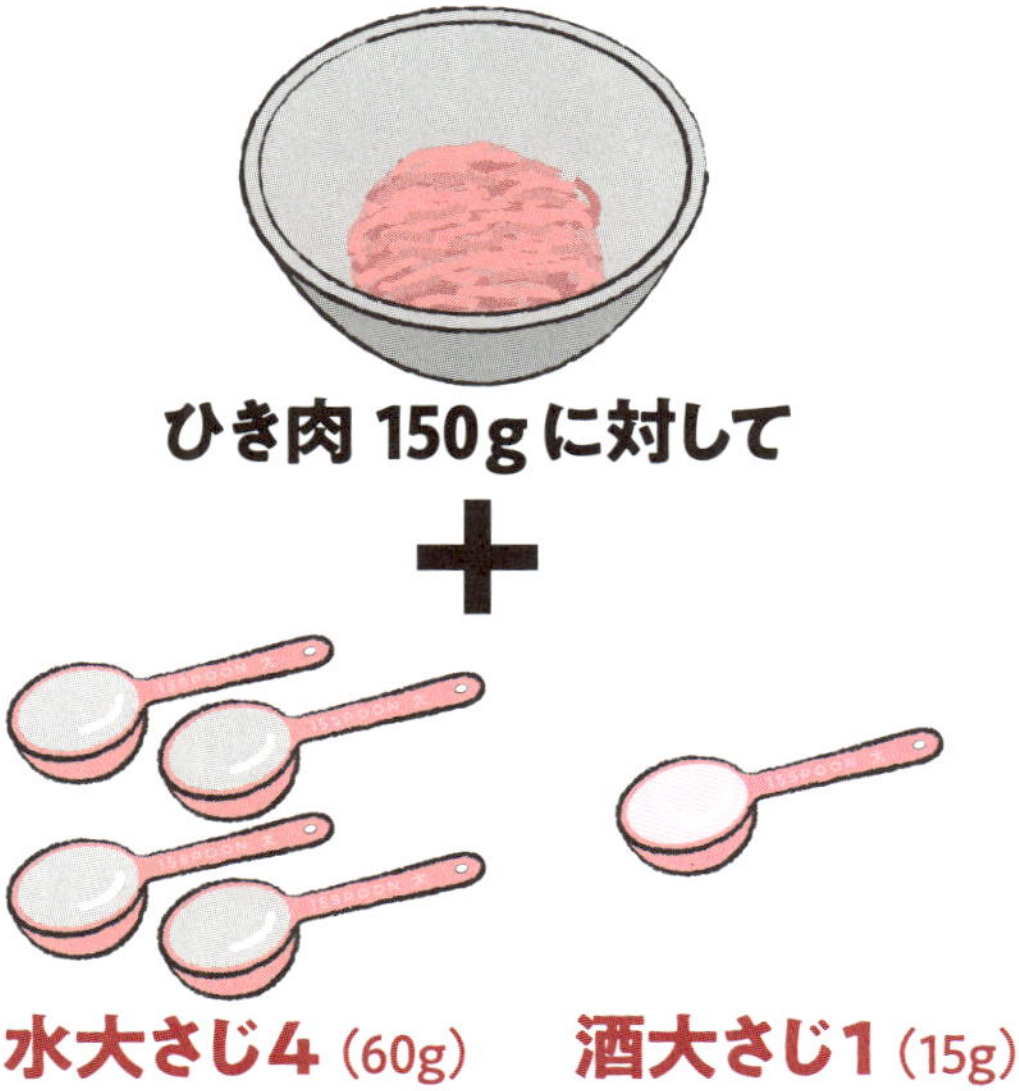

（そのほかの肉団子のたねの材料／ねぎ15g、しょうが汁小さじ1、塩小さじ1/4、かたくり粉大さじ1/2）

スープ煮にするひき肉団子をパサパサしてかたくならずに、ふっくらと口当たりのよい肉団子にするには、肉団子のたねに水と酒を加えるとよいでしょう。加える水と酒の総量は、肉の重量の50%程度が適量です。

検証

肉団子のたねに「水と酒」を入れるか入れないかによるでき上がりの違い

A 水も酒も加えない

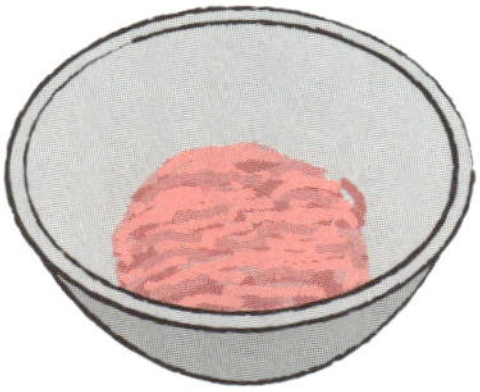

豚赤身ひき肉 150g

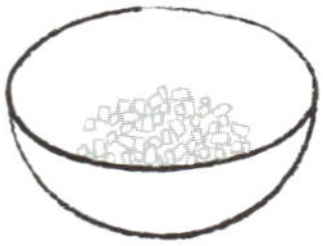

ねぎのみじん切り 15g

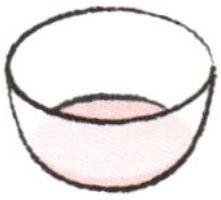

しょうが汁
小さじ 1

かたくり粉
大さじ 1/2

塩
小さじ 1/4

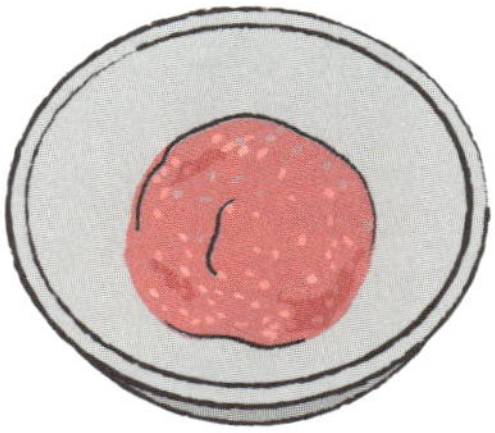

肉にかたくり粉以外の材料を加えて手で300回こねたあと、かたくり粉を加えて50回こねる。
見るからにかたそうなたねになる。

80℃の湯に入れて約8分煮たもの。

肉がかたくしまって
ぱさついている。

B 50%の「水＋酒」を加える

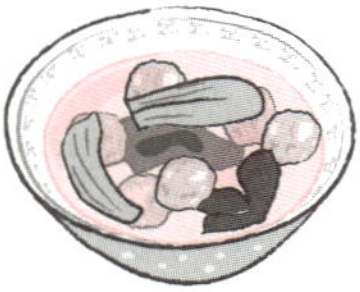

肉団子のスープ煮の作り方

材料／４人分

肉団子のたね
- 豚赤身ひき肉……………150g
- ねぎのみじん切り…………15g
- しょうが汁…………小さじ１
- 塩（肉の１%）…小さじ1/4（1.5g）
- 水（肉の50%）……………大さじ４
- 酒（肉の50%）……………大さじ１
- かたくり粉（肉の３%）‥大さじ1/2

- 青梗菜…………………………250g
- はるさめ（乾物）…………………15g
- 水……………………………800mℓ
- 塩…………………………小さじ2/3
- 酒…………………………大さじ１
- こしょう…………………………少量

１人分 80kcal　塩分 1.5g

作り方

❶ボールにひき肉を入れ、ねぎ、しょうが汁、塩を加えて手で粘りが出るまで混ぜる。
❷水と酒を３～４回に分けて加えては混ぜる。
❸かたくり粉を加え混ぜる。
❹分量の水を火にかけ、なべ底にポツポツ泡が出てきたら（約80℃）、たねをスプーン１杯ずつとり、もう１本のスプーンですくいとっては形を整えてなべに入れる（72ページ参照）。
❺沸騰後アクを除いて、約５分煮、食べやすく切った青梗菜と5cmに切ったはるさめを加えて３分煮る。塩、酒、こしょうで調味する。

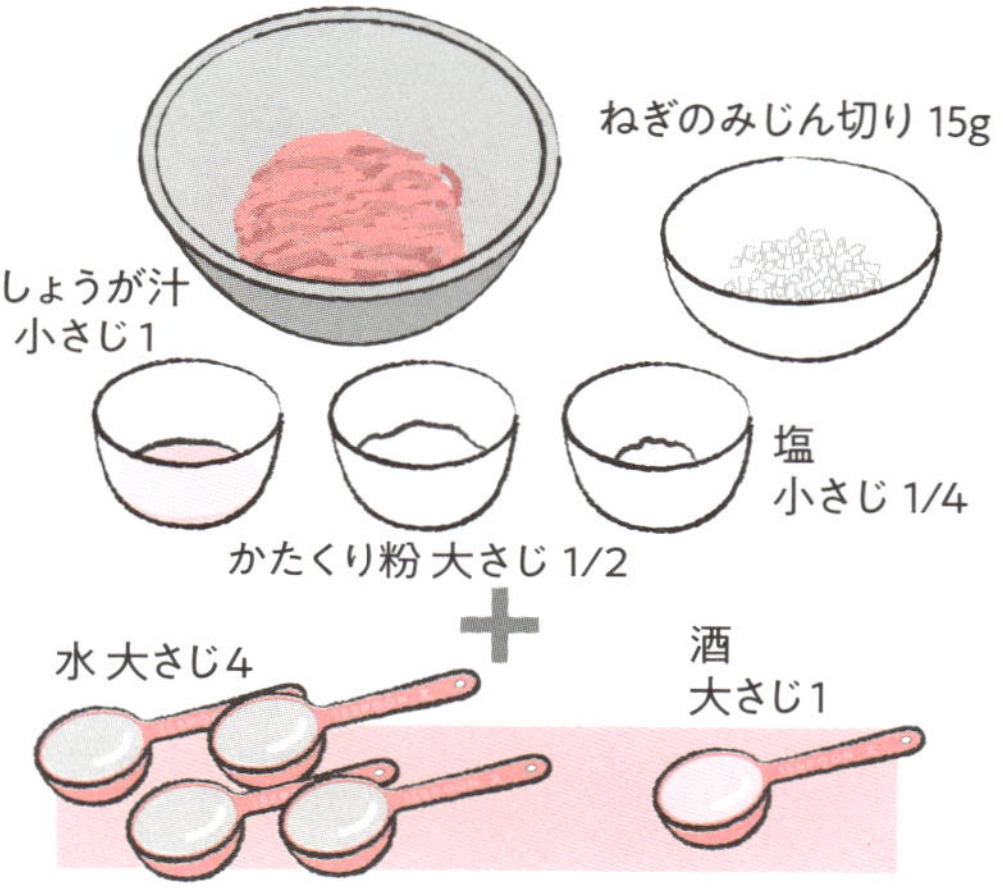

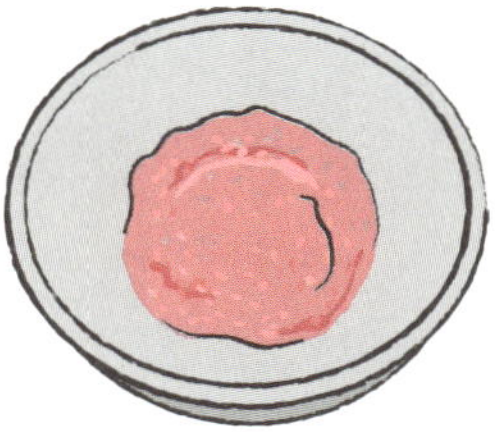

肉に水と酒とかたくり粉以外の材料を加えて手で100回こねたあと、水と酒を少量ずつ加えては混ぜるのをくり返して200回こね、かたくり粉を加えて50回こねる。
やわらかいたねになる。

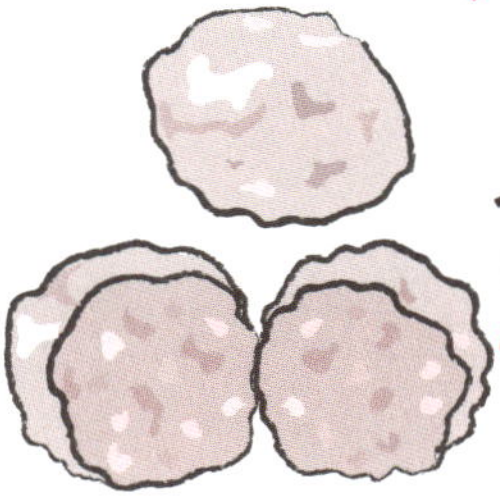

80℃の湯に入れて約8分煮たもの。

ふっくらしているが、もろい。

肉団子のたねに水と酒を加えると、しっとりとして口当たりのよい肉団子になる。

肉団子のスープ煮を作ると、ひき肉団子がぱさぱさでかたいという経験はないでしょうか？　肉団子のたねに水と酒を加えるとふっくらと口当たりのよい肉団子になります。これを確かめるために、水も酒も加えずに作ったもの（A）と、水と酒を肉の重さの50％加えたもの（B）とをそれぞれスープ煮にして比較しました。

煮るときは、どちらもたねを12等分して丸め、80度の湯に入れて沸騰後8分煮て調味しました。肉団子の仕上がりぐあいを比べやすいように青梗菜やはるさめは加えませんでした。

これをスープごと食べ比べてもらい、肉団子の外観、香り、味、テクスチャーなどの項目別に採点しました。

A 水も酒も加えない場合

たねはかたく、煮たあとも外観がしまった感じです。肉団子を切ってみると切断面はみっちりと詰まった感じでした。官能評価の結果（図1）では、肉が凝集しているので、水と酒を加えたものよりうま味を強く感じ、味総合においては水と酒を加えたものとほぼ同様の評価を得ました。しかし、テクスチャーは、肉がかたくしまってぱさつき感があるため評価は下がりました。

B 水と酒を加えた場合

肉をこねると肉のたんぱく質同士がからみ合います。ここに液体を加えると、からみ合った間に液体が入るのでやわらかくなります。

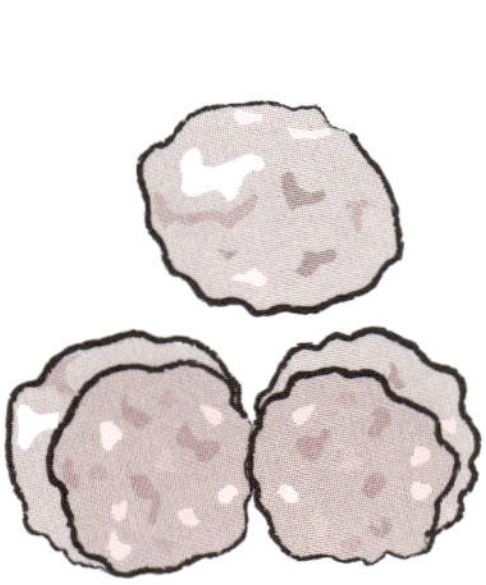

注 かたくり粉を入れないと液体がとどまらず、肉がしまってしまいます。Aもかたくり粉はかならず入れましょう。

結論

肉団子のたねに水と酒を加える。

水と酒を加えたもののほうが総合の評価が勝り、スープ煮にする肉団子は水と酒を加えるのがよいと確認できました。加える水＋酒の量は、たねの扱いやすさや肉団子の口当たりのよさを考えて、肉の重量の50％が適当です。

また、肉に液体（水と酒）をいっぺんに加えると液体がうまく入り込みません。よく練って肉の粘りを出しながら少量ずつ混ぜ込むのがポイントです。スープ煮の場合、肉に水と酒を加えることで肉団子からスープへ適度にうま味が出て、肉団子、スープともにおいしくなります。

この方法は、スープ煮や煮物、蒸し物に適します。ただし、脂肪が多く含まれるひき肉に水を加えると、やわらかくなりすぎてしまうので、注意が必要です。

図1 水と酒を加えたものと加えないものとの官能評価

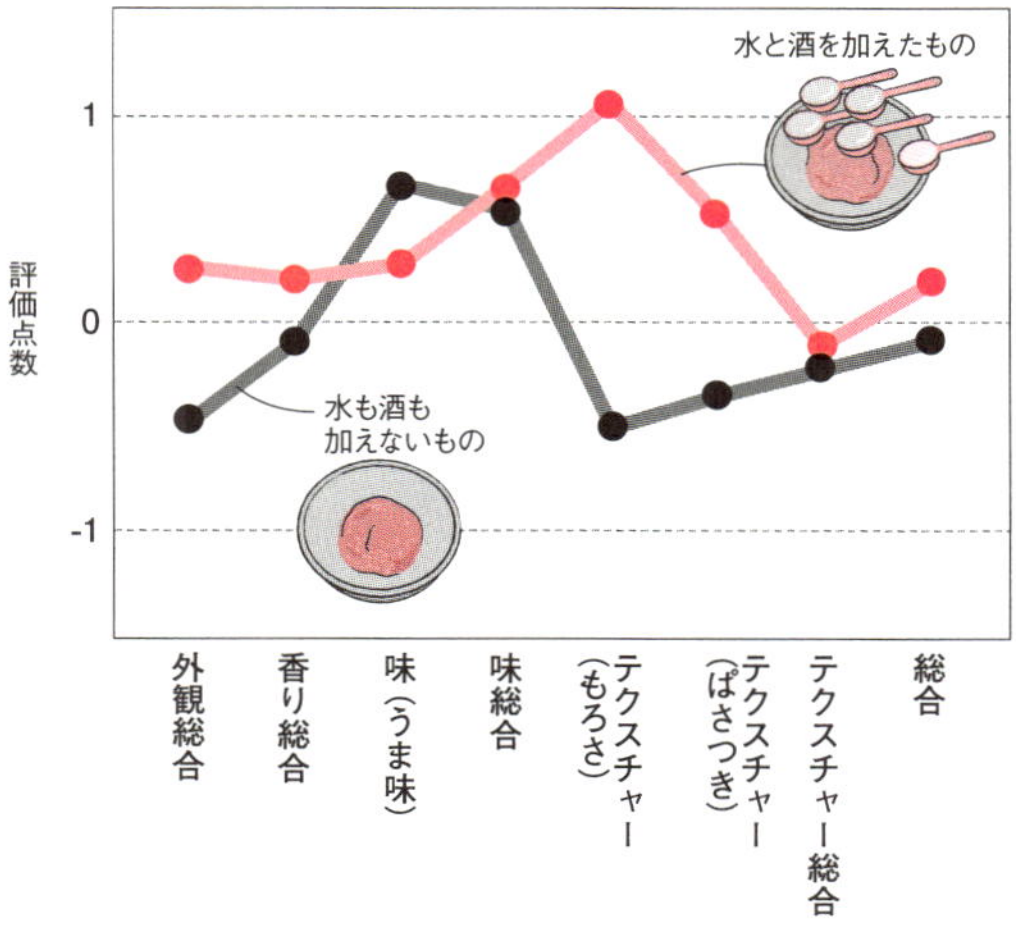

【官能評価の図の見方】

評価項目の「外観総合」「香り総合」「味総合」「テクスチャー（もろさ）」「テクスチャー（ぱさつき）」「テクスチャー総合」「総合」の点数配分は、非常によい3点、よい2点、ややよい1点、普通0点、やや悪い－1点、悪い－2点、非常に悪い－3点。「味（うま味）」は非常に強い3点、強い2点、やや強い1点、普通0点、やや弱い－1点、弱い－2点、非常に弱い－3点とした。「テクスチャー（もろさ・ぱさつき）」は、非常にもろい・非常にしっとりしている各3点、もろい・しっとりしている各2点、ややもろい・ややしっとりしている各1点、ちょうどよい・普通各0点、、ややしまっている・ややぱさつく各－1点、しまっている・ぱさつく各－2点、非常にしまっている・非常にぱさつく各－3点とした。

アジを一尾魚のままで煮る場合は、**煮汁を沸騰させてから**煮始めるべきか。

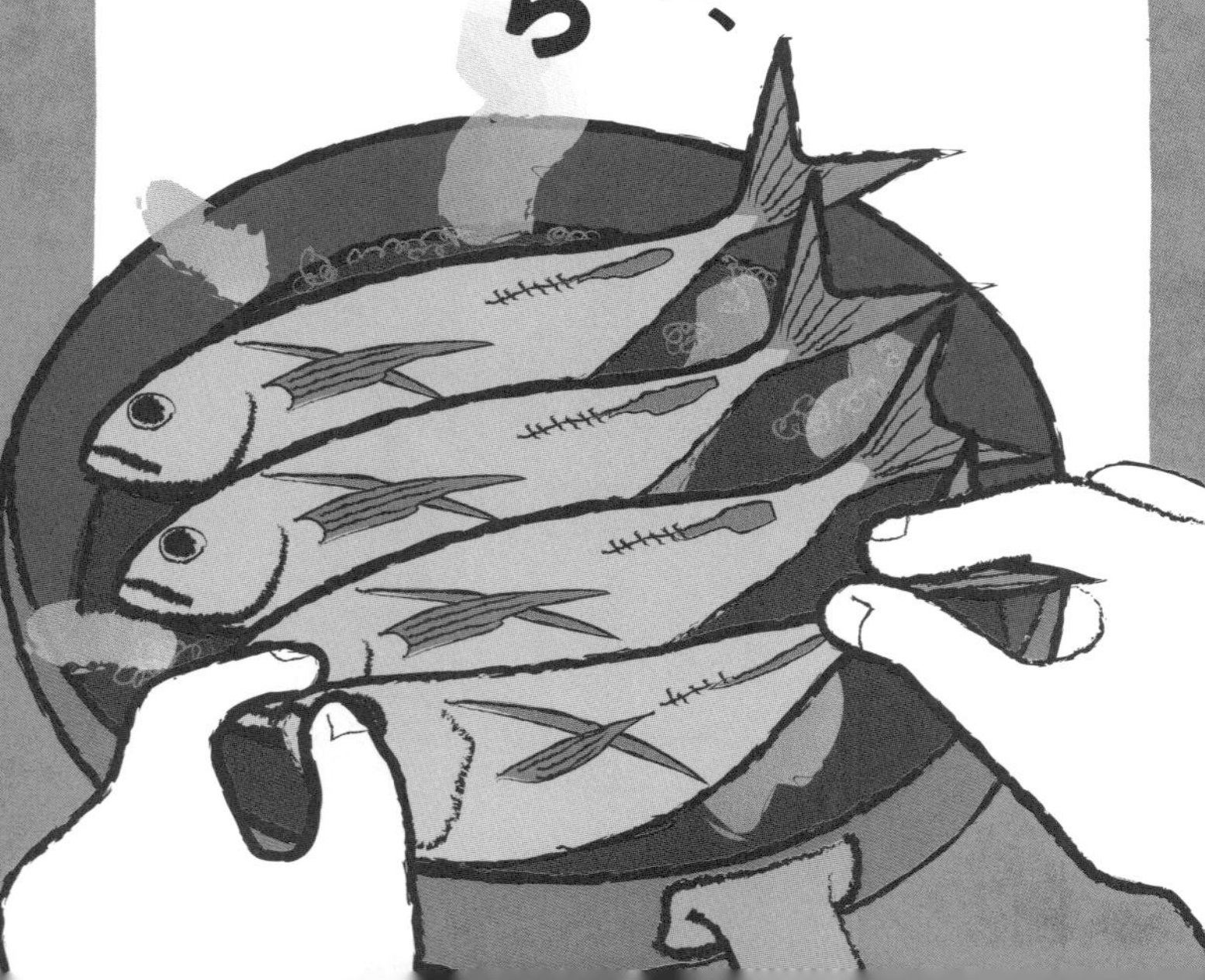

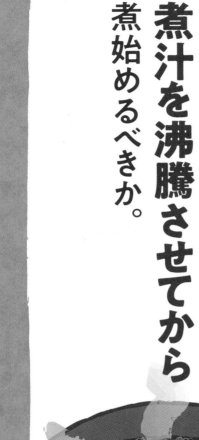

沸騰してない状態から煮ても味や外観は劣らない。

官能評価の項目――「外観」「生臭さ」「味」「身のしまりぐあい」「パサつきぐあい」「テクスチャー（食感）」「総合評価」の7項目すべてにおいて、両者にほとんど差は見られませんでした。

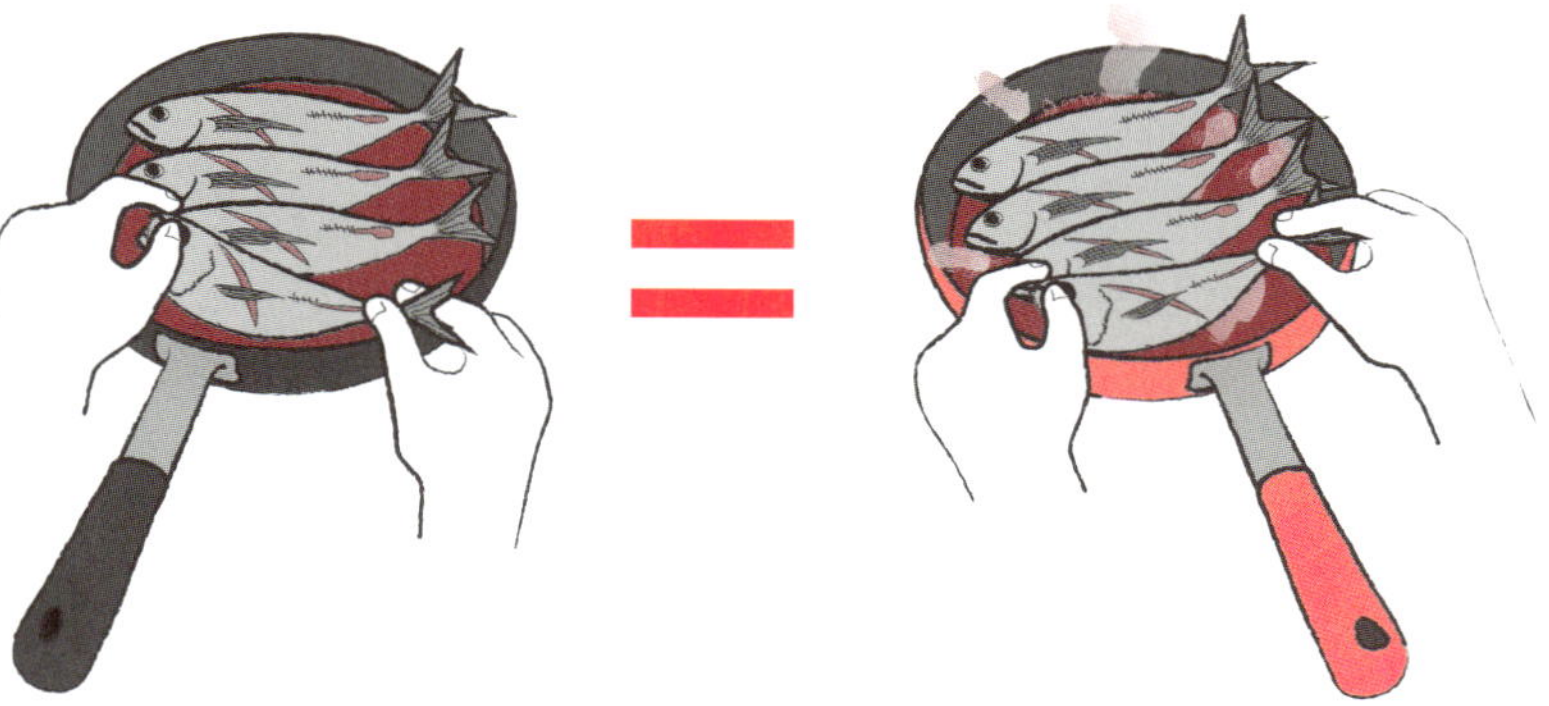

煮汁を沸騰させてから アジを入れる

差はない

【実験方法】

煮汁を沸騰させてからアジを入れる

内臓とえらを除いて身に斜めに１本切り目を入れたアジを用い、なべに煮汁を入れて沸騰させてからアジを入れて８分煮た。
アジ 600g（４尾）に対する煮汁の調合は、しょうゆ 60g、酒 150g、砂糖 4.8g、しょうが 10g。評価者 20名。

煮汁にアジを入れてから煮始める

どちらもほとんど

【実験方法】

煮汁にアジを入れてから煮始める

内臓とえらを除いて身に斜めに１本切り目を入れたアジを用い、なべに煮汁とアジを入れてから煮始めた。沸騰まで強火にしたあと７分煮た。
アジ 600g（４尾）に対する煮汁の調合は、しょうゆ 60g、酒 150g、砂糖 4.8g、しょうが 10g。評価者 20名。

煮汁を沸騰させてから アジを入れないと おいしくないのか

魚を煮るときは、煮汁を煮立ててから魚を入れるのが一般的です。それは、「魚の表面のたんぱく質が早く凝固するので形くずれを防ぎ、さらにうま味の流出も防ぐ」という理由からです。

それでは、煮汁が冷たいうちに魚を煮始めてしまうと、その味や見た目が劣るのでしょうか。ここではアジを使い、煮汁を沸騰させてから煮始めたものと、煮汁と魚を同時に煮始めたものとで、味や見た目、香りなどの違いを官能評価を行なって確かめてみました。

図1　アジの煮つけの官能評価

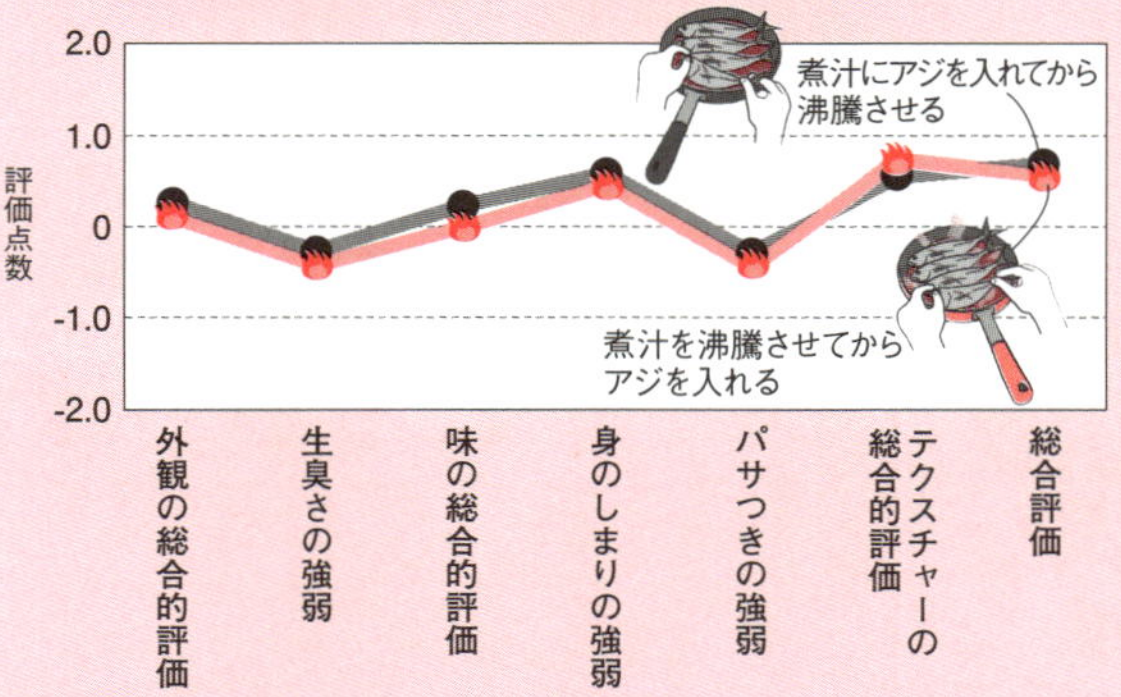

結論　どちらも差はない

評価の項目は、「外観」「生臭さ」「味」「身のしまりぐあい」「パサつきぐあい」「テクスチャー（食感）」「総合評価」の7項目です。結果は図1のように、すべてにおいて両者にほとんど差は見られませんでした。煮汁が沸騰してから魚を煮始めても、煮汁が冷たいままで煮始めても、どちらでもいいことになります。

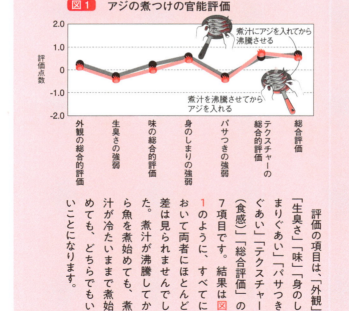

調理器具の変化で
調理法も変わる

では、従来いわれてきた「煮汁を沸騰させてから魚を入れる」という方法には、根拠はなかったのでしょうか。これには加熱器具の火力が、時代とともに変化していることが影響していると考えられます。昭和の中ごろ（1955年ごろ）は、ガスこんろの熱量が1時間あたり1800kcalだったのに比べて、現在では2200～2800kcalと強くなっています。そのため現在は、たとえば4尾のアジを沸騰していない状態から煮始めても、沸騰までにかかる時間は強火で2分足らずと短時間であるので、うま味が煮汁に溶け出る前に表面のたんぱく質が凝固し、形くずれもしにくいと考えられます。魚を煮るさいの煮汁の温度には、それほどこだわる必要はないといえそうです。

調理の方法は各時代において合理的に確立されてきたといえます。現代のように調理器具が大きく変化し、調理にかける時間も短縮されている状況の中では、調理の方法も変わっていくのは自然なことでしょう。

ただし、切り身魚の場合や魚の分量が多い場合は、うま味（たんぱく質）の溶出が多かったり、たんぱく質が凝固するのに時間がかかって水溶性たんぱく質が溶出したりすることが考えられるので、煮汁が沸騰してから魚を入れる方法で行なうとよいでしょう。

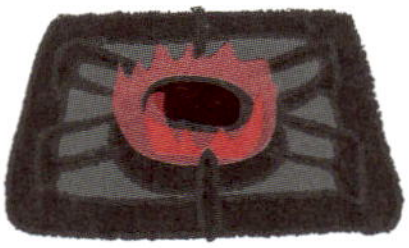

1955年ごろ
1時間あたり
1800kcal

現在
1時間あたり
2200kcal ~ **2800**kcal

冷凍に向くのは
生ザケ？ 塩ザケ？

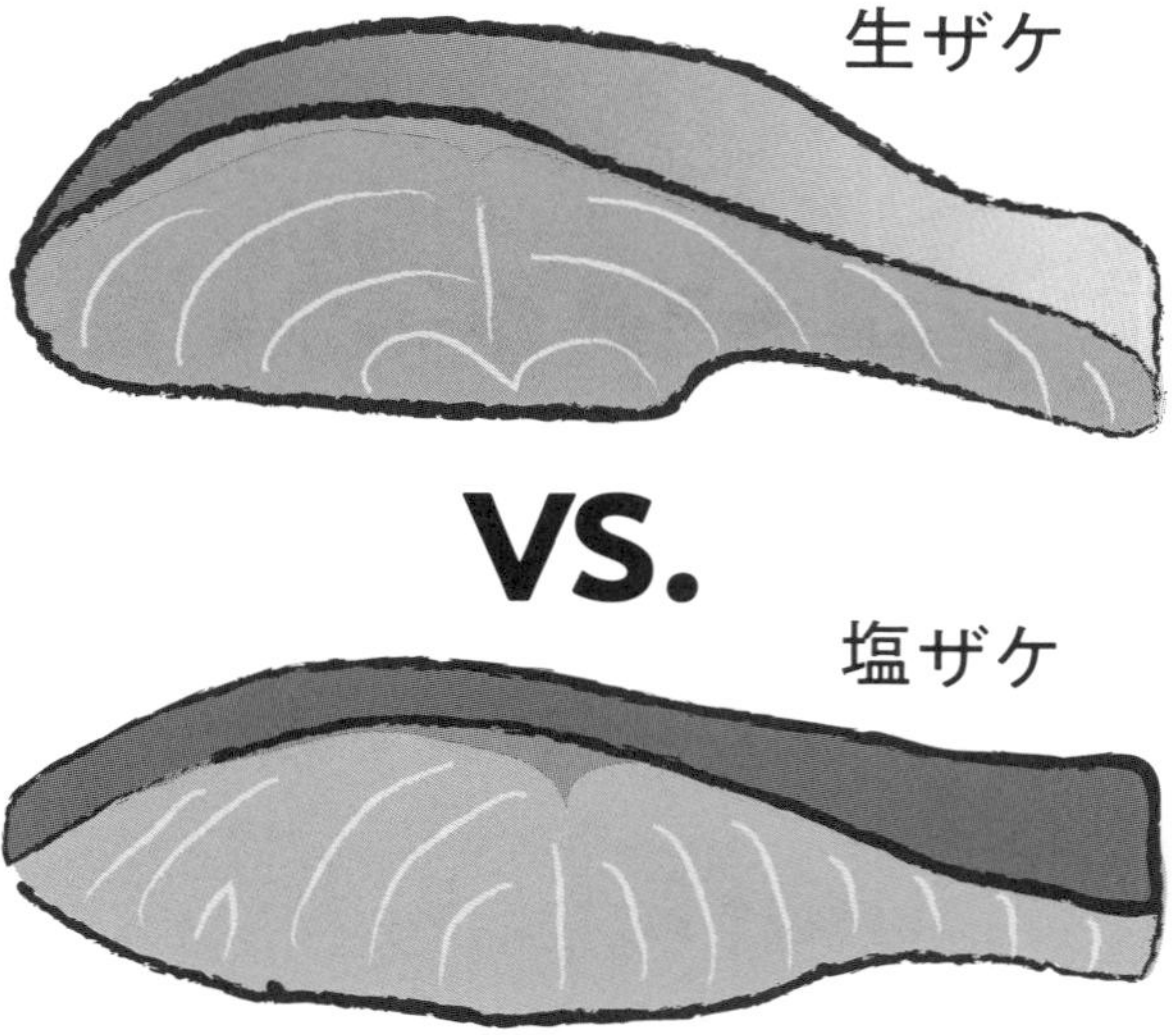

冷凍するなら生ザケよりも塩ザケが向く。

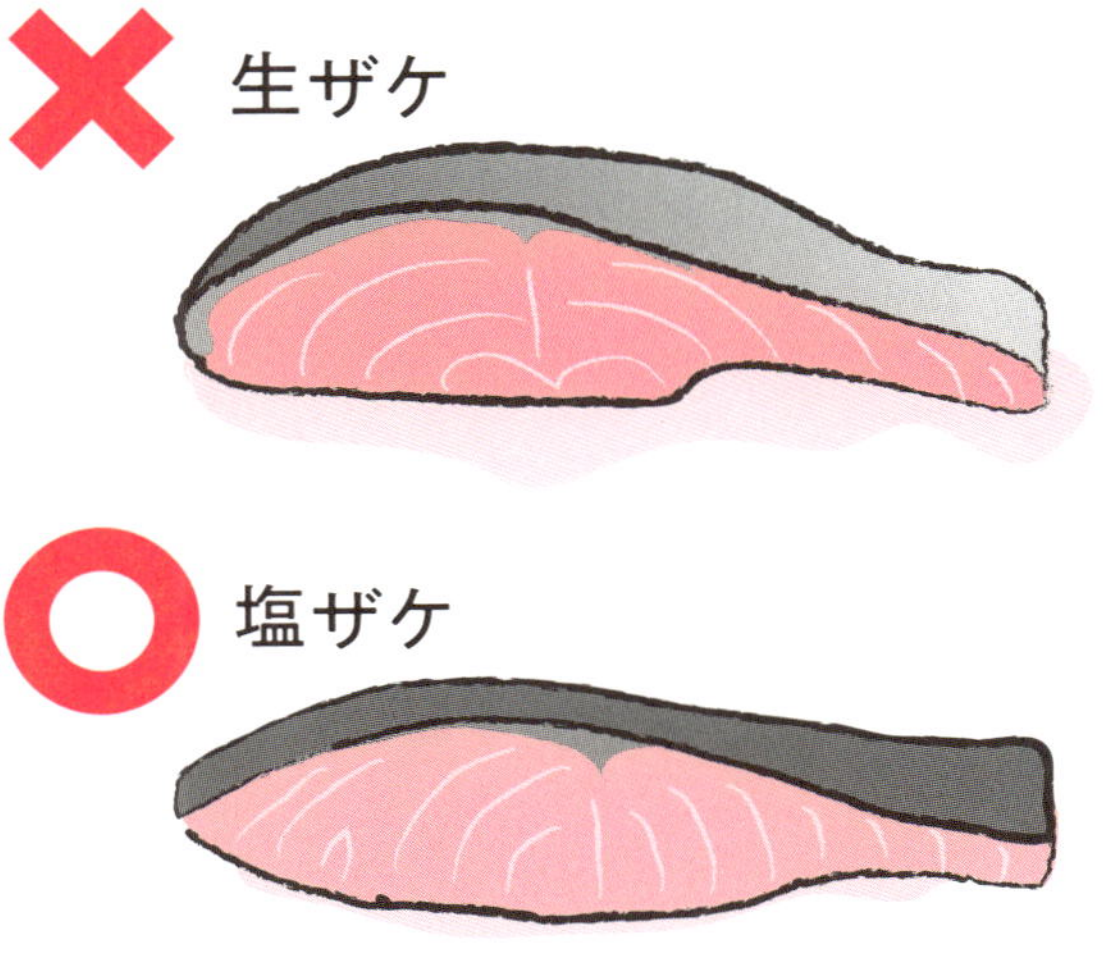

解凍したとき、塩ザケより生ザケのほうがドリップ（身からしみ出す水分）が多い。ドリップには魚のうま味が含まれているので、ドリップ量が多いとうま味は減少してしまうことから、ドリップ量が少ない塩ザケのほうが冷凍向きといえます。

「冷凍および解凍シロサケの調理特性と食味」
日本調理科学会誌　Vol.45, No.4, 1～8（2012）より

検証 生ザケ vs. 塩ザケ、冷凍に向くのは？

サケには、塩ザケと生ザケがありますが、それぞれ冷凍したものを解凍して焼いた場合、食味に差は出るのでしょうか。

冷蔵庫内で解凍して焼いた塩ザケと、冷蔵庫で解凍後にふり塩（サケの重量の※1%程度）をして焼いた生ザケとでは、食味に差が出るかを調べてみました。評価者10名。

※食塩の濃度を1%にした理由は、おいしく食べられる食塩濃度であり、サケの保水性がよい状態に保たれるため。5%を超えると脱水することがある。

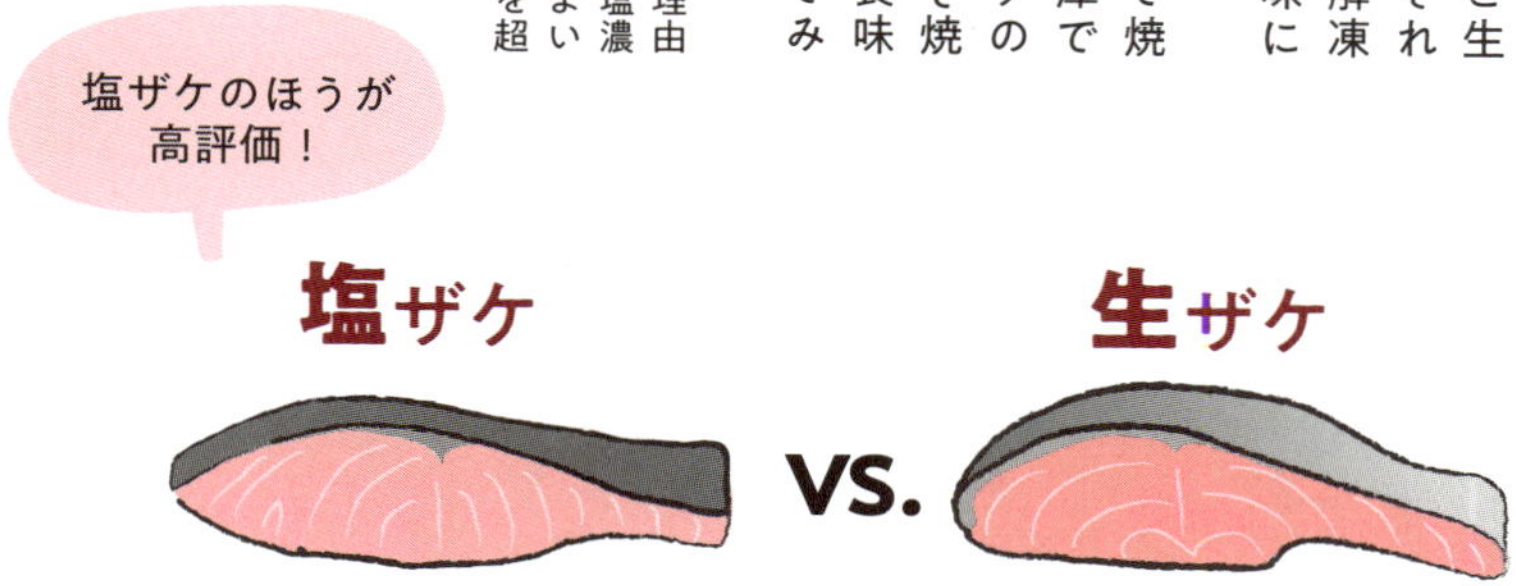

図1　塩ザケと生ザケの官能評価

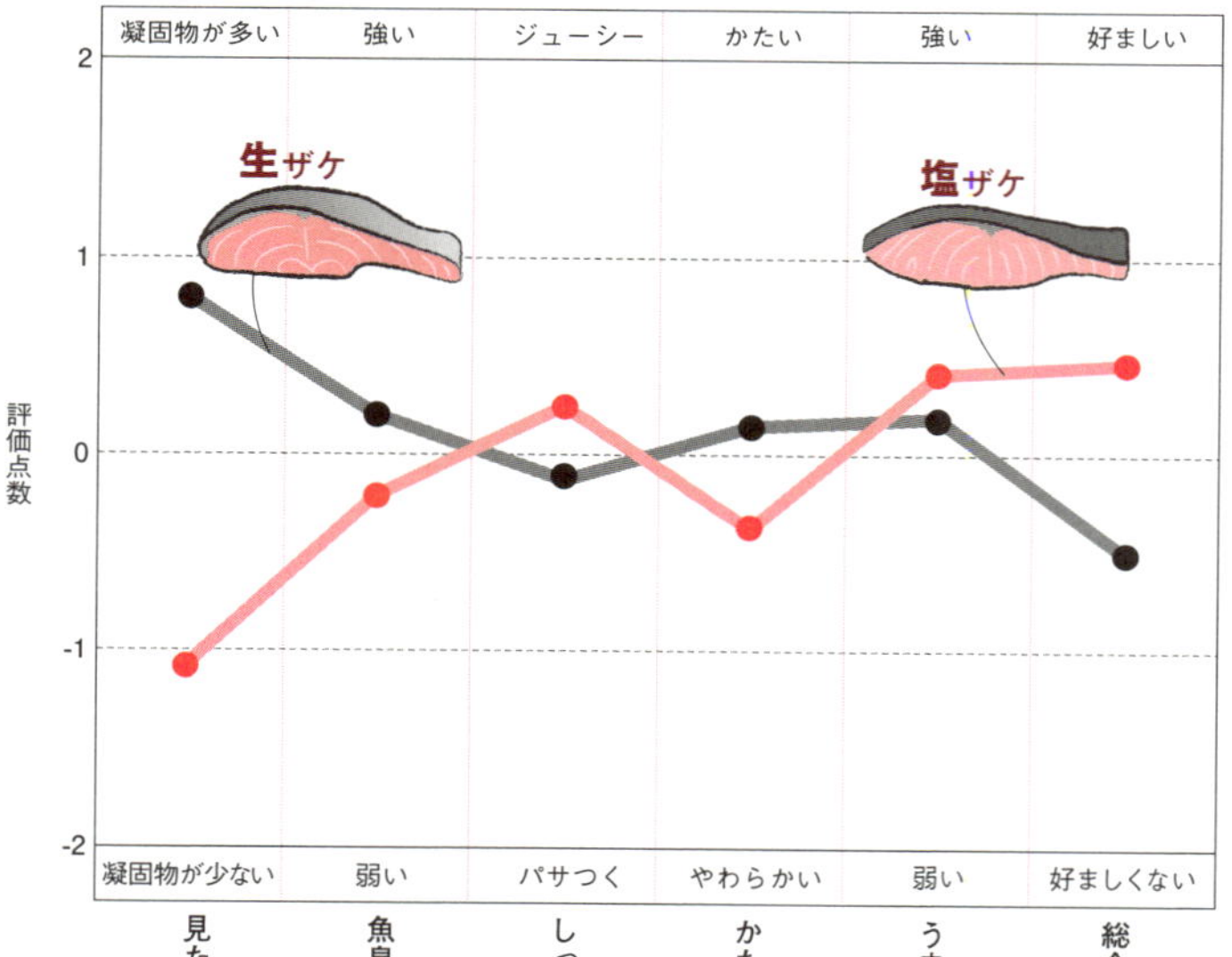

結論　冷凍するなら生ザケよりも**塩ザケ**が向く

冷凍した生ザケを解凍し、ふり塩をして焼いたものは、塩ザケよりも表面の白色の凝固物が多く、総合評価が低かった（図1）。

　解凍時のドリップの量は、生ザケのほうが多く、さらに加熱による重量減少も生ザケのほうが多かった。塩が浸透した塩ザケは、保水性が高まったと考えられる。ドリップにはうま味成分が含まれており、ドリップ量が多いと、魚のうま味は減少してしまう。生ザケよりもドリップが少ない塩ザケのほうが冷凍向きといえよう。

　塩分を2％程度含む塩ザケは、生ザケよりも保水性が高く、解凍時のドリップの量がおさえられる。品質が安定するため、加熱後の食味も保たれる。

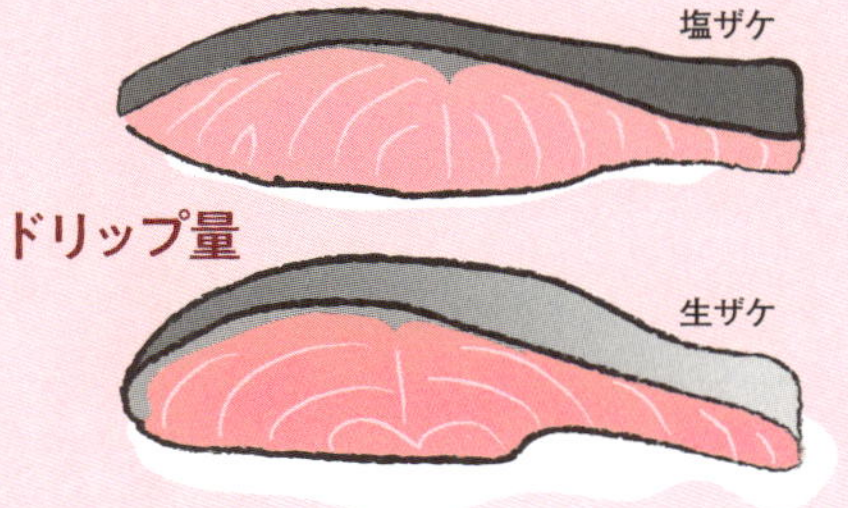

冷凍**生**ザケ > 冷凍**塩**ザケ

塩ザケのほうが解凍後のドリップの量が少ない。そのためうま味の流出も少ない。

凍結はなるべく短時間で

冷凍するさいは金属製のバットなどに並べて冷凍庫の扉をできるだけ開閉せず、早く凍らせましょう。

おまけの実験　冷凍した切り身魚の流水解凍は避けよう

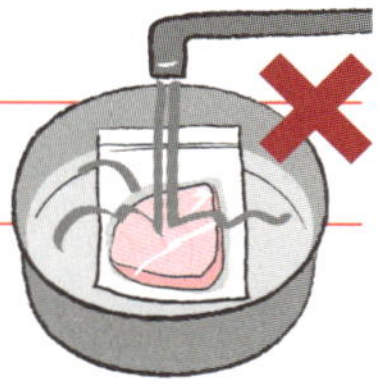

流水で解凍

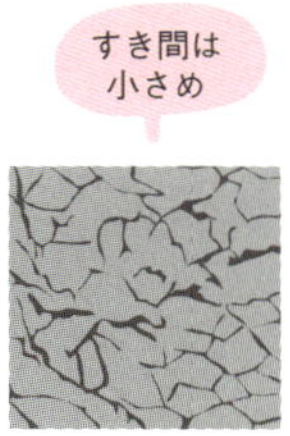

冷蔵庫内で解凍

冷凍カジキで検証

　魚は肉と比べ、凍結や解凍などによってたんぱく質が変性しやすく、品質に影響が出やすい。特に解凍時に魚からしみ出すドリップが多いほど品質が落ちる。流水解凍と冷蔵庫解凍を比較すると、ドリップの量が多かったのは流水解凍であった。電子顕微鏡で細胞を見ると、流水解凍は冷蔵庫解凍に比べて、筋線維の細胞と細胞のすき間が比較的大きかった。すき間が大きいほど、ドリップが流出しやすくなる。

冷凍したサケを
おいしく食べるには？

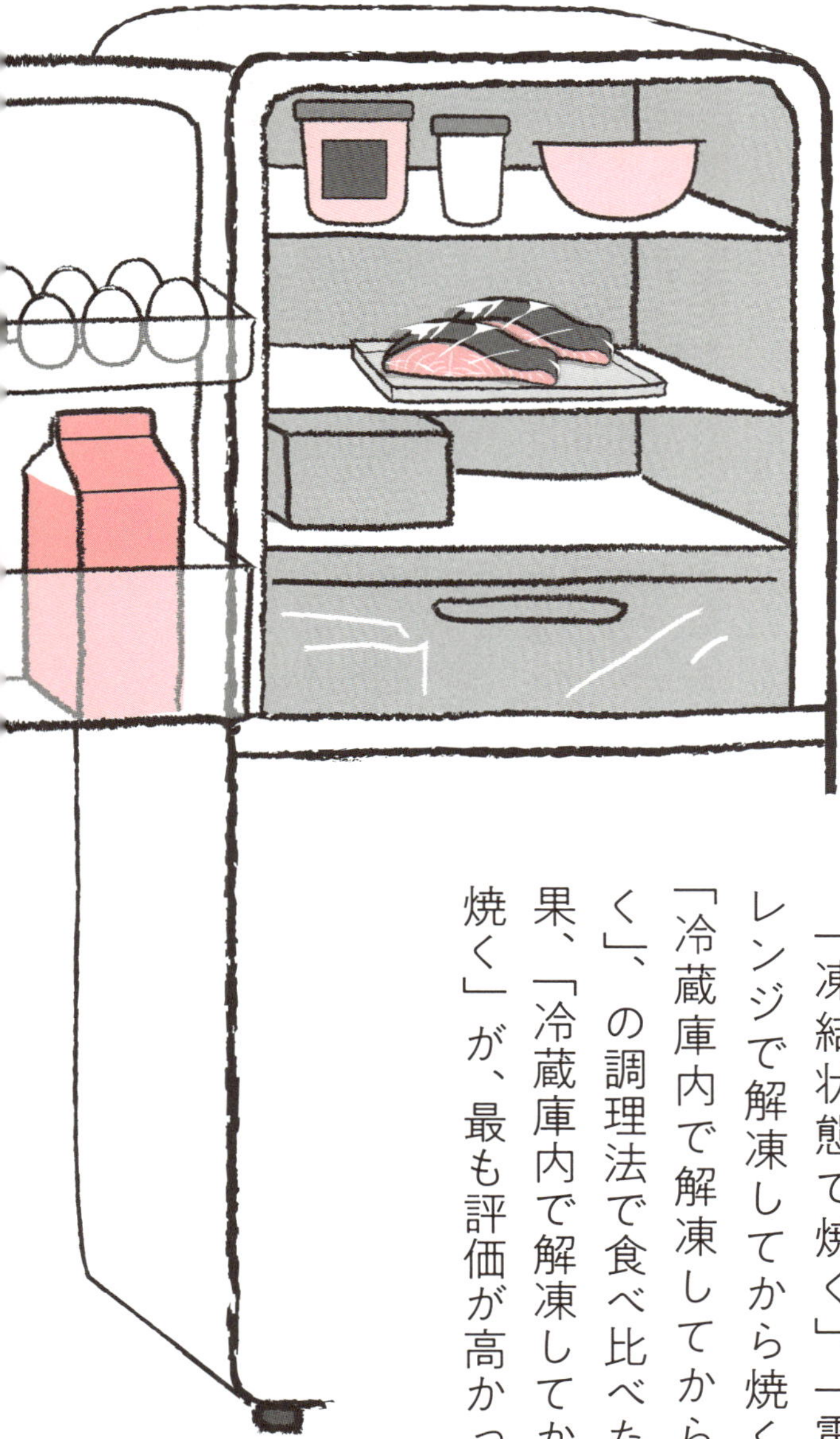

冷蔵庫内で解凍してから焼く。

「凍結状態で焼く」、「電子レンジで解凍してから焼く」、「冷蔵庫内で解凍してから焼く」、の調理法で食べ比べた結果、「冷蔵庫内で解凍してから焼く」が、最も評価が高かった。

「冷凍および解凍シロサケの調理特性と食味」日本調理科学会誌 Vol.45, No.4, 1～8（2012）より

冷凍したサケの**おいしい食べ方**を探った

買い物に行けないときなどに便利な冷凍食材。主婦約200名に行なったアンケート（68ページ）では、干物や塩漬け（塩ザケ）、切り身魚を冷凍する頻度が高いことがわかりました。また、冷凍した魚を凍ったまま調理するという家庭もありました。

冷凍したサケを解凍せずに焼いた場合、解凍してから焼いたものと比べておいしさに違いが出るのでしょうか。その実験結果と、冷凍した魚をおいしく食べるコツをご紹介します。

冷凍したサケを**3種類の方法**で焼いてみた

❶凍結状態で焼く

❷電子レンジで解凍
してから焼く

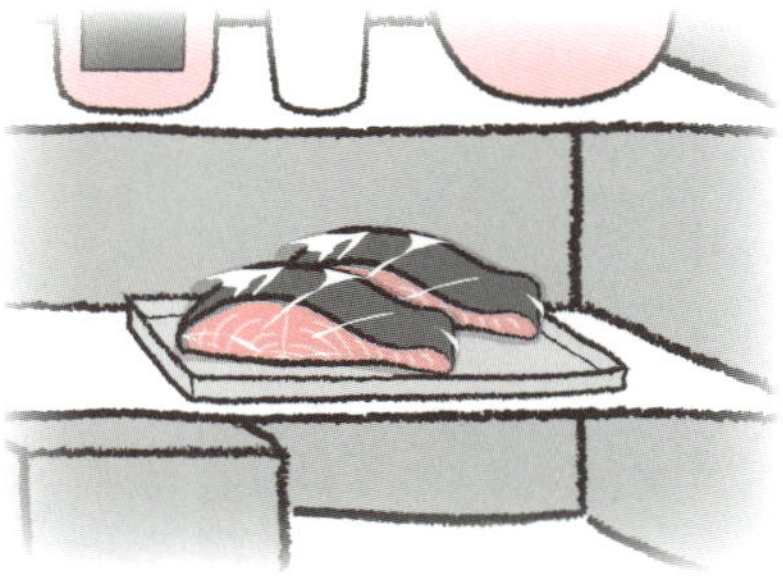

❸冷蔵庫内で解凍
してから焼く

検証

凍結状態で焼くvs.解凍後に焼くで、塩ザケのおいしさに違いはあるか比べてみた

塩ザケを調理前の解凍の有無で食味に違いが出るかを調べてみました。

評価者10名。凍結状態で焼いた塩ザケ、冷蔵庫内で解凍して焼いた塩ザケ、電子レンジで解凍して焼いた塩ザケの3種類を、情報提示せずに試食してもらいました。

3位
凍結状態のまま焼いた塩ザケ

2位
電子レンジで解凍後に焼いた塩ザケ

1位
冷蔵庫内で解凍後に焼いた塩ザケ

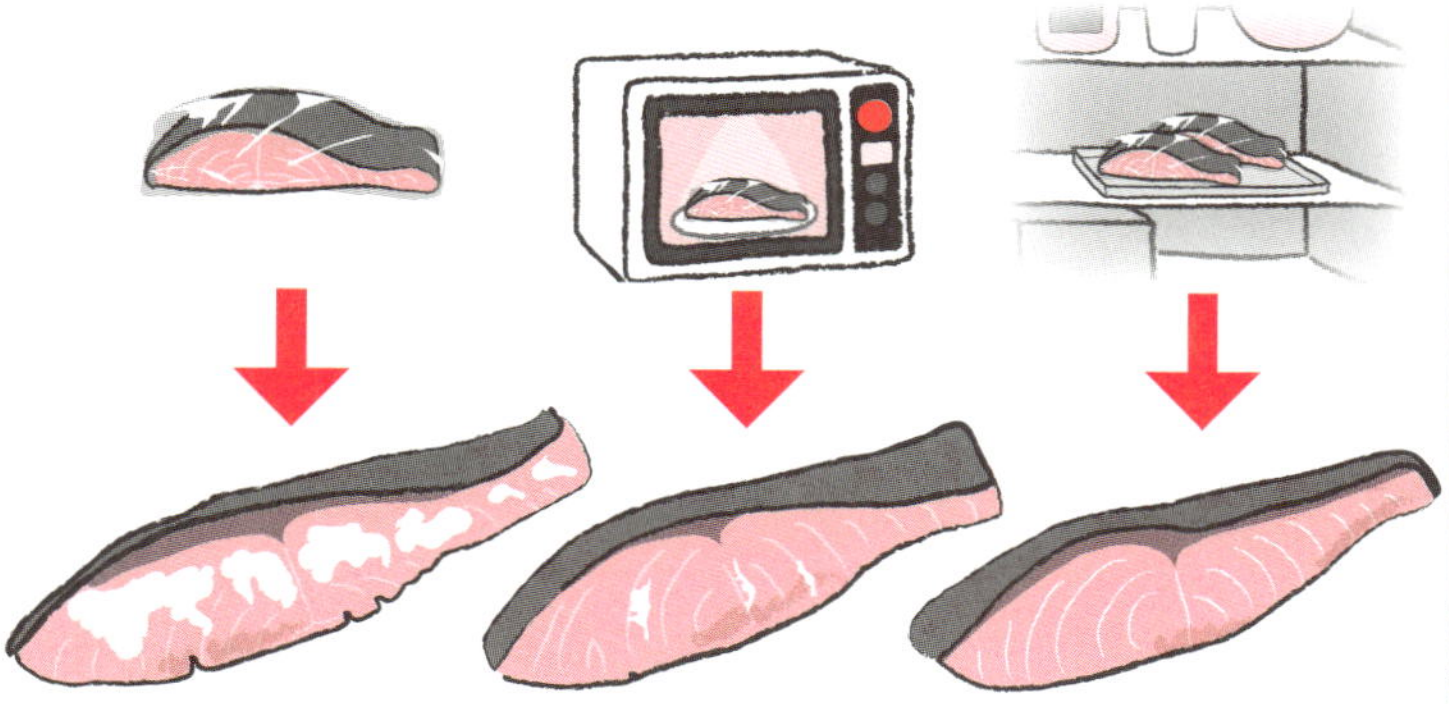

3位：見た目／焼き上がりの表面に白色の凝固物が多い。

2位：見た目／焼き上がりの表面に白色の凝固物はほとんど付着しない。

1位：見た目／焼き上がりの表面が最もきれい。

図1　焼き塩ザケの官能評価

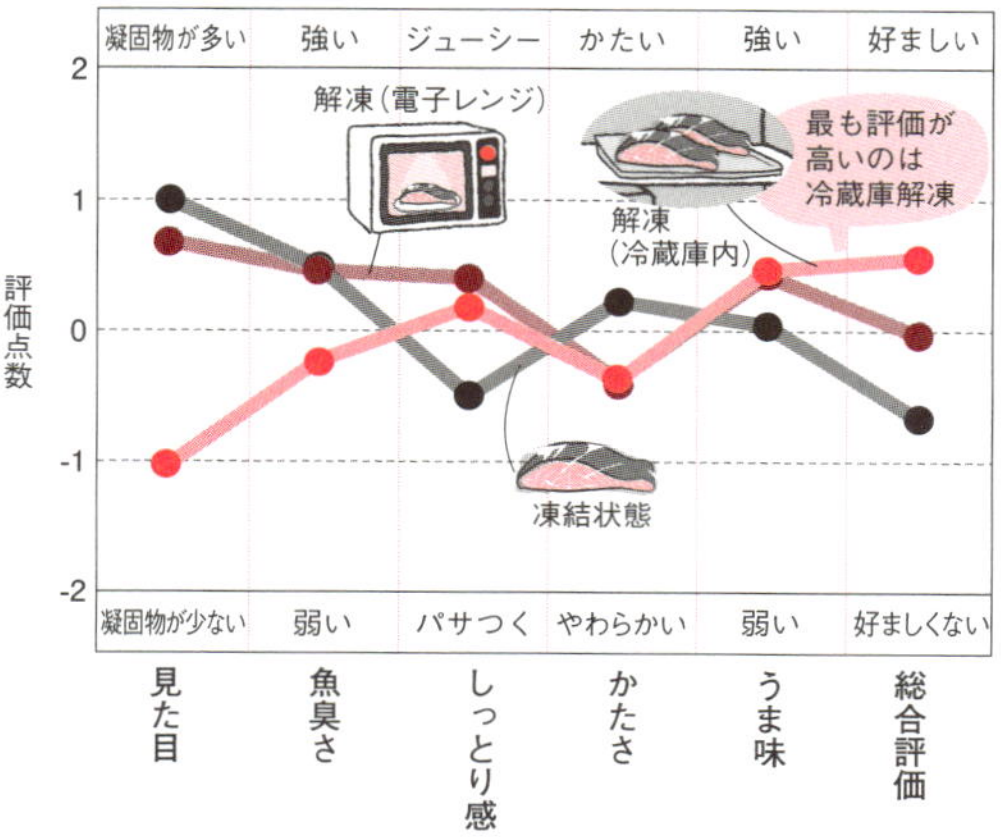

評価点数は、3、2、1、0、−1、−2、−3の7段階で行なった。

結論

冷凍した塩ザケは、**解凍してから**焼いたほうがよい

凍結状態で焼いた場合は、解凍してから焼いた場合に比べて全体的な評価が低かった。凍ったまま焼いたサケは表面に白色の凝固物が多くついたが、これはおもに、加熱変性して収縮する筋線維から押し出された筋形質たんぱく質が、表面で凝固したものと考えられ、見た目と食味の悪さに影響する。

　解凍方法は、電子レンジよりも冷蔵庫内のほうが表面の凝固物が少なく、総合評価が若干高かった（図1）。

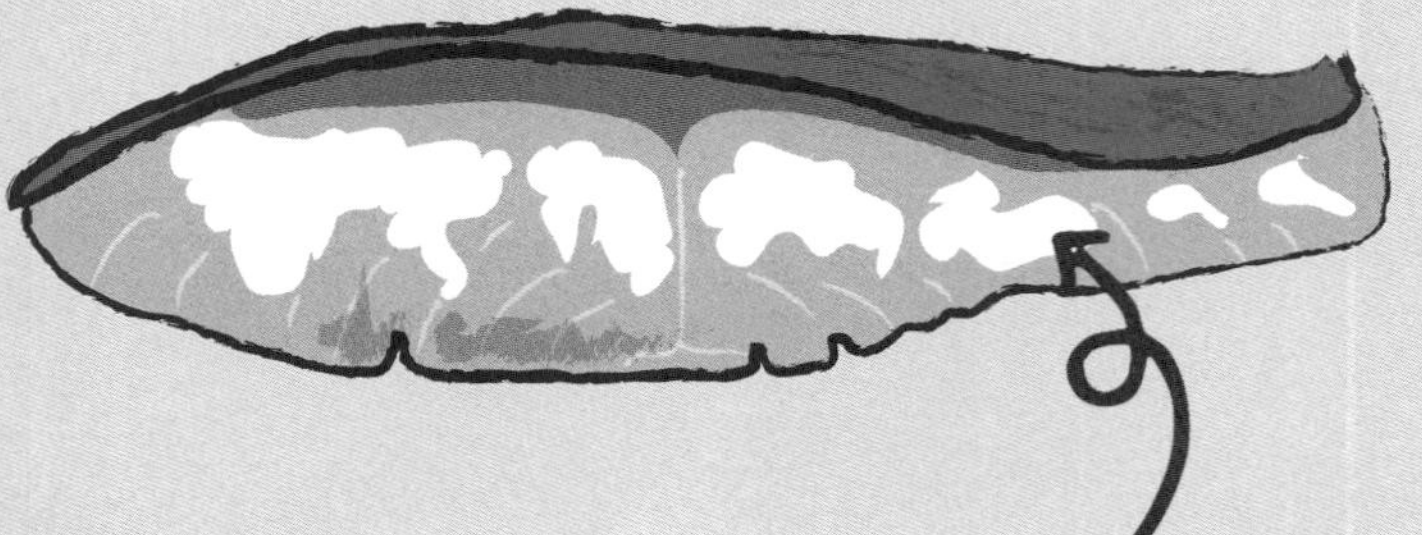

白い凝固物の正体は……

おもに、加熱変性して収縮する筋線維から押し出された筋形質たんぱく質が、凝固したものと考えられる。見た目と食味に悪影響。

冷凍した魚のじょうずな解凍の仕方

冷凍したサケは、解凍してから調理しましょう。比較的解凍むらが少ないのは冷蔵庫内での解凍ですが、時間がないときは電子レンジで、取扱説明書に従って解凍してください。

ほどよい解凍の目安は、魚からドリップ（身からしみ出す水分）が出ておらず、表面に若干水分がにじむ程度。さわってみると、かたすぎず、やわらかすぎずの状態です。また、生ザケを冷凍した場合は、解凍後にサケの重量の1%※程度の塩をふってから焼くとおいしくなります。

※食塩の濃度を1%にした理由は、おいしく食べられる食塩濃度であり、サケの保水性がよい状態に保たれるため。5%を超えると脱水することがある。

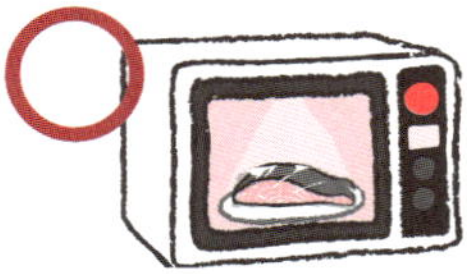

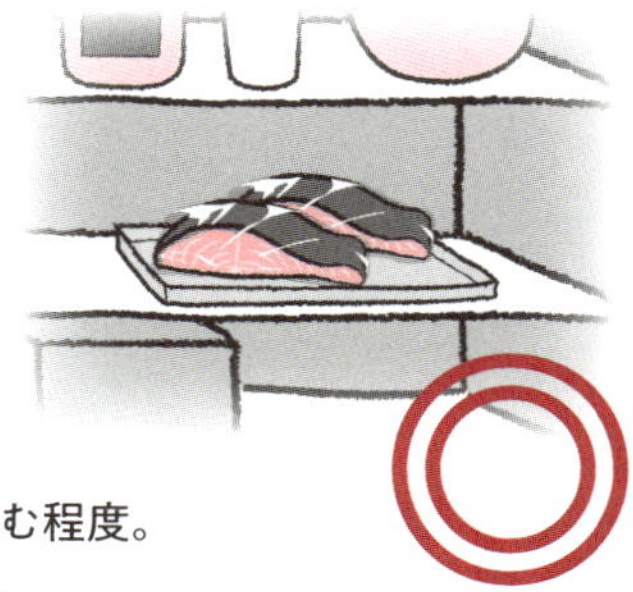

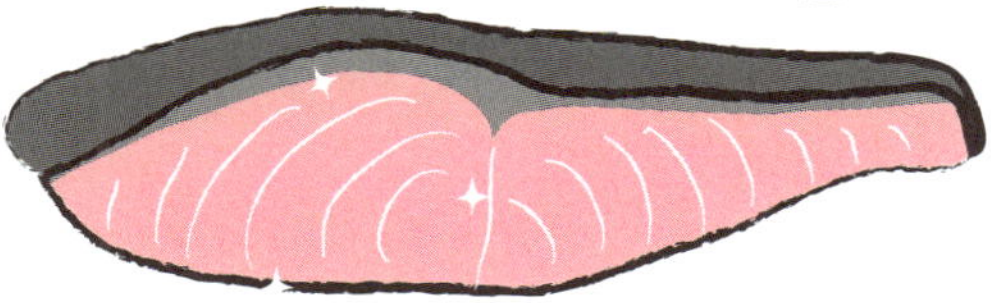

じょうずな解凍の目安

魚からドリップが出ていない。表面に若干水分がにじむ程度。
さわってみると、かたすぎず、やわらかすぎずの状態。

電子レンジ解凍のヒント

電子レンジで加熱するさいに発生するマイクロ波は、食塩含量の多い食品の場合、表面が発熱しやすい特徴がある。そのため、電子レンジ解凍は調味していない魚のほうが加熱むらが少ない。

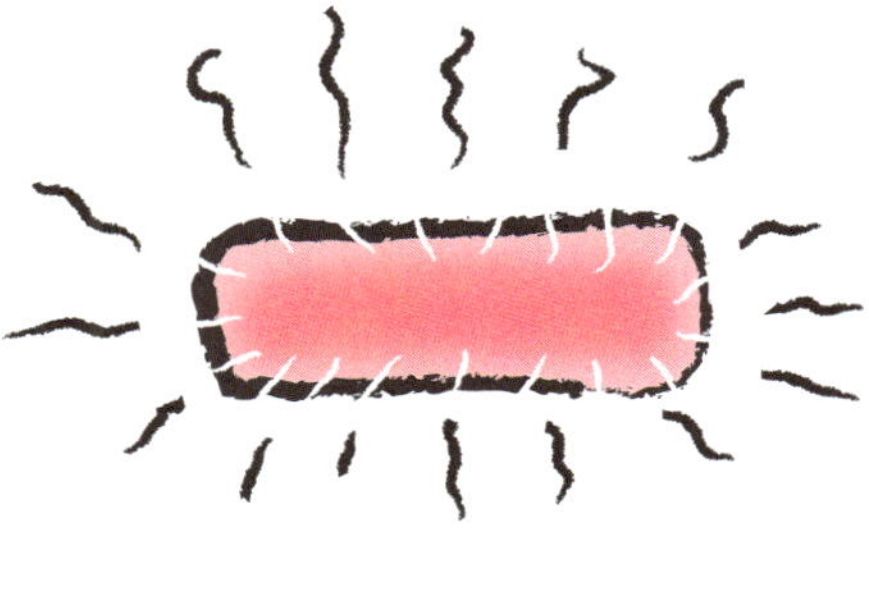

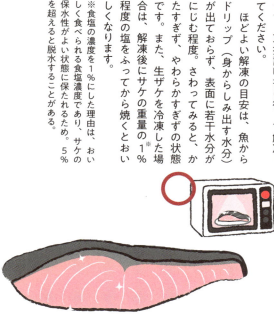

調べてみました！
家庭の「冷凍魚」

【実態調査】魚はどんなときに冷凍する？　解凍法は？　など、魚の加工の種類別に主婦194名に行なったアンケート結果をご紹介します。

家庭で冷凍する魚は？

回答者：主婦 194 名

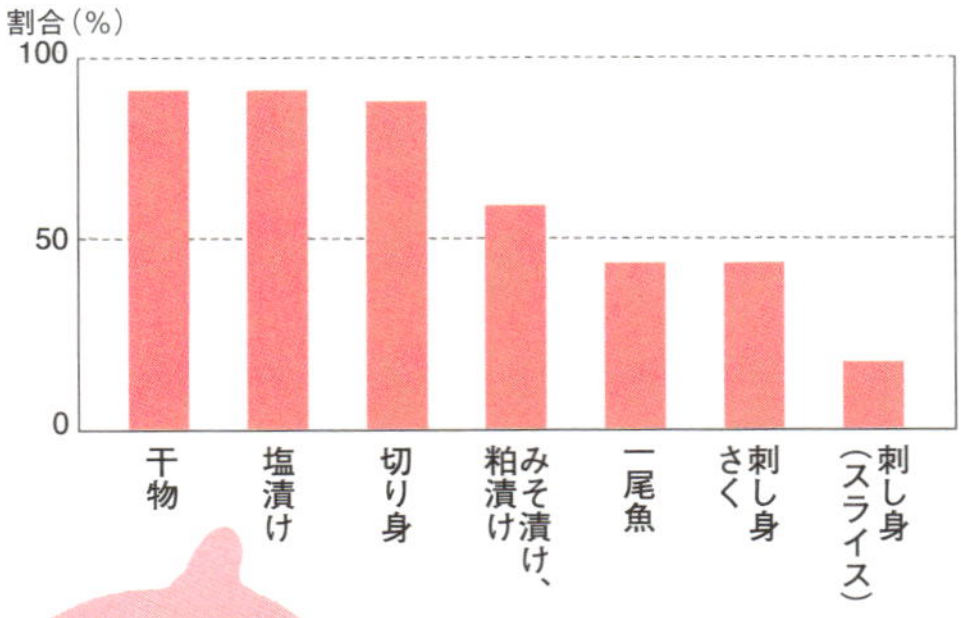

冷凍することが多いのは、干物や塩漬け、切り身魚

どんなときに冷凍する？

回答者：主婦 194 名

（　）内は各種類の魚を冷凍すると回答した人数

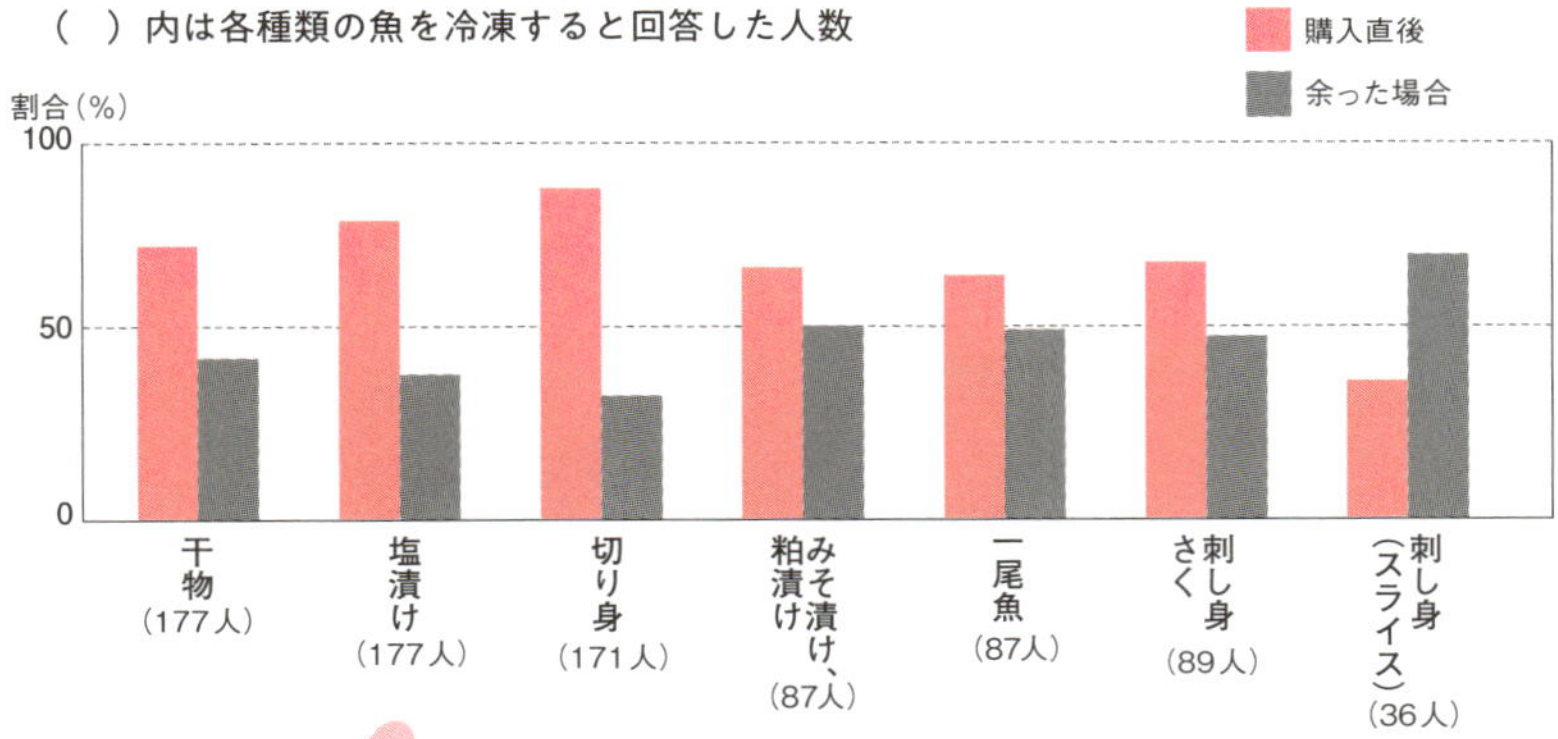

買ってきた冷凍の魚をそのまま冷凍することもあるね

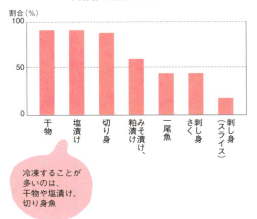

どんな方法で解凍する？

切り身の場合
回答者：主婦 171 名

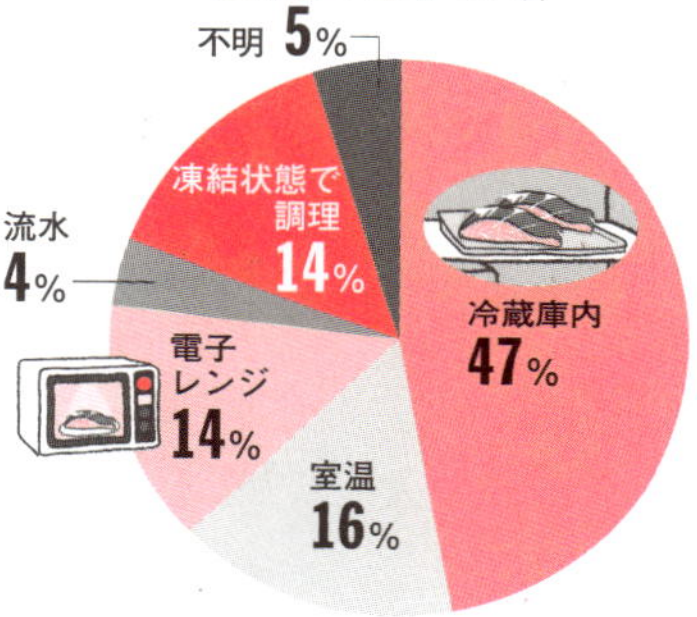

みそ漬け、粕漬けの場合
回答者：主婦 87 名

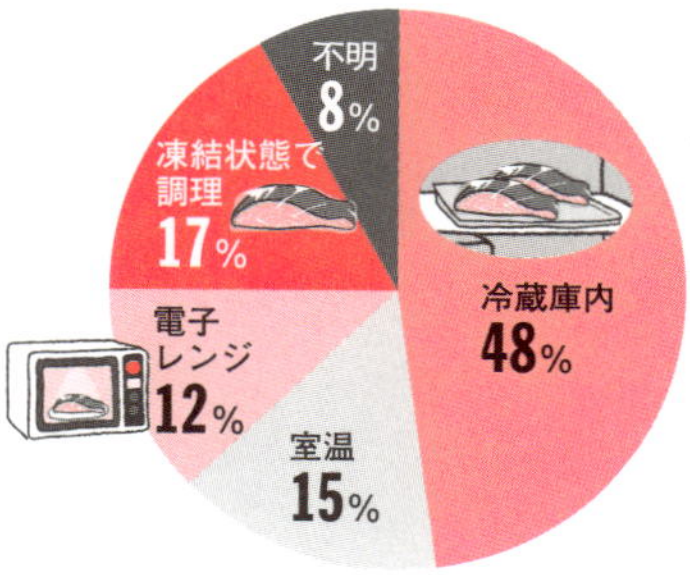

塩漬けの場合
回答者：主婦 177 名

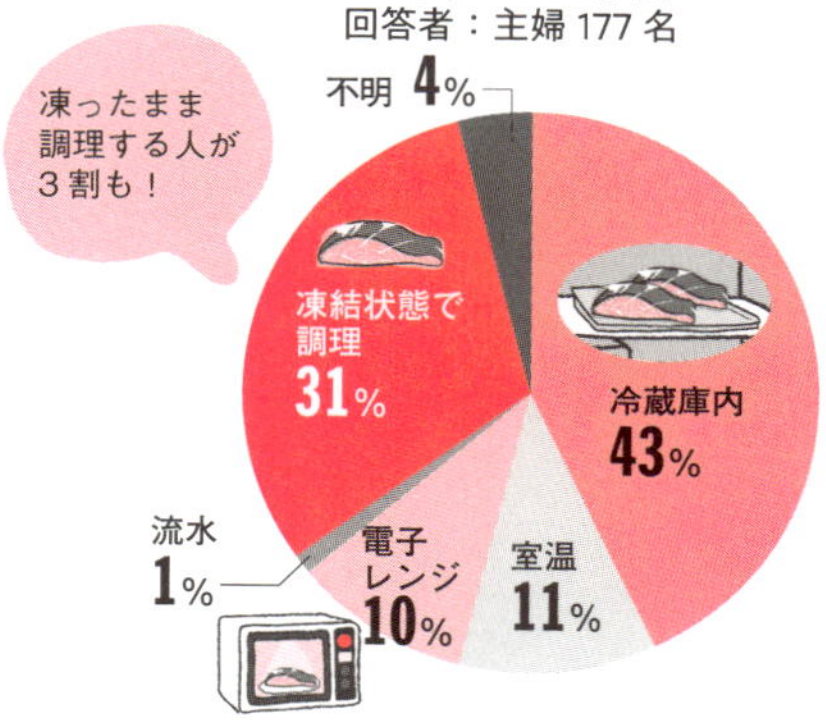

アンケート結果より…

家庭で冷凍する魚は、切り身や干物、塩漬け（サケやサバなど）の加工した魚が多かった。これらは、購入直後に冷凍することが多く、冷凍を前提に購入していることも考えられる。

解凍方法は、切り身、塩漬け、みそ漬け・粕《かす》漬けの場合を調べると、いずれの場合も冷蔵庫内で解凍することが多かった。一方で、塩漬けは凍結状態で焼く人も多かった。

魚肉のすりつぶし方法の違いは、つみれの食味に影響するのか。

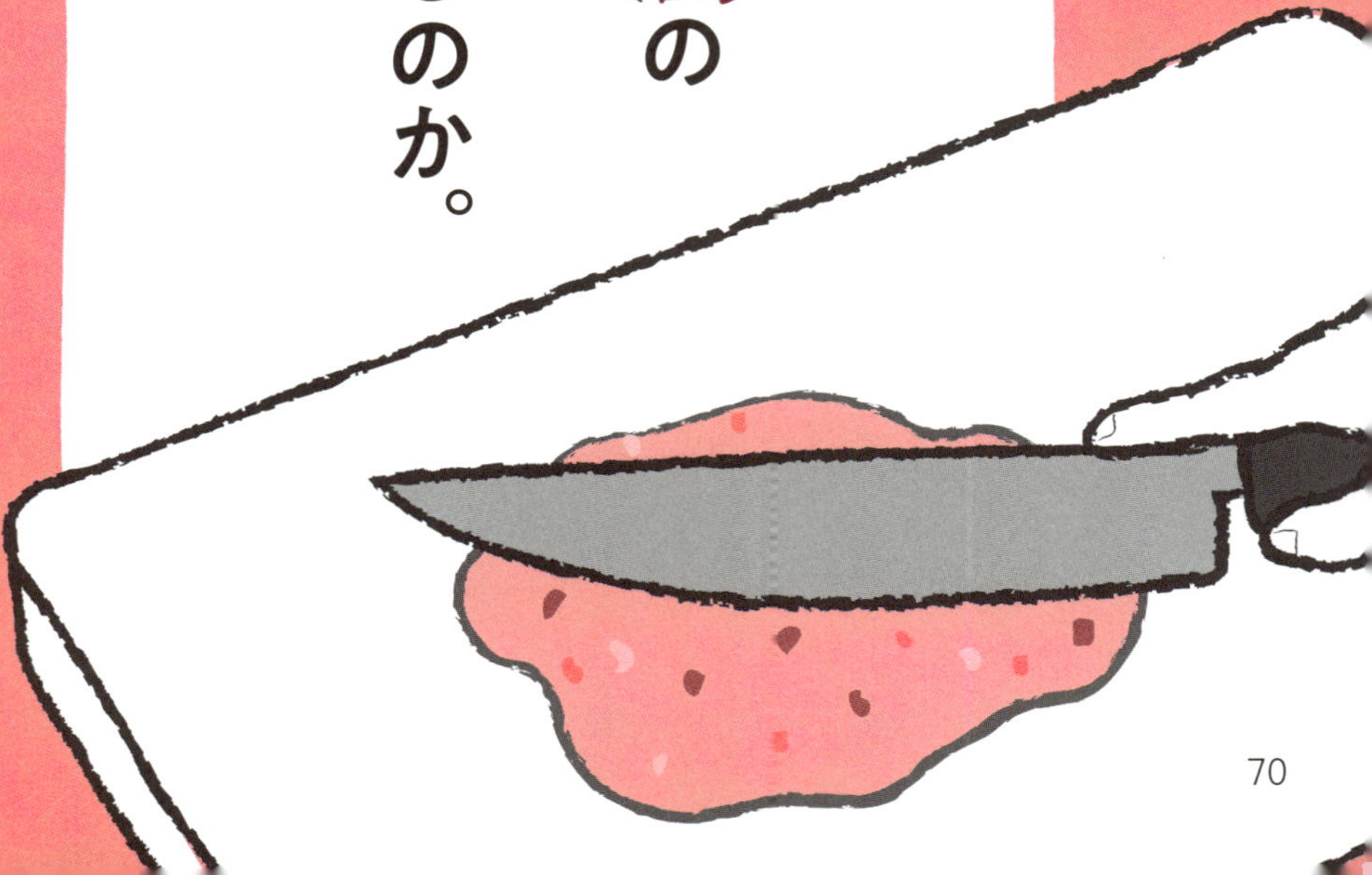

フードプロセッサーと包丁でたたくそれぞれの利点と欠点を生かして、方法を選びたい。

フードプロセッサーで作ったつみれは、外観、舌ざわりで評価が高かったものの、包丁でたたいたものより全体的に評価が低い結果でした。この方法は、骨や皮をしっかりすりつぶすことができ、簡単です。つねに同じ状態のすり身になり、弾力性に富むものが作れますが、しまった仕上がりになります。

包丁でたたいて作ったつみれは、うま味が強く、やわらかくふっくらしていたという評価でした。「つぶす」と「切る」の中間の状態なので、粘りも結着性も比較的弱いため、食感はやわらかくふっくらし、弾力は弱いといえます。ただし、たたき方が足りなかったり、かたくり粉を加えなかったりすると、かたくパサついて評価が悪くなるようです。

フードプロセッサーを使う

利点

・外観、舌ざわりで評価が高い。
・より細かくすりつぶされるので粘りが出て、かたくて弾力性に富む。
・つねに同じ状態のすり身ができ、
水などを混ぜ込んだり、骨や皮をすりつぶすのも簡単。

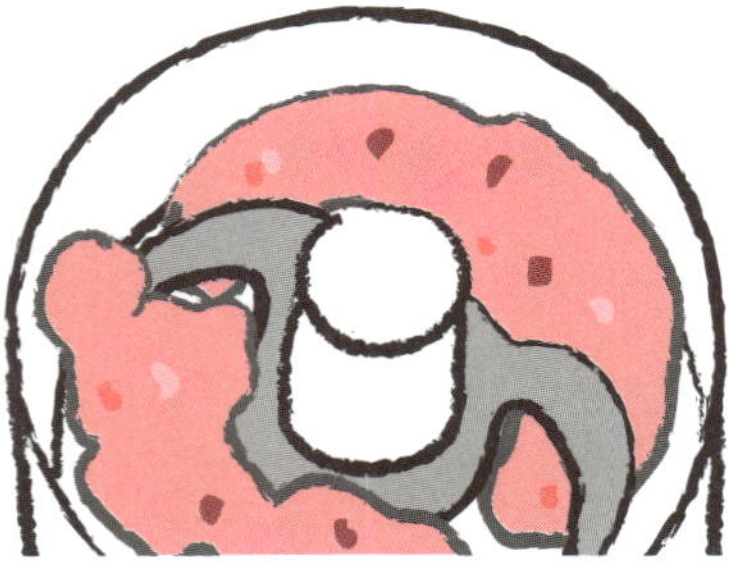

マイナス面

・全体的に評価が低い。
・つみれがかたくしまった状態で、ふっくらした感じが弱かった。

マイナス面克服方法
・水（魚の重量の 20%）を加えることによって、やわらかくふっくらして舌ざわりもよくなることがわかった。

【つみれの成形の仕方】
スプーン 2 つを使ってつみれを形作る

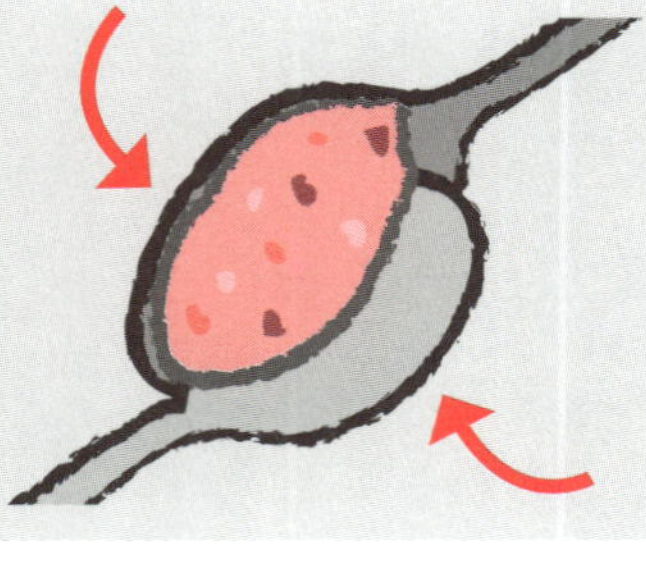

包丁でたたく

利点

・つみれのうま味が強く、やわらかくふっくらして評価が高い。

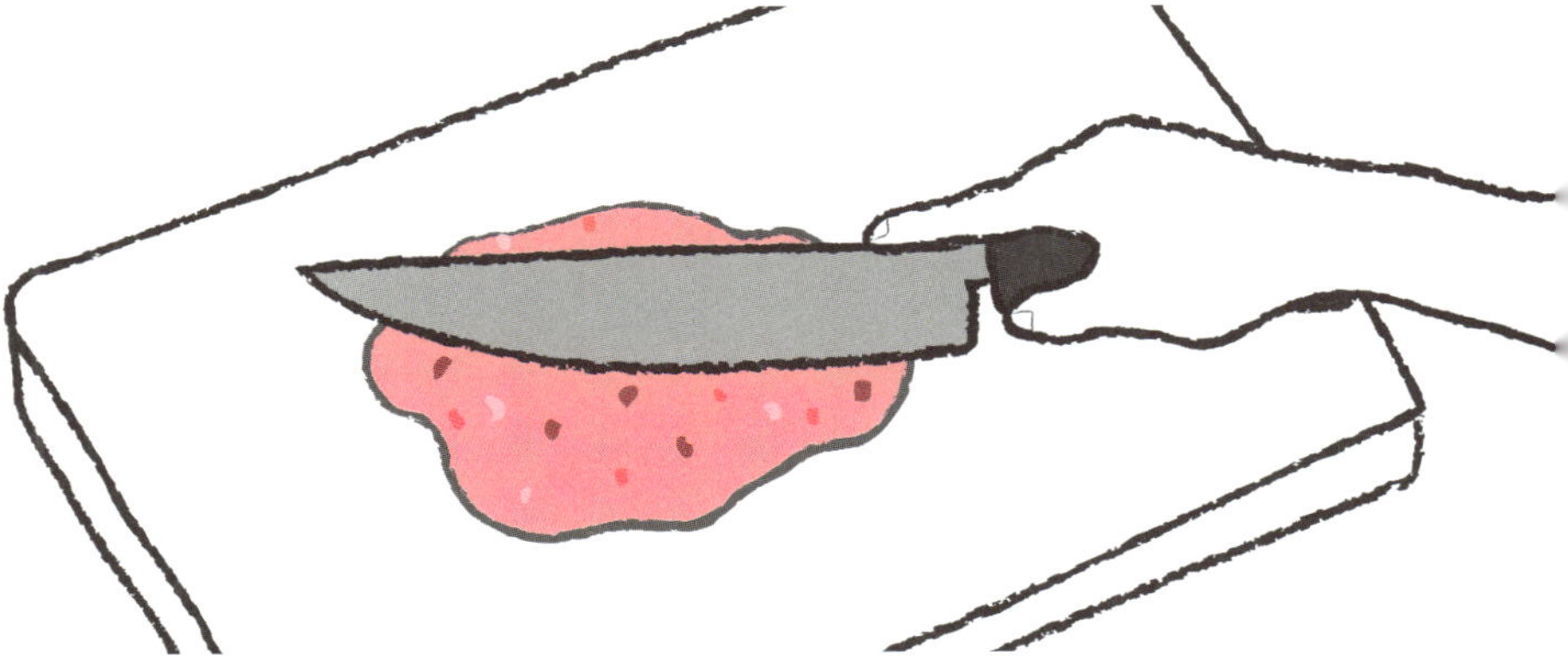

マイナス面

・フードプロセッサーほど細かくすりつぶされないので、粘りも結合力も比較的弱く、弾力は弱い。
・たたき方が足りなかったり、かたくり粉を加えなかったりすると、かたくパサついて評価が悪くなる。

マイナス面克服方法

たたき加減が不足しないように充分たたくことと、かたくり粉などのでんぷんを加えることが食感をよくするのに効果があるので、こうしたことに留意する。

【実験方法】

つみれの材料は、アジ 150g に対して塩 1.5g（1%）、かたくり粉 4.5g（3%）、長ねぎのみじん切り10g、しょうが汁 5g。フードプロセッサーの場合は、これらの材料に水 30mℓ（20%）を加え、20 秒攪拌《かくはん》。包丁の場合は、アジに塩を加えて粘りが出るまでたたき、さらにその 3 倍の回数をたたいてから残りの材料を加えた。両者とも沸騰しただし汁に入れて 4 分加熱。評価者 11 名。

結論

「すり鉢ですりつぶす」作業を簡便化するには。

つみれは、魚肉をすり身にして作りますが、そのすりつぶし方法の違いによって仕上がりに差が出るのでしょうか。従来は、すり鉢でする方法がとられることが多くありましたが、より簡便に「フードプロセッサーを使用する方法」と、特別な器具を使わず「包丁でたたく」だけの方法でつみれを作り、つみれ汁に仕立てて官能評価で食味の比較をしました。

すりつぶし方法の違うつみれの評価には、それぞれに特徴が見られました（図1）。

図1 2種のつみれの官能評価

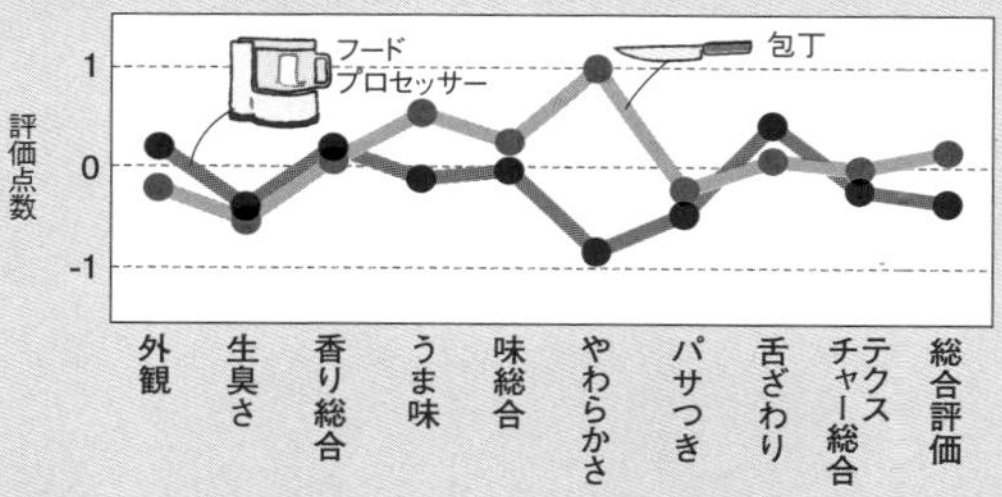

「フードプロセッサー」はかたくしまってふっくら感がない

フードプロセッサーで作ったつみれは、外観、舌ざわりで評価がやや高かったものの、包丁でたたいたものより全体的に評価が低い結果になりました。特にやわらかさの評価が低く、これはつみれがかたくしまった状態で、ふっくらした感じが弱かったことを示しています。

そこで、こうした欠点を克服する方法を検討したところ、フードプロセッサーの場合は、水（魚の重量の20％）を加えることによって、やわらかくふっくらして舌ざわりもよくなることがわかりました（図2）。

図2
フードプロセッサーにおける水分の影響

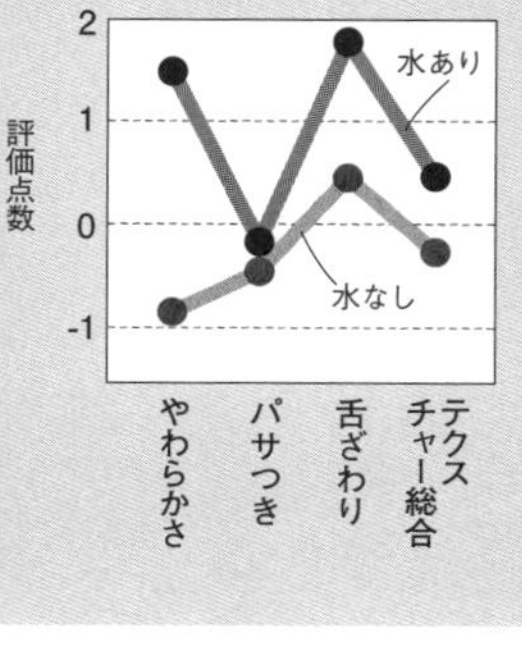

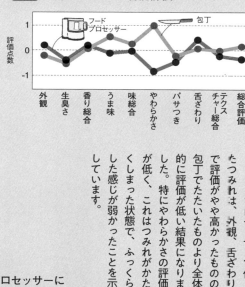

「包丁でたたく」は うま味が強くふっくらしている

　一方、包丁でたたいて作ったつみれは、うま味が強く、やわらかくふっくらしていたという評価でした（図1）。ただし、たたき方が足りなかったり、かたくり粉を加えなかったりすると、かたくパサついて評価が悪くなることが実験の過程でわかりました。つまり、包丁でたたいて作る場合には充分たたくことと、かたくり粉などのでんぷんを加えることが食感をよくするのに効果があるので、こうしたことに留意する必要があります。また、たたき方が足りなくても、そのあとボールに入れてすりつけるように混ぜると、すり身がなめらかになってかたさやパサつきをおさえる効果があることもわかりました。

　フードプロセッサーでは、魚肉がより細かくすりつぶされるので粘りが出て結着性が増すのに加え、魚肉と塩がよく混ざることで塩の「線維状たんぱく質の成分をとかす」という作用がよく働き、溶け出たたんぱく質が網目構造をつくり、加熱で凝固することにより、かたくて弾力性に富むものと考えられます。

　一方、包丁でたたく動作は、「つぶす」と「切る」の中間の状態で、フードプロセッサーほど細かくすりつぶされないので粘りも結着性も比較的弱く、食感はやわらかくふっくらし、弾力は弱いといえます。

「フードプロセッサー」と「包丁でたたく」の利点

　フードプロセッサーの場合は、つねに同じ状態のすり身ができ、水などを混ぜ込んだり、骨や皮をすりつぶすのも簡単だという利点があります。包丁でたたく方法は、うま味が強くふっくら仕上がりますが、たたき加減が不足しないように気をつけて作るといいでしょう。

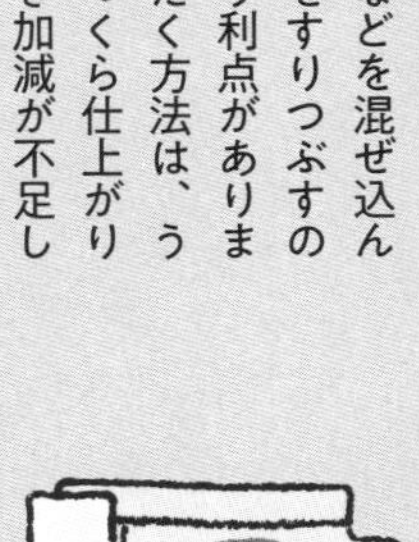

煮物のイカが、やわらかく味よく煮上がる加熱時間はどのくらいなのか。

4分くらいの加熱時間だと、やわらかく、かみ切りやすい。

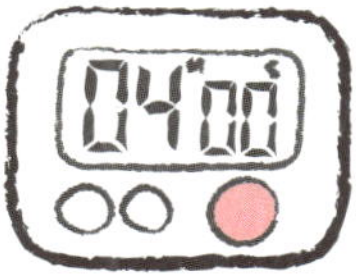

イカは煮すぎるとかたくなってしまいます。これはイカのたんぱく質は加熱すると凝固して、同時に脱水するためです。イカがかたくならずおいしく煮上がる時間を検証しました。その結果、加熱時間は4分程度が外観、味、テクスチャーともによいことがわかりました。

検証

イカを煮る時間による煮上がりの違い

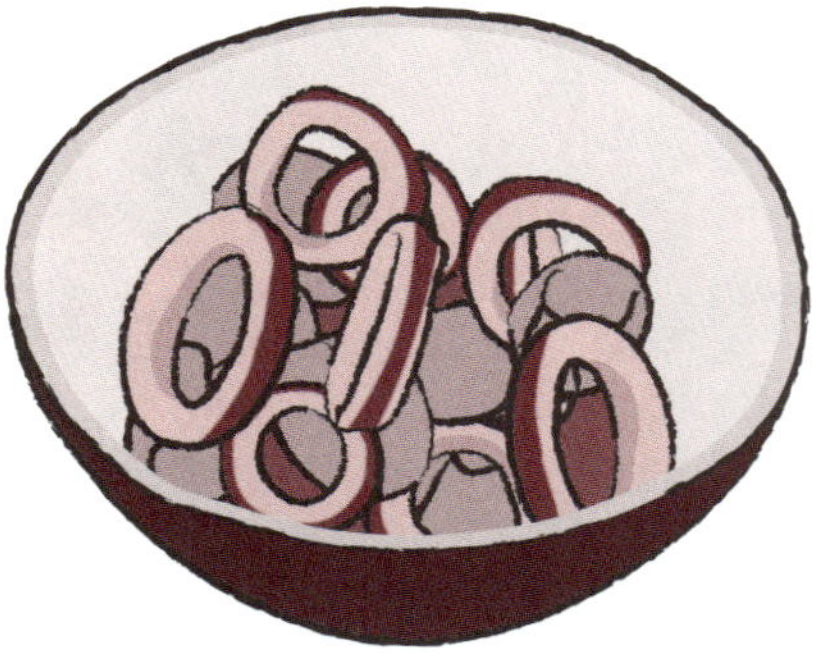

イカと里芋の煮つけ

材料／４人分

イカ …………………… １ぱい（150g）
里芋 ……………… 皮をむいて 400g
砂糖・しょうゆ・酒 …… 各大さじ２
だしまたは水 ……… １〜１½カップ

１人分 122kcal　塩分 1.6g

作り方

❶イカは足をわたごと抜く。胴は軟骨を除いて１cm 幅の輪切りにし、足は先端を切り落として２本ずつに切り分ける。

❷なべに砂糖、しょうゆ、酒を煮立ててイカを入れ、箸《はし》で混ぜながら約２分煮る。イカの色が変わったらとり出しておく。

❸②のなべの煮汁にだしと食べやすい大きさに切った里芋を加えて 20〜30 分煮る。

❹芋がやわらかくなって煮汁が大さじ２〜３くらいになったら、イカを戻し入れて煮汁をからませながら２分煮る。（イカの加熱時間は合計４分となる）

B
1位

4分煮たもの

外観、味、テクスチャー
ともによい。

A
2位

2分煮たもの

うま味は残っているが、
まだ**生っぽさがあってかたい**。

D
4位

40分煮たもの

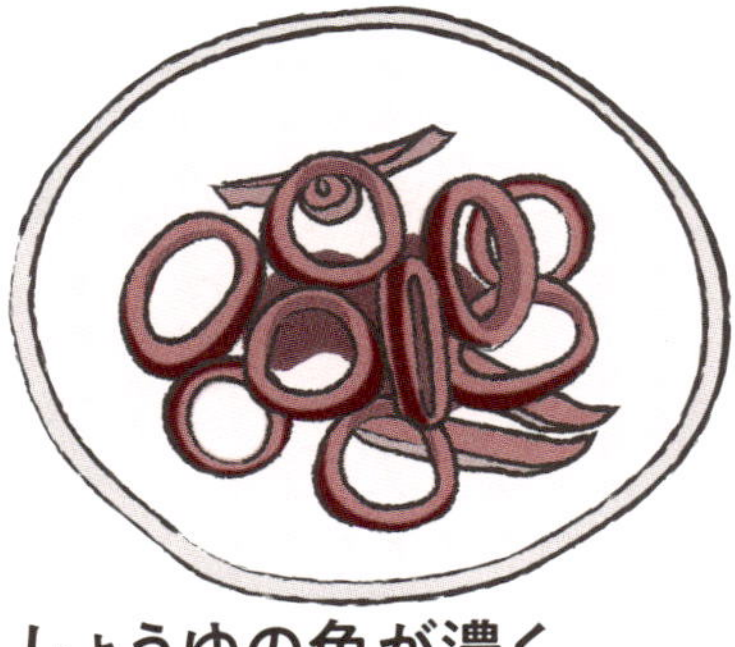

しょうゆの色が濃く、
イカが縮んでしまって
かたいが、かみ切りやすい。

C
3位

10分煮たもの

外観はよいが、
かたくてかみ切りにくい。

イカがかたくならずにやわらかく煮揚げるコツは？

　イカを煮たらかたくてかみ切りにくかったという経験はありませんか？　イカは加熱時間によってかたさが変化します。そこで、いったいどのくらいの時間煮ればやわらかく、味よく煮上がるのかを実験しました。

　魚肉のたんぱく質は加熱すると凝固してかたくなります。イカのたんぱく質は40～60度で凝固し始めます。そして同時に収縮脱水が始まります。脱水率は10秒の加熱で4～10％、30秒で9～15％と徐々に増え、60秒では20～28％になり、この脱水作用によってかたくなるのです※。

　図1の官能評価の結果を見ると、

加熱時間2分　加熱時間が短いとうま味の溶出が少ないので、うま味の評価は最も高いです。しかし、少々生っぽさがあって表皮の部分がかみ切りにくいので総合評価は4分加熱より低くなりました。

加熱時間4分　他の加熱時間に比べて外観、味、テクスチャーともによい評価を得ました。特にテクスチャーは、かたさ、かみ切りやすさ、ともに群を抜いて高評価を得ました。

加熱時間10分　かたくてかみ切りにくくなります。当然テクスチャー総合の評価は低くなりました。

加熱時間40分　長時間加熱によって収縮脱水の割合が大きくなるために縮んでしまい、外観の評価は低くなりました。かたさは最もかたいという結果でしたが、かみ切りやすいと評価されました。また、長時間加熱により、うま味が凝縮されて強く感じますが、味のバランスが悪くなり、評価が低くなったと考えられます。

※山崎清子「New調理と理論」p.290、同文書院

結論

イカを煮る時間は、**合計で4分程度がよい。**

　イカを煮る場合、加熱時間は4分程度が外観、味、テクスチャーともによいことがわかりました。したがって、里芋などといっしょに煮る場合はイカを調味液で加熱していったんとり出し、また戻し入れて、煮る時間の合計を約4分にすると外観、味、食感ともによくなります。イカを出したり入れたりするのがめんどうなら、イカを里芋が煮上がる4分前に入れていっしょに煮ればかみ切りやすく、イカのうま味も強く感ずることができます。

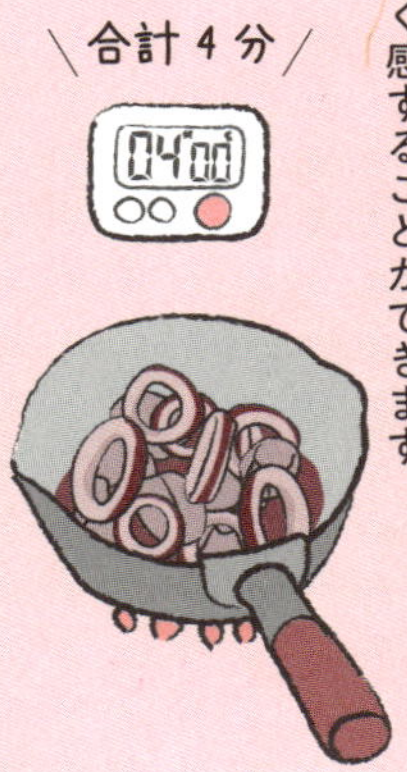

図１　イカを煮る時間の違いによる官能評価

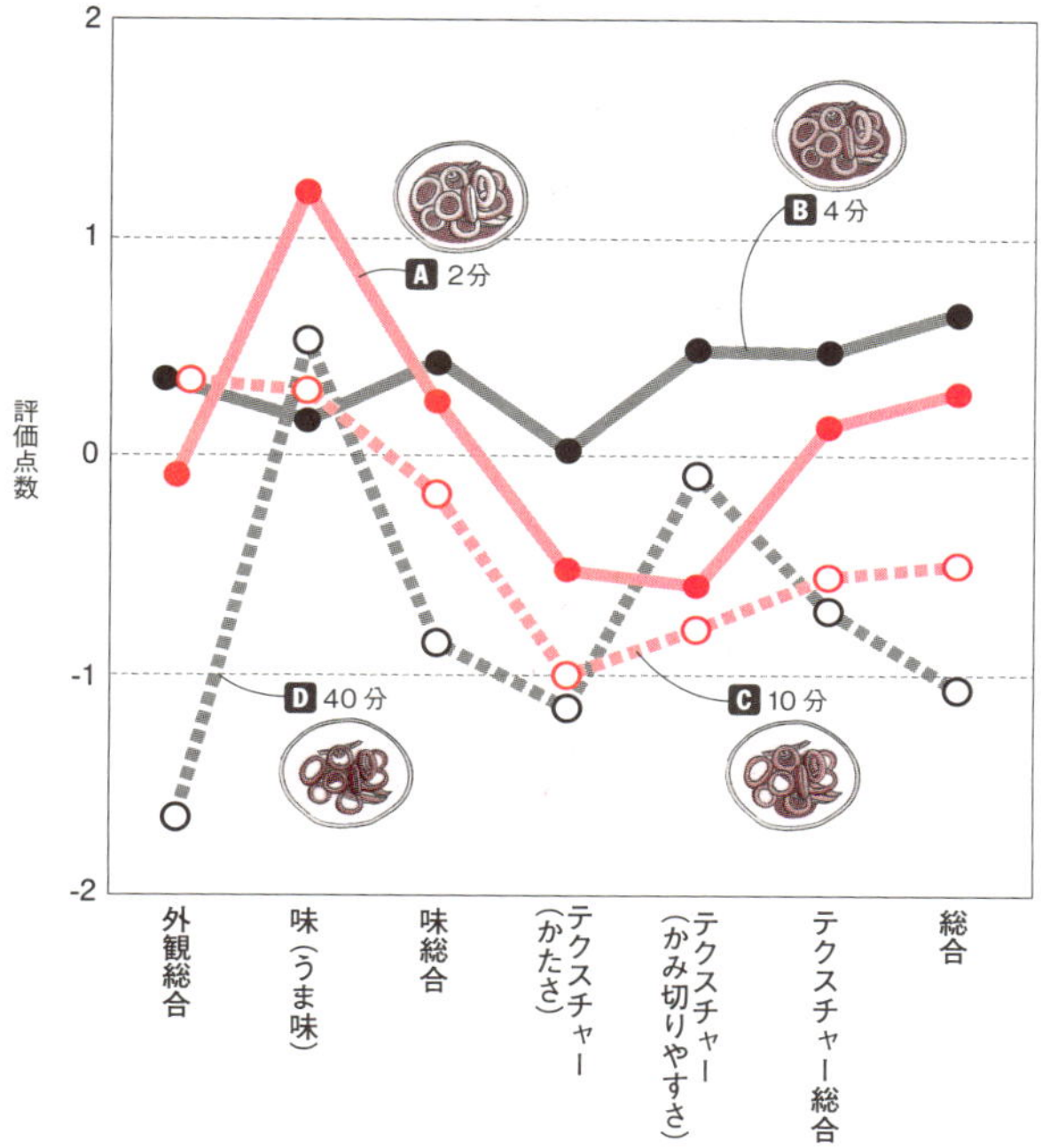

【官能評価の図の見方】

評価項目の各点数配分は、「外観総合」「味総合」「テクスチャー総合」「総合」の４項目は非常によい３点、よい２点、ややよい１点、普通０点、やや悪い−１点、悪い−２点、非常に悪い−３点とした。「味（うま味）」は非常に強い３点から非常に弱い−３点まで、「テクスチャー（かたさ）」は、非常にやわらかい３点から非常にかたい−３点まで、「テクスチャー（かみ切りやすさ）」は非常にかみ切りやすい３点から非常にかみ切りにくい−３点までを、先の４項目と同様に点数を配分した。

ほうれん草は、ゆでてから切るか、切ってからゆでるか。

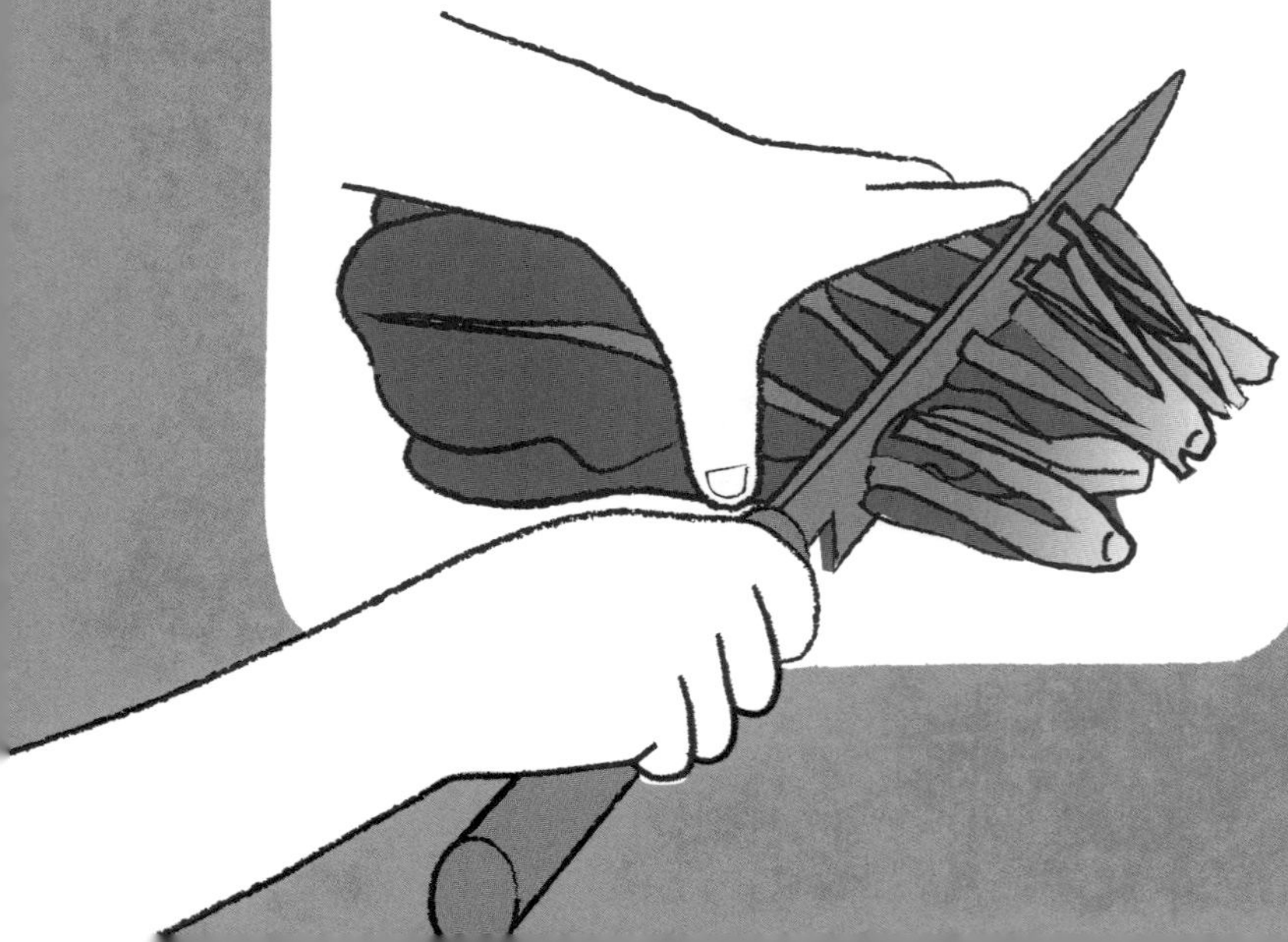

ゆでてから切るか切ってからゆでるかは、作業がしやすいほうを選べばよい。

作業の面では、「切ってからゆでる」と手間が省けるという利点があります。

栄養の面では、「ゆでてから切る」ほうが栄養素の損失はやや少ないという結果でした。

おいしさの面では、お浸しにすると味の評価に差はなく、どちらもおいしいという結果でした。

以上の結果から、2つの方法のうち、作業しやすいほうを選べばよいでしょう。

ゆでてから切る

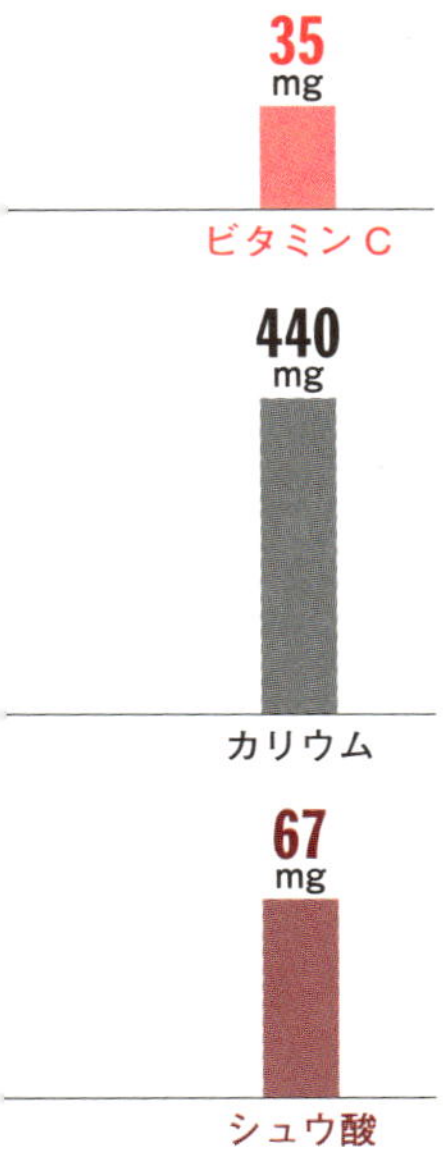

【作業】
「ゆでてから切る」場合、ほうれん草は長いままで軸のよごれを洗い落としてゆで、水にとって、水けを絞って切るという作業である。特別むずかしい作業ではないが、ゆであげたあと、端をそろえたりするのに手間がかかる。

【栄養面】
栄養素の損失は、切ってゆでたものより、やや少ない。

【おいしさ】
ゆでただけの状態で味わった場合は切ってからゆでたものより、評価はよい（87ページ図1）。お浸しにすると差はなく、どちらもおいしいという結果であった（87ページ図2）。

【実験条件】

ゆでてから切る
ほうれん草200gは水で洗い、付着水をよく落としたあとに重量の8倍の沸騰湯で5分ゆでる。すぐに水にとってさまし、水けをきって、3㎝長さに切る。

切ってからゆでる

ゆでたあとの
ほうれん草 100g の
成分の比較

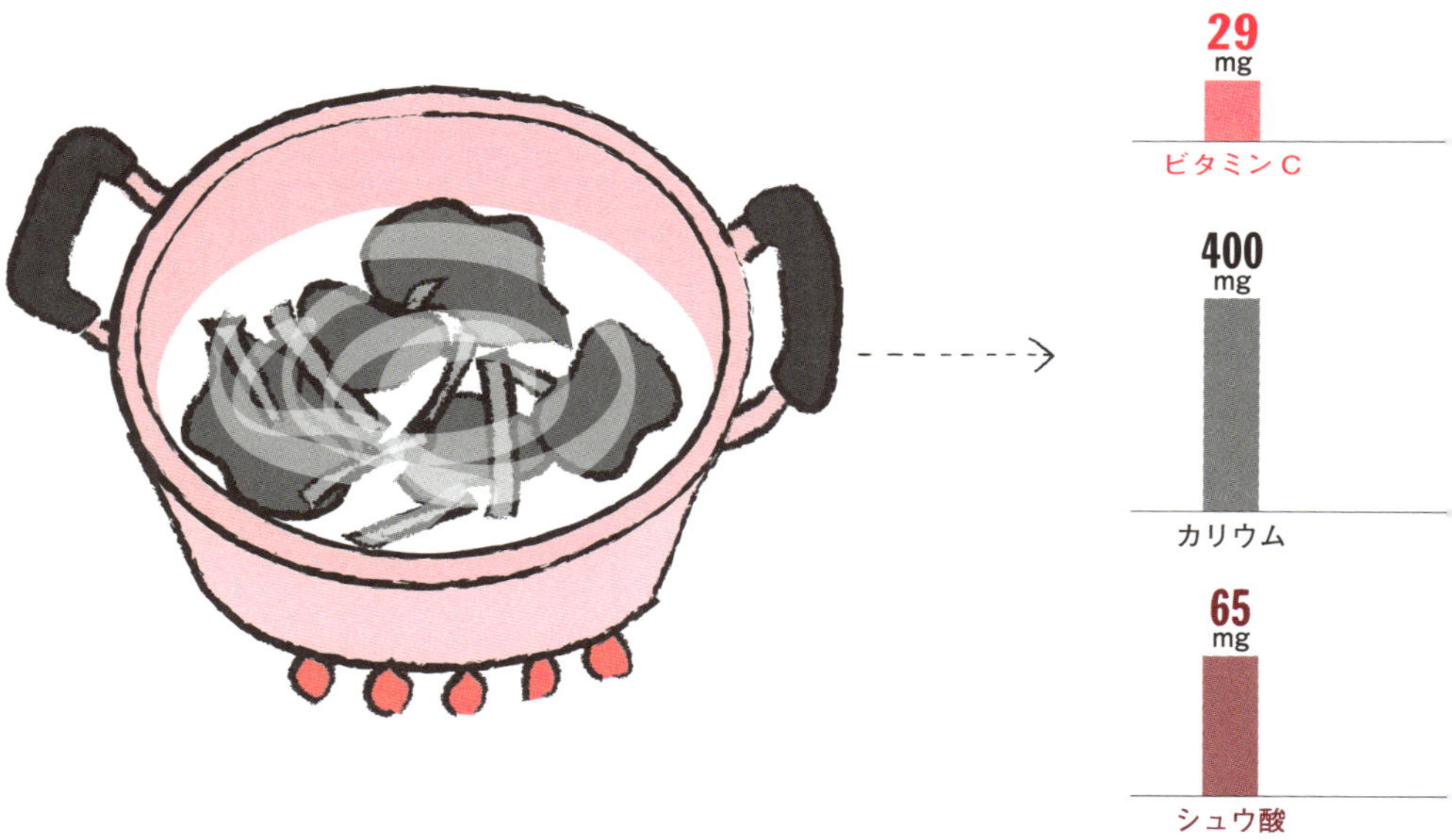

【作業】

「切ってからゆでる」場合、ほうれん草を短く切ってから水で洗い、ゆでて水にとったあと、ざるにあげて水けをきるという作業である。そのため、すぐに本調理にかかることができて手数と時間が省ける。

【栄養面】

切ってからゆでるほうが栄養素の損失はやや多い。

【おいしさ】

ゆでただけの状態で味わった場合は、やや水っぽく歯ざわりが少しやわらかく感じた（87ページ図 1）。

お浸しにすると差はなく、どちらもおいしいという結果であった（87ページ図2）。

【実験条件】

切ってからゆでる

ほうれん草 200g は 3cm 長さに切って水で洗い、付着水をよく落としたあとに重量の 8 倍の沸騰湯で 5 分ゆでる。すぐに水にとってさまし、水けをきる。

作業的には
切ってからゆでるほうが手数と時間が省ける。

冬はほうれん草がおいしい時期です。冬場のほうれん草は夏場より葉は厚みが増し、アクは少なくなります。とはいえアクが強い野菜なので下ゆでをしてから料理するのが一般的です。

ほうれん草のお浸しは野菜料理の定番といえます。ほうれん草の下ゆでの方法は、ふだんは長いままで軸のよごれを洗い落としてゆで、水にとって、水けを絞って切ります。

これは特別むずかしい作業ではありませんが、ゆであげたあと端をそろえたりするのに手間がかかります。

給食などで大量のほうれん草をゆでるときは、食べやすい長さに切ってからゆでます。こうすると水にとったあとざるにあげて水けをきるだけで、本調理にかかることができて手数と時間が省けるからです。

栄養的には
ゆでてから切るほうが栄養素の損失はやや少ない。

では、長いままでゆでるのと適当な長さに切ってからゆでるのとではおいしさ、栄養素量に違いはあるのでしょうか。ゆでて水にさっと浸してさましたときのほうれん草可食部100ｇ中の栄養素の含量で比較してみます。

ビタミンＣは長いままでゆでたものは35mg、切ってからゆでたものは29mg、カリウムは長いままでゆでたもの440mg、切ってからゆでたものは400mgでした。アクの主成分であるシュウ酸は長いままでゆでたものは67mg、切ってからゆでたものは65mgでした。切ってからゆでるほうが栄養素の損失はやや多いものの、手間が省けることを考えると作業しやすいほうを選んでもよいでしょう。

結論

おいしさの面では、調味すれば **ゆでてから切る**でも **切ってからゆでる**でも**味に差はない。**

図1　ゆでっぱなしのほうれん草の官能評価（総合評価）

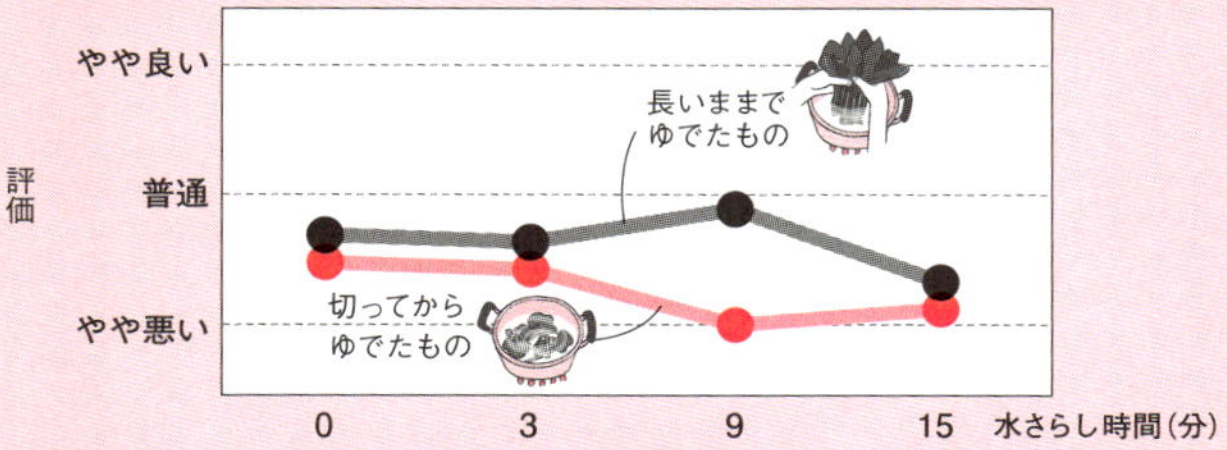

図2　ほうれん草のお浸しの官能評価（総合評価）

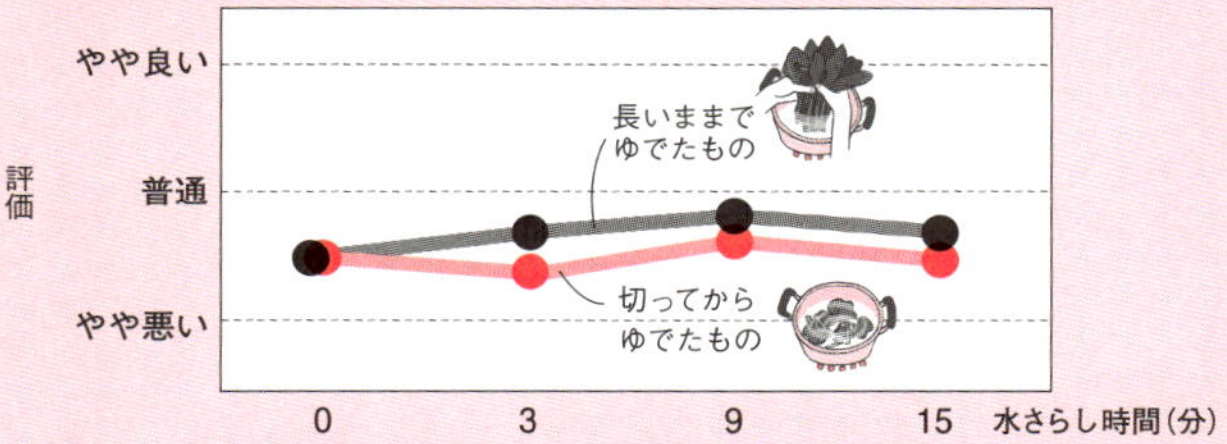

おいしさの面では、ゆでただけの状態で味わった場合は、切ってからゆでるとやや水っぽく歯ざわりが少しやわらかく感じたため、総合評価はやや悪いという結果でした（図1）。

お浸しにすると長いままでゆでたものと切ってからゆでたものとには差はなく、どちらもおいしいという結果でした（図2）。

切ってからゆでるとやや食感がやわらかく仕上がりますが、長いままでゆでるときより約30秒ゆで時間を短くし、調味をすることでおいしく食べられます。

ほうれん草のお浸し

材料／２人分

ほうれん草 ……………………………200g
ゆで湯…………………………………1.6ℓ
塩（湯の0.5%）………… 小さじ1 ⅓
a ［しょうゆ（ほうれん草の重量の1%塩分）……………………… 大さじ⅔
　 だし（しょうゆの3倍容量）‥ 大さじ２
削りガツオ ………………………… 少量

1人分 26kcal　塩分 1.0g

作り方

❶塩を入れた沸騰湯でほうれん草をゆで、水にとって水けを軽く絞る。長いままでゆでた場合は3cmに切る。

❷aを合わせ、⅓量で①をあえ、汁けを軽く絞る。残りのaを加えてあえる。小鉢に盛り、削りガツオを天盛りにする。

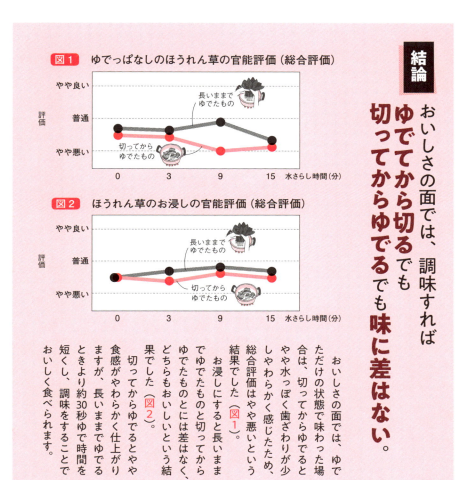

ふきの下処理に 板ずりは必要か。

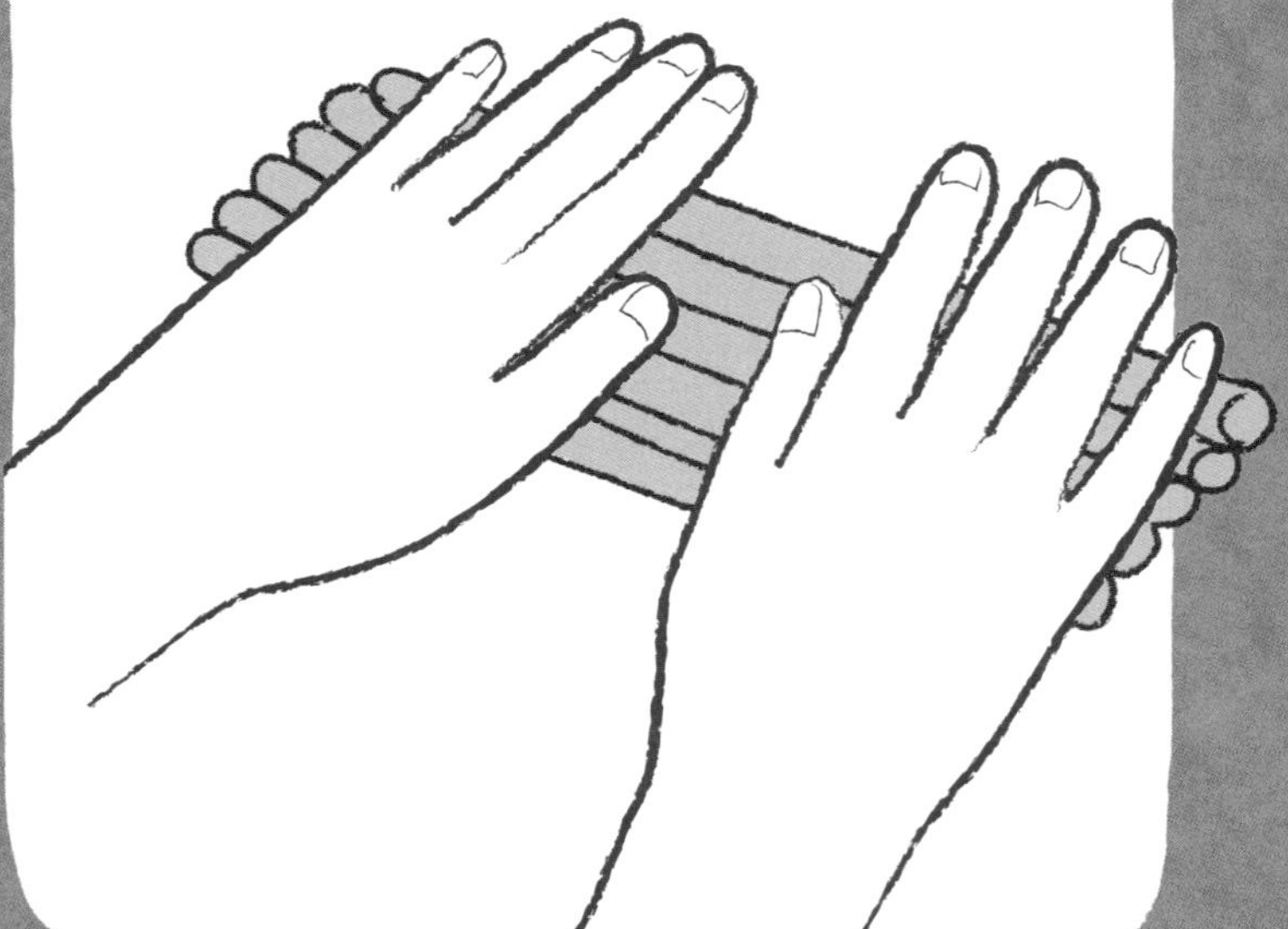

ふきの重量の4%の塩で板ずりをするのがベスト。しかし、調味をすると板ずりの効果はほとんどなくなる。

ふきは板ずりすると色が美しくなり、アクが抜けやすくなるといわれています。

下ゆで段階の総合評価では、ほどよい塩加減とテクスチャー（食感）の〝4%の塩で板ずりあり〟が最も高い評価を得ました。

しかし、青煮（下ゆでしたふきを調味液とともに再加熱する）にすると、どれも見た目の差はほとんどなく、官能評価でも有意な差は生じませんでした。

検証 1 下処理をしてゆでたふき

塩
0%
板ずりなし

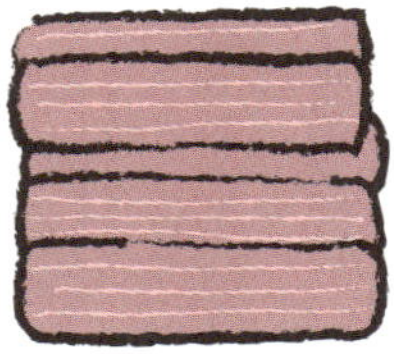

塩
4%
板ずりあり

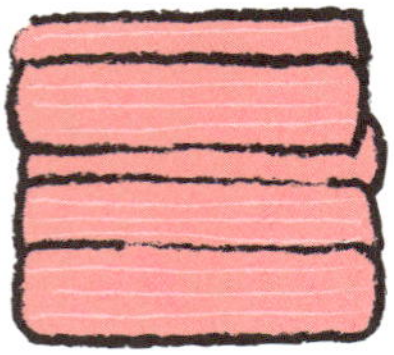

塩
8%
板ずりあり

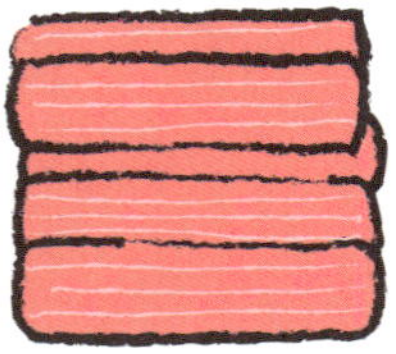

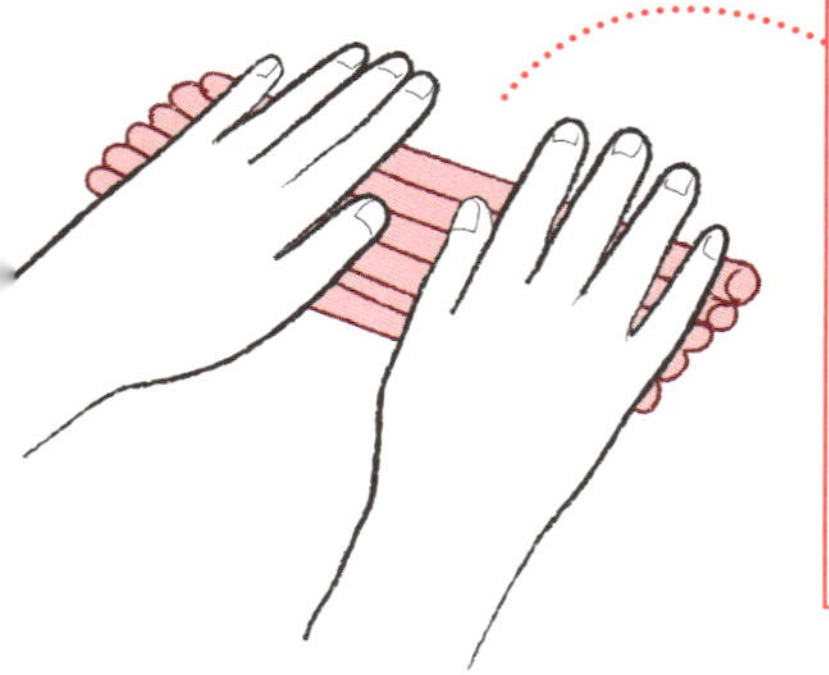

ふきの下ごしらえの仕方

❶ふきはなべの口径に合わせて長さを切る。まな板の上に並べて塩を上から均等にふり、手のひらを広げておさえるようにしてころがす（板ずり）。
❷塩をつけたまま、まず根元に近い部分を２～３分ゆで、さらに葉つきに近い部分も入れて３～４分ゆでる。
❸水にとって水をかえながら冷やし（余熱による変色を防ぎ、表面のアク成分を抜くため）、水に浸しながら皮を一気に引いてむく（空気にふれると変色するので、調理前まで水に浸しておくこと）。垂直に立てて水けをよくきり、目的とする調理に合わせた長さに切る。

結論

4%の塩で板ずりありが最も高い評価を得た

図1 官能評価

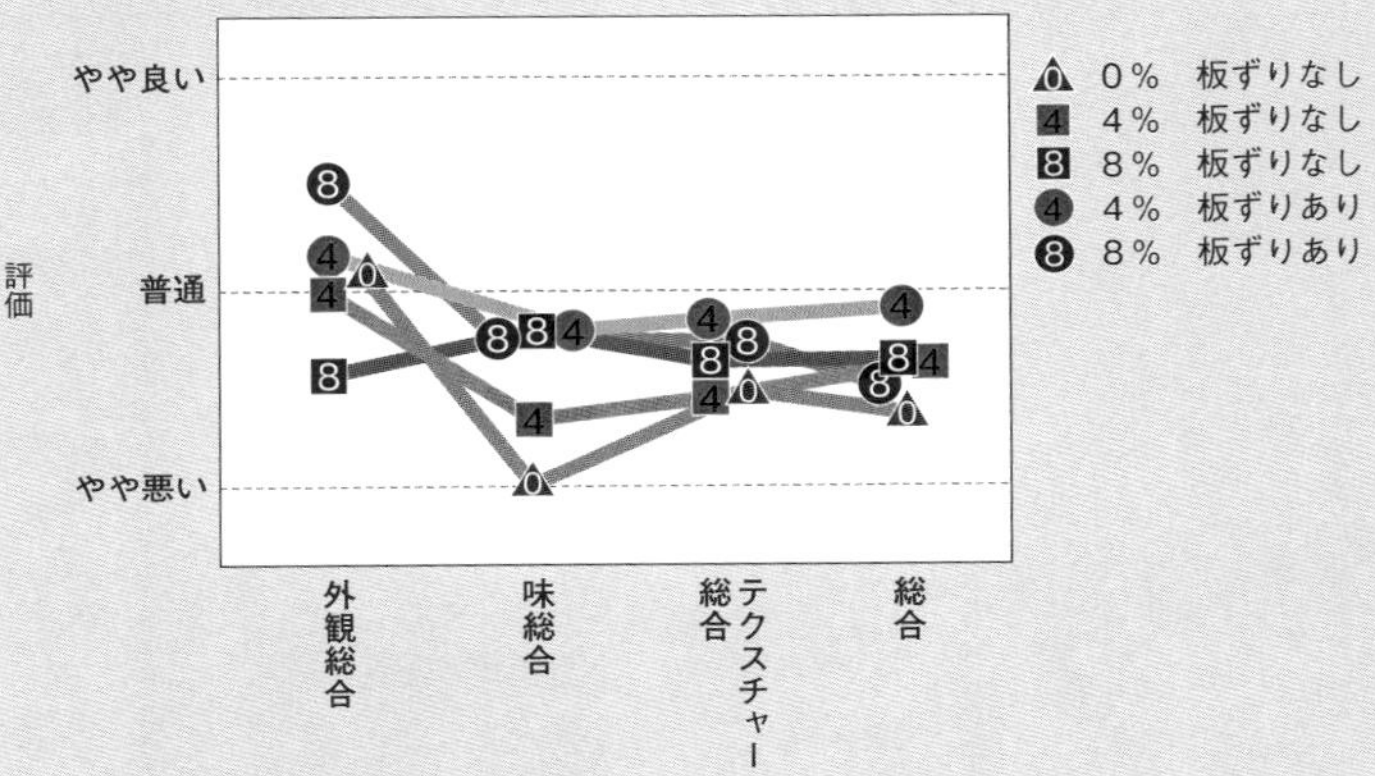

【外観】

色差計では差は見られなかったが、8%の塩で板ずりをすると官能評価（図1）では、見た目の評価が高かった。

【下ゆで段階の味】

板ずりの有無にかかわらず高塩分であるほど塩味と甘味を強く感じ、板ずりをすると水っぽさが軽減できることがわかった。また、8%の塩で板ずりをすると味のアクっぽさも軽減できることがわかった（図1）。

【テクスチャー】

8%の塩で板ずりありおよびなしが有意にかたく感ずるが、歯切れの程度の好みや筋っぽさという点で個人差が大きかった（図1）。

【下ゆで段階の総合評価】

ほどよい塩加減とテクスチャーの“4%の塩で板ずりあり”が最も高い評価を得た（図1）。

【実験方法】

下処理をしてゆでたふき

ふきは10cmに切って試料5種を作製した。%の値は、ふきの重量に対する塩の割合で示したものである。4%、8%の塩で板ずりなしは、板ずりせずに湯に塩を加えてゆでた。

0% … 板ずりなし
4% … 板ずりなし
8% … 板ずりなし
4% … 板ずりあり
8% … 板ずりあり

いずれも8倍重量の湯で7分間ゆでて、流水下で2分冷却し、皮をむいて垂直に3分間立てかけて水けをきった。

これらの試料を用いて色差、塩分量、破断強度を測定し、さらに官能評価を行なった。

検証 2 ゆでてから青煮にしたふき

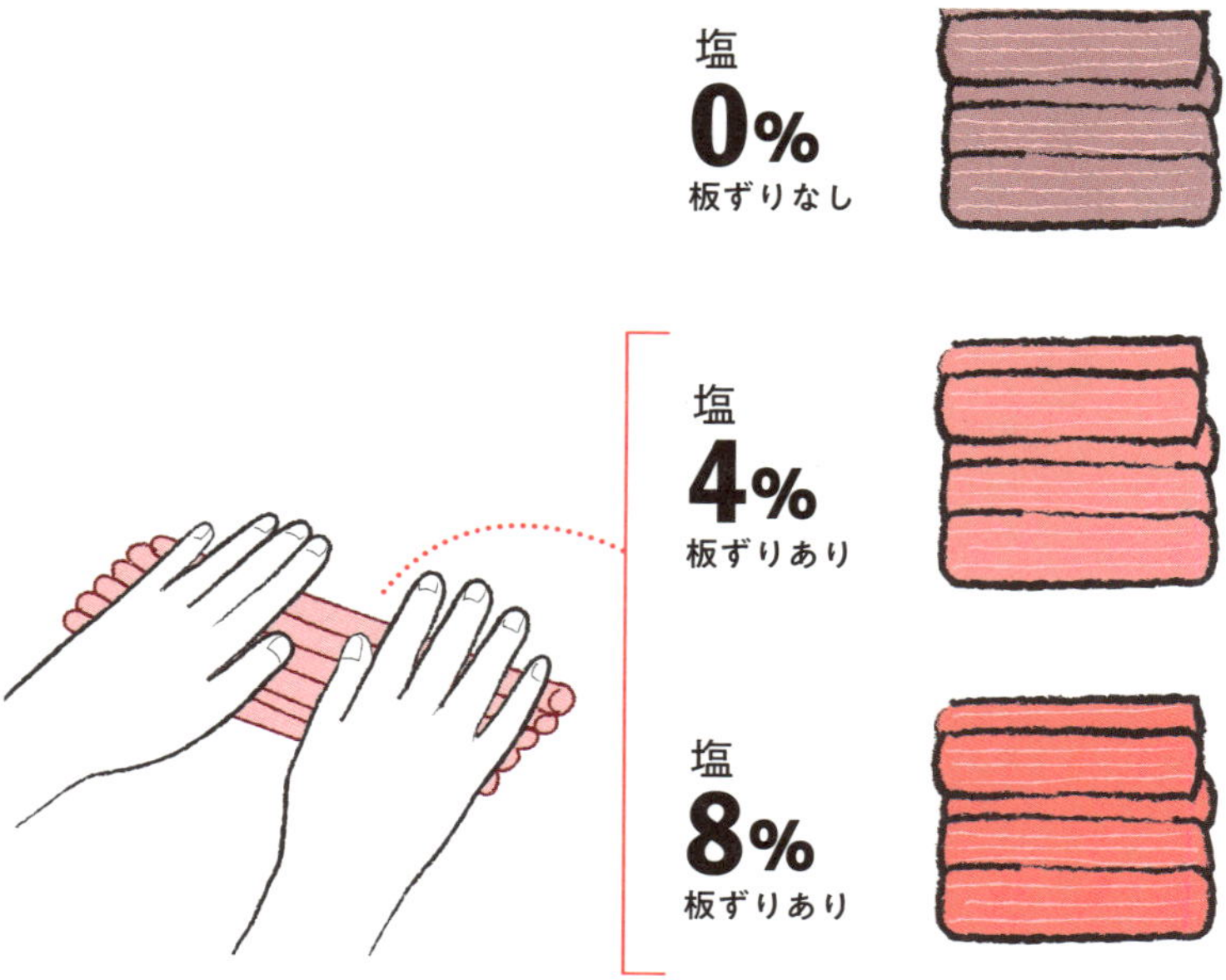

結論

どの場合も差は生じない

青煮（下ゆでしたふきを調味液とともに再加熱する）にすると、8％の塩で板ずりしたふきでも見た目の差はほとんどない。また、官能評価の総合でも各試料間に差は生じなかった（図2）。

図2　青煮の官能評価

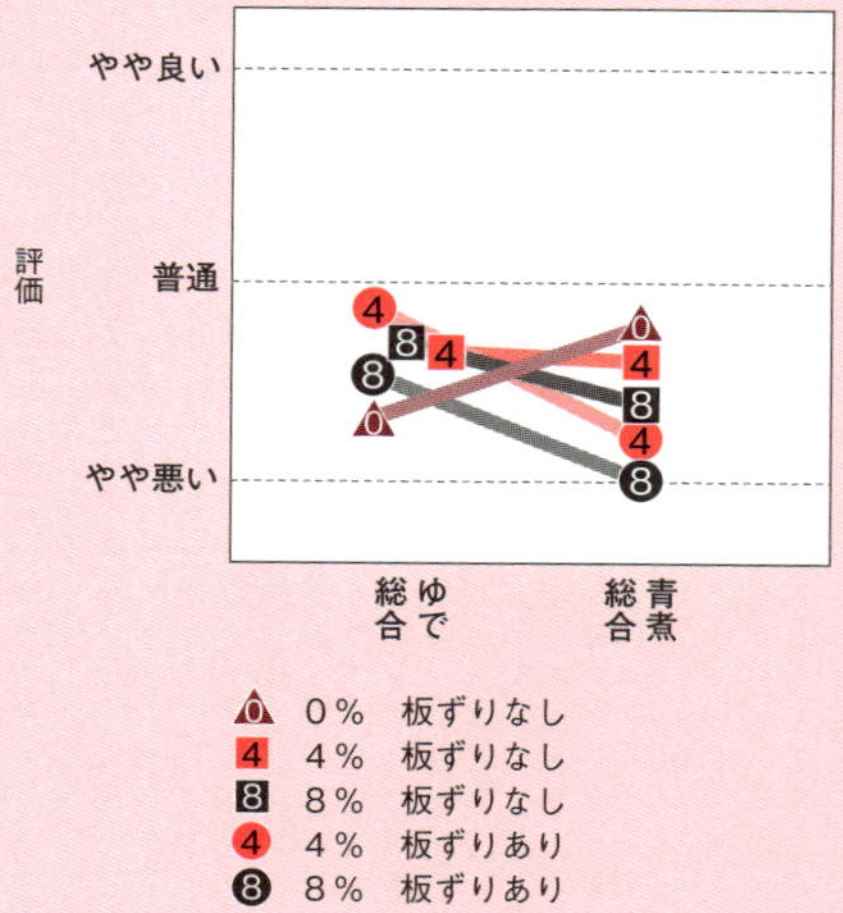

ふきは板ずりすると色が美しくなり、アクが抜けやすくなるのか

ふきは板ずりをすることによって「色が美しくなる」「アク成分が抜け出しやすい」などといわれていました。しかし、本実験を行なったところ、板ずりをしてゆでるだけなら板ずりの効果は認められるものの、これを調味すると差が見られなくなりました。

品種改良などの影響もあるでしょうが、現在流通しているふきに関しては板ずりをする必要はないと考えていいのかもしれません。しかし、板ずりをすると表面がやわらかくなって味がしみやすくなるという利点があります。ふきの皮がかたければ板ずりをするなど、個人の好みで実践すればよいでしょう。

ふきの青煮の作り方

材料／４人分

ふき		200g
a	だし	１カップ
	砂糖	小さじ２
	塩	小さじ⅓
	うす口しょうゆ	少量
木の芽		適量

１人分 10kcal　塩分 0.4ｇ

作り方

❶ふきは90ページの下処理をして５㎝長さに切る。

❷なべにａとふきを入れ、ひと煮立ちしたらふきと煮汁とに分けてさます。ふきを煮汁に浸して10分ほどおき、小鉢に盛って木の芽を飾る。

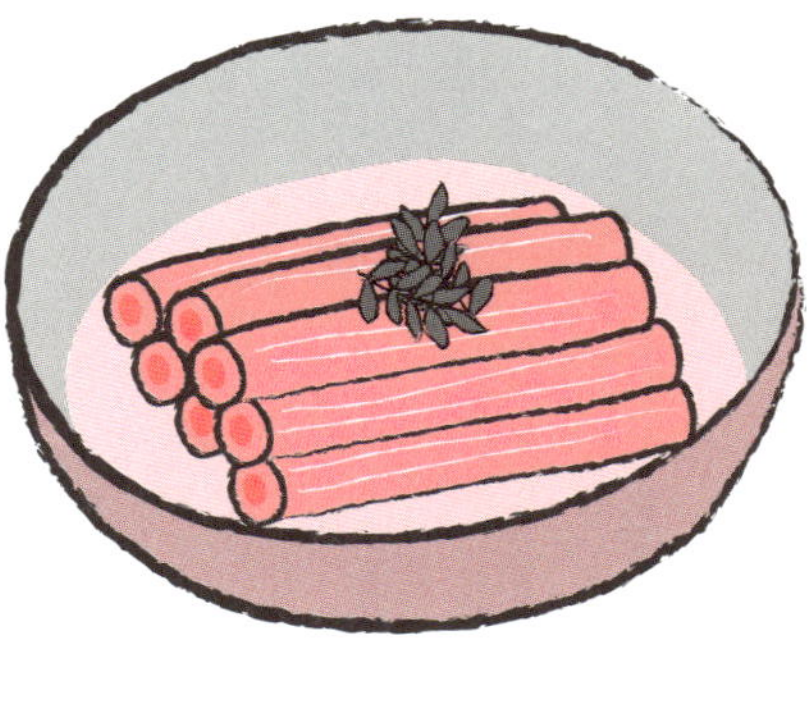

野菜の煮物に 下ゆでは必要か。

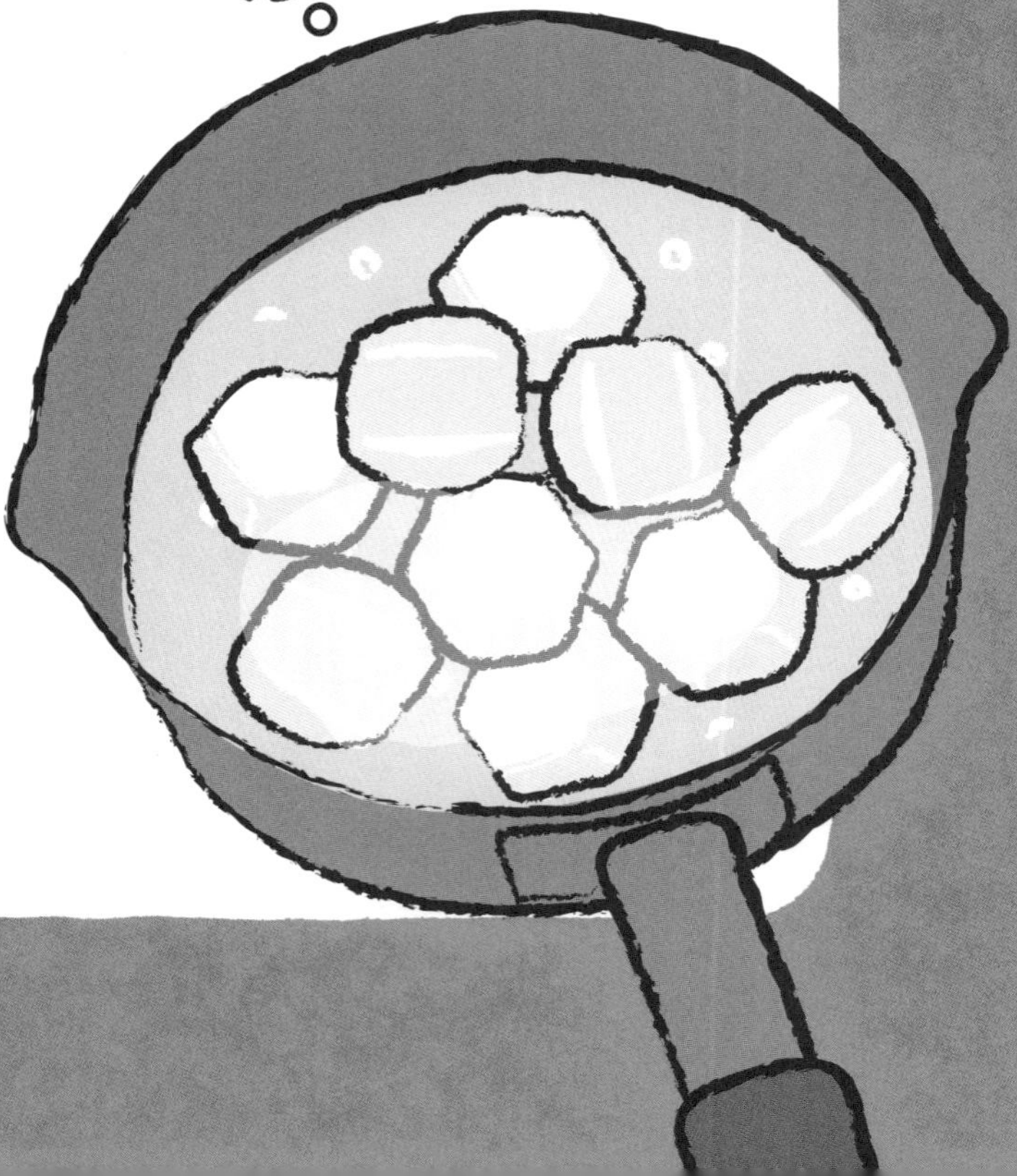

下ゆではしなくてもよい。

かぼちゃの煮物の場合は、煮くずれしやすい西洋かぼちゃは、下ゆでの必要はなく、むしろ初めからだし汁で煮るほうがよいでしょう。

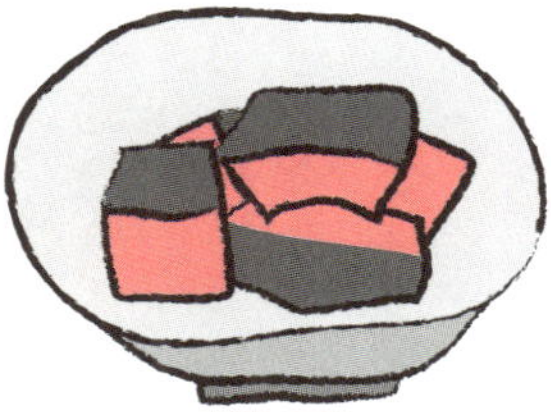

里芋の煮物の場合は、下ゆでする理由の一つに「ぬめりをとる」という意味がありますが、ぬめりをとってもとらなくても評価に差はないので、下ゆではしなくてもよいでしょう。

ふろふき大根の場合は、「米を入れて下ゆで」「水で下ゆで」「下ゆでなし」のどれも差がなかったので、家庭においては下ゆでの必要はないでしょう。

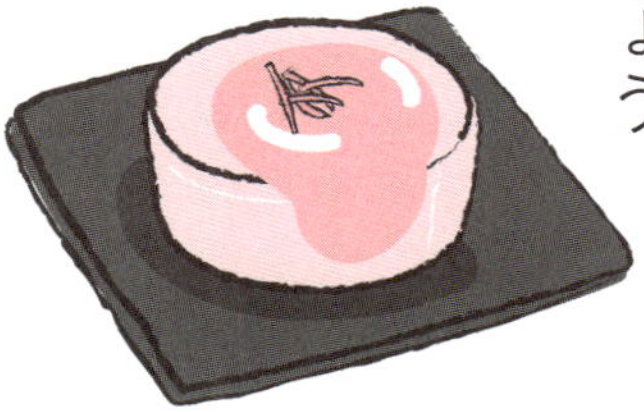

検証

1 かぼちゃの煮物

❶下ゆでする

❷下ゆでしない

結論

下ゆでの必要はなく、むしろ初めからだし汁で煮るほうがよい

図1　かぼちゃの煮物の官能評価

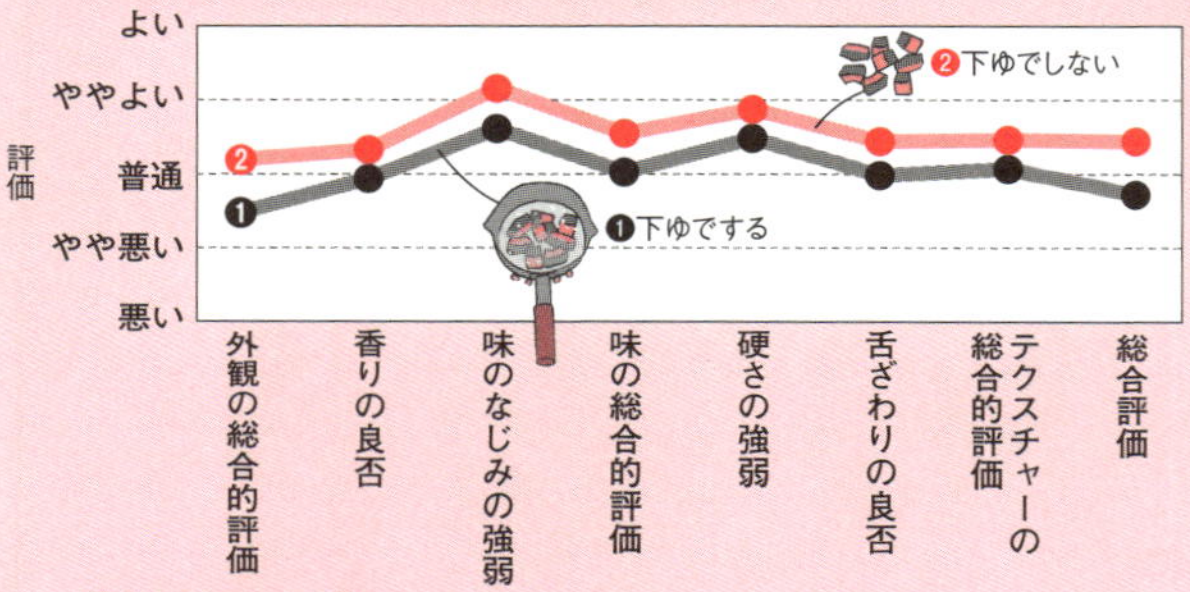

【実験方法】

かぼちゃは1切れを20gに切り、①は沸騰水中で5分ゆで、だし汁で10分煮たあと砂糖と塩を加えて10分、みりん、しょうゆを加えてさらに10分煮た。②は最初からだし汁で15分煮たあと、①と同じ煮方で同じかたさになるまで煮た。

【官能評価】

評価者 20名。

かぼちゃの煮物については、①下ゆでしてからだし汁で煮たもの、②下ゆでせずに初めからだし汁で煮たものの2つを比べました（図1）。外観と味それぞれの総合的評価、舌ざわりの良否、総合評価において差が見られ、下ゆでしないものがよいと評価されました。外観の差は、ゆでたものはゆでこぼしのさいに角がくずれることがあって外観が悪くなるためだと考えられます。味や舌ざわりについてはその差は小さく、普通からややよいの間で評価されています。以前は、かぼちゃの煮物ではあらかじめ下ゆでしてからだし汁で煮るのが一般的でしたが、その必要はなく、煮くずれの少ない日本かぼちゃにかわってほくほくして煮くずれしやすい西洋かぼちゃが普及している現在では、むしろ初めからだし汁で煮るほうが適した調理法だと考えられます。

検証 2 里芋の煮物

結論

ぬめりをとってもとらなくても総合評価に差はないので、**下ゆではしなくてもよい**

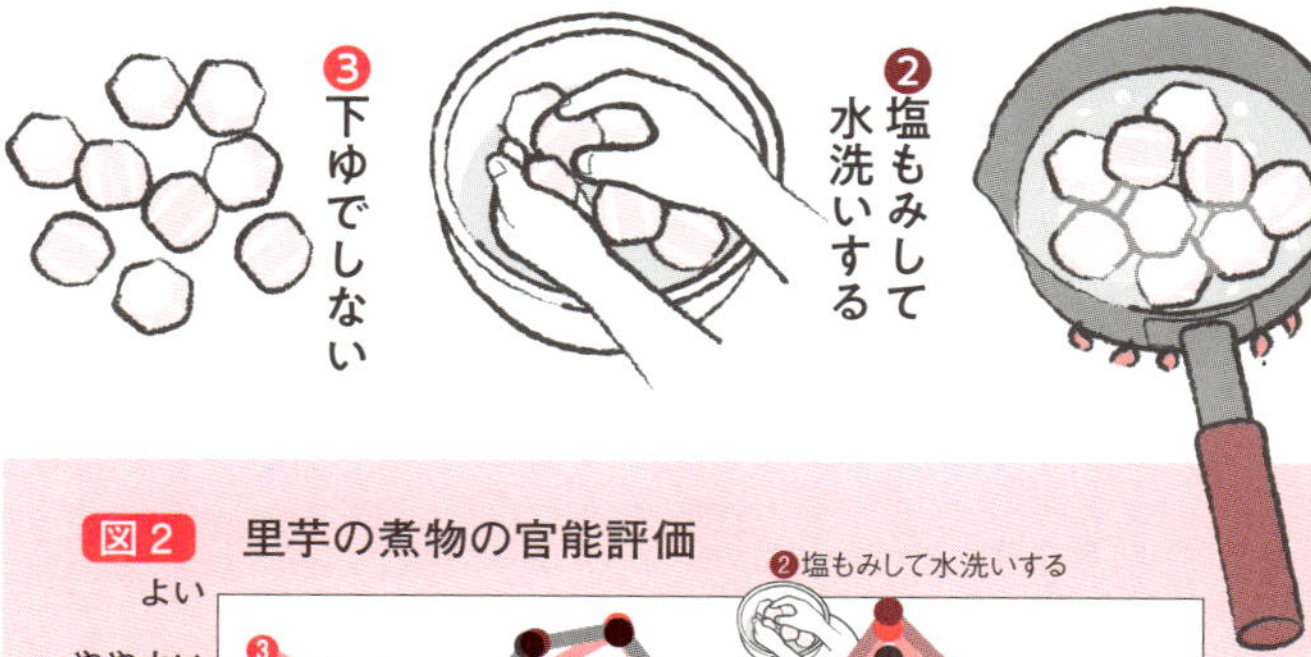

❶下ゆでして水洗いする
❷塩もみして水洗いする
❸下ゆでしない

図2　里芋の煮物の官能評価

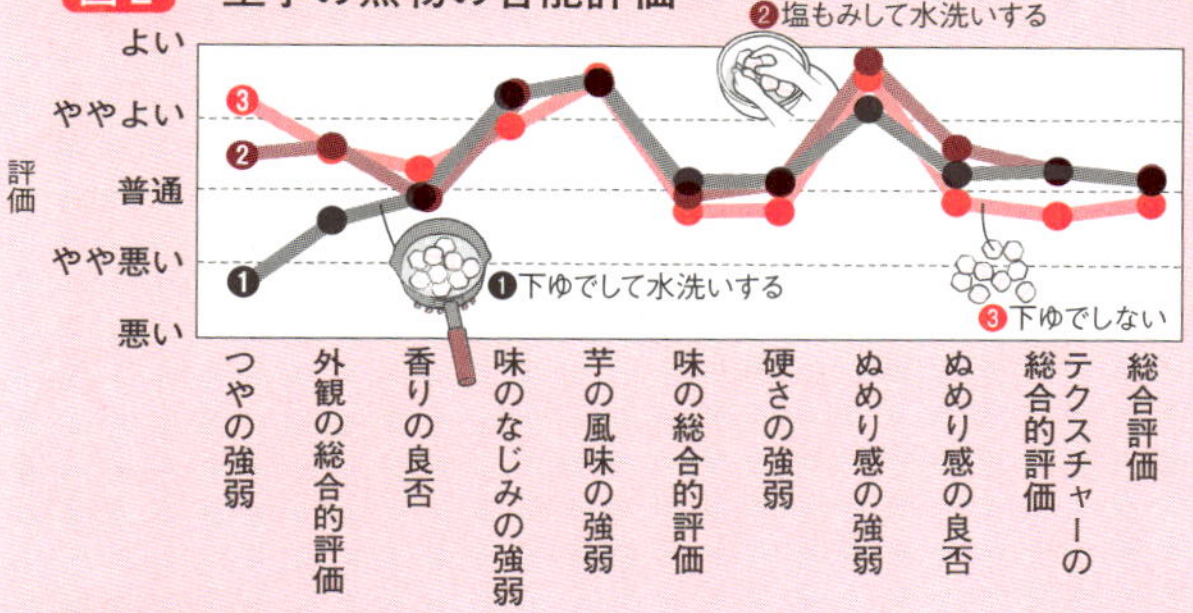

【実験方法】

里芋１切れを20gくらいの大きさに切り、①は沸騰水中で８分ゆで、水洗いしてぬめりを除き、沸騰させただし汁に芋を入れ再沸騰したところに砂糖、みりん、塩、しょうゆを加えて20分煮た。②は芋の2%重量の塩でもんだあと水洗いしてぬめりを除き、①の煮方と同様にして27～28分煮た。③は最初から沸騰させただし汁に芋を入れ、①の煮方と同様にして27～28分煮た。

【官能評価】

評価者20名。

里芋の煮物については、①下ゆで後水洗いしてぬめりを除き、だし汁で煮たもの、②塩でもんだあと水洗いしてぬめりを除き、だし汁で煮たもの、③下ゆでせずに初めからだし汁で煮たものの3つを比べました（図２）。総合評価は3者とも普通と評価され、ほとんど差は見られませんでした。差が出たのはつやの強弱と外観の総合的評価で、下ゆでしたものはほかの2者に比べて表面の煮くずれによりつやがないと評価されました。テクスチャー（食感）については、ぬめりを除いたものがより好ましいと評価されましたが、その差は小さく、ぬめりを除かずにそのまま煮たものでもほぼ普通と評価されました。その結果、かならずしもぬめりを除く必要はないと考えられます。ただし、煮るときに、多少吹きこぼれやすくなる傾向があります。

検証 3 ふろふき大根

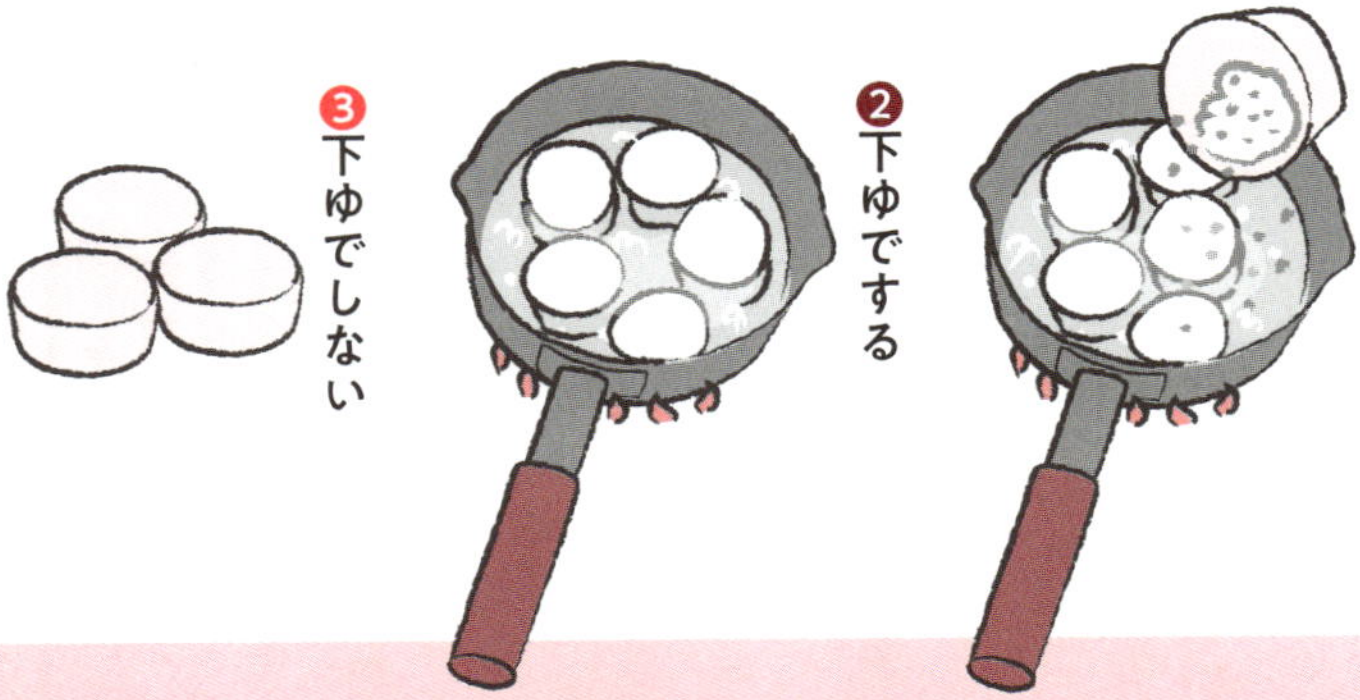

結論 家庭においては下ゆでの必要はない

図3　ふろふき大根の官能評価

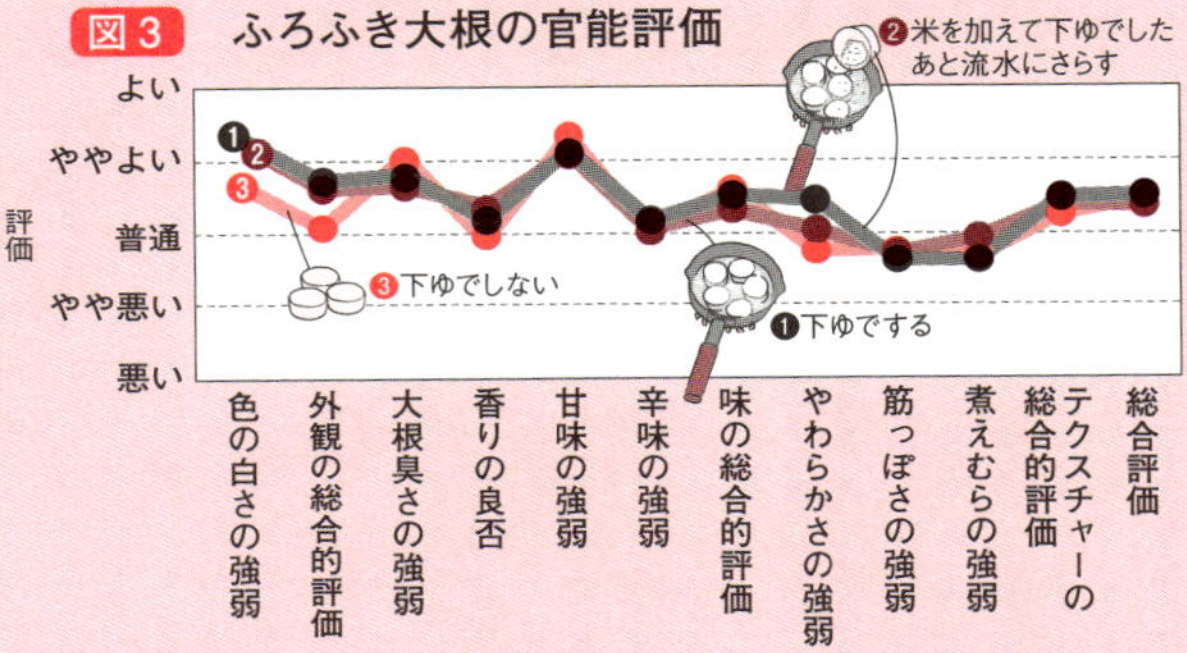

【実験方法】

大根は3cm厚さの輪切りにし、①は沸騰水中に大根の10%重量の米を加えて50分ゆで、とり出して5分間流水にさらしてから、だし汁で20分煮た。②は沸騰水中で50分ゆでたあと、だし汁で20分煮た。③は最初からだし汁で70分煮た。

【官能評価】

評価者 20名。

ふろふき大根については、①米を加えて下ゆで後流水にさらし、だし汁で煮たもの、②水だけで下ゆでし、だし汁で煮たもの、③下ゆでせずに初めからだし汁で煮たものの3つを比べました（図3）。外観の総合的評価において、下ゆでしたものはしないものに比べてよいと評価されました。これは大根の色が白いという理由であり、米を加えて下ゆでするとわずかですが白さが増す傾向が見られました。しかし総合評価は3者とも差がなく、味つけがうすく大根自体の味わいが強いふろふき大根においてその差が見られないということは、家庭においては大根の場合、ほかの煮物調理でも下ゆでは必要ないといえるでしょう。

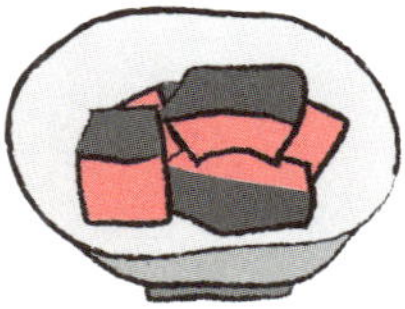

かぼちゃの煮物

材料／4人分

かぼちゃ……………………………400g
だし（かぼちゃの70%）……1½カップ
a
- 砂糖（かぼちゃの6%）大さじ2⅔
- 塩………（かぼちゃの0.8%塩分）‥小さじ⅓
- しょうゆ（かぼちゃの0.8%塩分）‥小さじ1

1人分110kcal　塩分0.6g

作り方

❶かぼちゃはわたと種を除き、食べやすい大きさに切る。
❷なべにだしとかぼちゃを入れて火にかけ、煮立ったらaの調味料を加え、紙ぶた（落としぶた）をし、やわらかくなるまで中火で15～20分煮る。

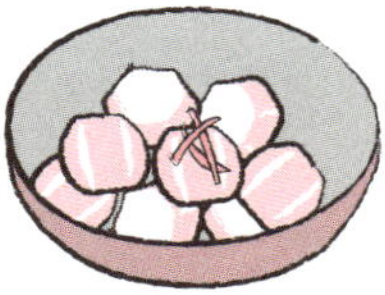

里芋の煮物

材料／4人分

里芋……8～10個（皮をむいて400g）
だし（里芋の80～100%）……2カップ
a
- 酒…………………………大さじ1
- 砂糖…（里芋の6%糖分）……大さじ2
- みりん（里芋の6%糖分）……大さじ1
- 塩………（里芋の0.8%塩分）…小さじ⅓
- しょうゆ（里芋の0.8%塩分）…小さじ1

ゆずの皮（すりおろす）………少量

1人分215kcal　塩分0.8g

作り方

❶里芋は皮をむき、一口大に食べやすく切る。
❷なべにだしと里芋を入れて火にかけ、煮立ったらaの調味料を加え、紙ぶた（落としぶた）をし、やわらかくなるまで中火で20～25分煮る。
❸器に盛り、ゆずの皮を散らす。

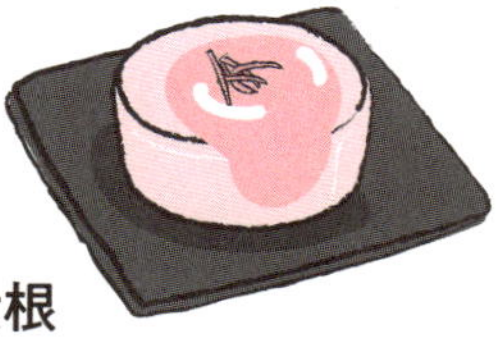

ふろふき大根

材料／4人分

大根….3cm厚さのもの4切れ（600g）
だし…………………………5カップ
こんぶ…………………10cm角1枚
ゆずみそ
- 西京みそ（白みそ）（大根の0.8%塩分）‥100g
- 砂糖（みその15～20%糖分）……大さじ¾～1
- みりん（みその15～20%糖分）‧大さじ1½～2弱
- 酒…………………………大さじ1
- だし………………………大さじ2
- ゆず皮（すりおろす）………少量

ゆず皮のせん切り….薄切り4枚分

1人分108kcal　塩分1.5g

作り方

❶大根は皮をむく。
❷なべにだしを入れてこんぶを底に敷き、大根を並べ入れて火にかけ、50～70分程度煮る。
❸ゆずみそを作る。小なべに西京みそと砂糖を加えてよく混ぜ、みりん、酒、だしを加えてときのばす。弱火にかけ、木べらで練り混ぜながらとろみがつくまで煮、ゆず皮をふり入れる。
❹器にあつあつの大根を盛り、上からゆずみそをかけ、ゆず皮のせん切りを飾る。

ゆで湯に塩は必要か。

1 ほうれん草

塩分濃度0.5%でゆでるとよい。

ゆでたままなら塩分濃度0.5%が甘味があってアクを感じません。

2 キャベツ

淡色野菜にも塩の効果はある。

塩分濃度0.5%、1.0%のものが甘味があって水っぽくなく、やわらかいです。

3 じゃが芋

ゆでたまま調理せずに食べるなら塩分濃度1.0%が評価が高い。

塩分濃度が高くなるにつれてやわらかくなり、芋臭さも弱くなります。

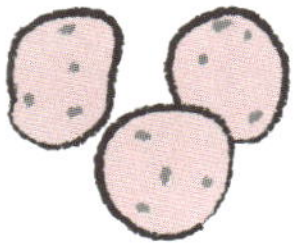

【実験条件】

実験時の加熱方法▶

【ほうれん草】

普通のなべを用いた。

【キャベツ、じゃが芋】

蒸発量を最小限になるように、かつ一定になるようにくふうした加熱器具でゆでた。

【測定方法】

試料の吸塩率▶ 試料はそれぞれ磨砕して蒸留水で希釈し、遠心分離機にかけたあと、測定した。なお、ほうれん草は葉と軸に分けて測定した。

シュウ酸量▶（ほうれん草のみ）ゆでる前を100%とし、ゆでて水にさらした試料の残存量を出した。

官能評価▶ 評価者10名。評価項目は外観、香り、味（甘味、塩辛さ、アクっぽさ、水っぽさ）、テクスチャー（食感。かたさ、筋っぽさ）および総合評価とした。

※実験のさいは上記の条件でゆでましたが、次ページ以降のイラストは、家庭でゆでる方法で示しました。

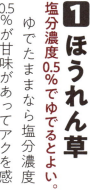

検証 1 緑黄色野菜―青菜 ほうれん草

ゆで湯

ほうれん草の重量の10倍を用意。

加える塩の分量

ゆで湯の重量に対して下記の6段階の塩分で試みた。

0%	0g
0.25%	3.75g
0.5%	7.5g
1.0%	15g
2.0%	30g
4.0%	60g

ゆで方

沸騰湯に塩を加えてほうれん草を入れ、投入後2分30秒ゆでる。水にとり、流水中で3分さらす。ゆでる前の150gになるまで水けを絞る。

ほうれん草150g

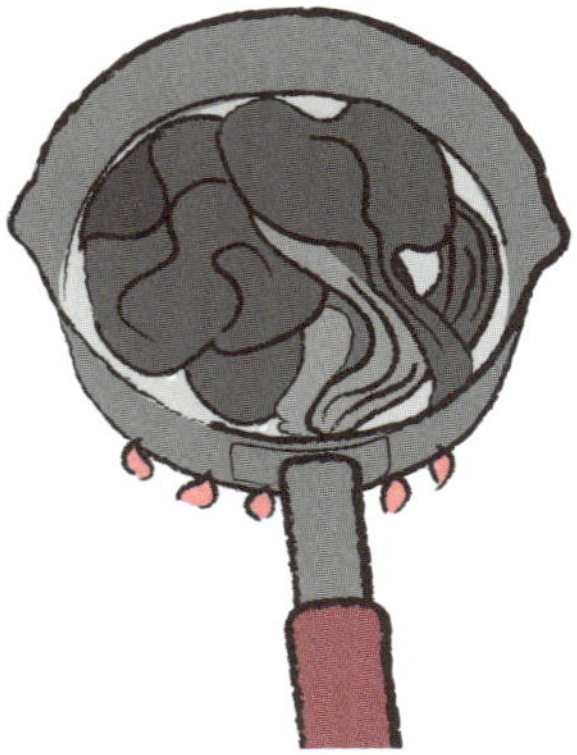

塩分濃度が高くなるにつれてほうれん草の吸塩率が高くなる（図1）。それでもほうれん草の0.1～0.4％程度である。水にさらすこともあってキャベツ、じゃが芋に比べると吸塩量は少ない。アクの成分であるシュウ酸の残存量は塩分濃度が高まるにつれて高くなる（図2）。官能評価では、0％、0.25％では塩味がなく、甘味を引き出せず、アクを強く感じたのだろう。0.5％、1.0％では適度な甘味と塩味で、アクっぽさをやわらげるものと思われる（図4）。

破断強度は葉は0.1％まで、軸は2.0％までは塩分濃度が高まるにつれて低くなり、組織がやわらかくなる（図3）。

従来いわれる「色に対する効果」は、2％以下では色差計および官能評価での塩分濃度による差は見られなかった。

官能評価では塩分が多くなるにしたがって甘味も塩辛さも強く感じている。総合評価で見ると、ゆでたままの場合は0.5％が好まれた（図4）。お浸しの場合はあとで調味するので0.25％が好評であった。

【官能評価】ゆでたままとお浸しにしたものとで行なう。

図 1　ゆでたほうれん草の吸塩率

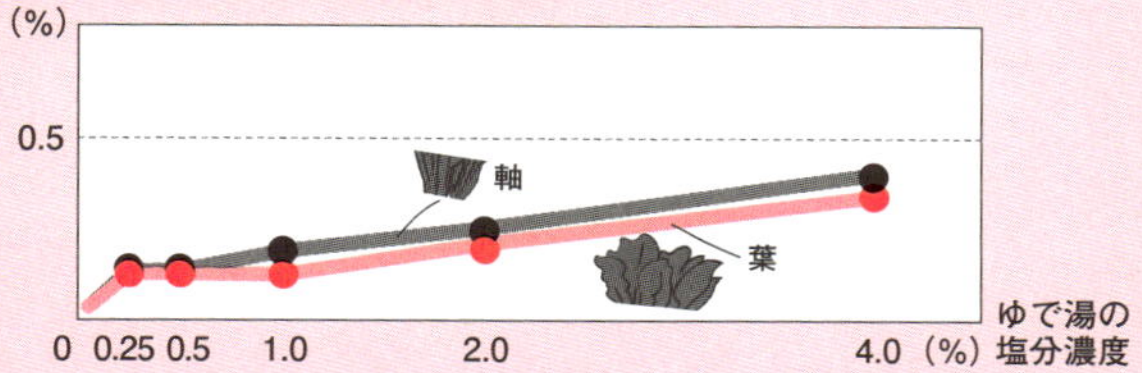

図 2　ゆでたほうれん草のシュウ酸の残存量とアクの官能評価

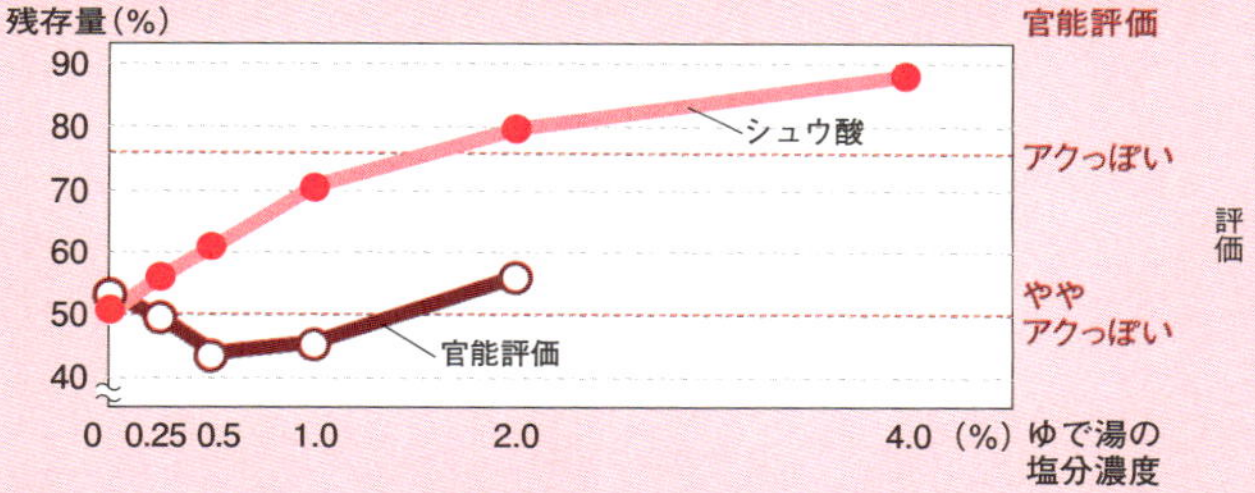

図 3　ゆでたほうれん草の破断強度とかたさの官能評価

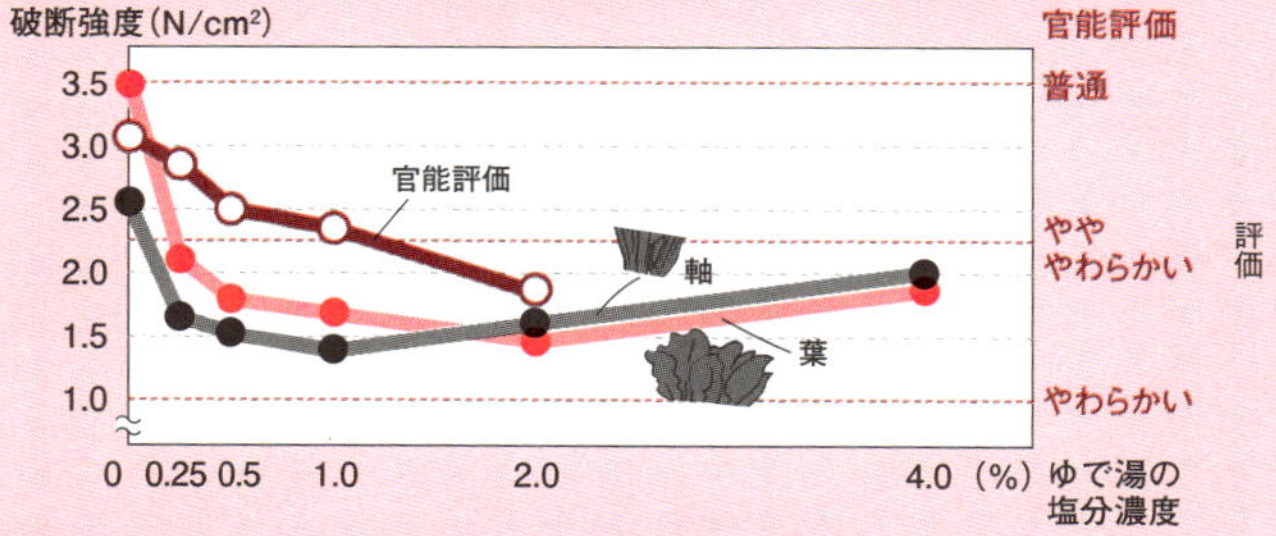

図 4　ゆでたほうれん草の官能評価（ゆでたままのもの）

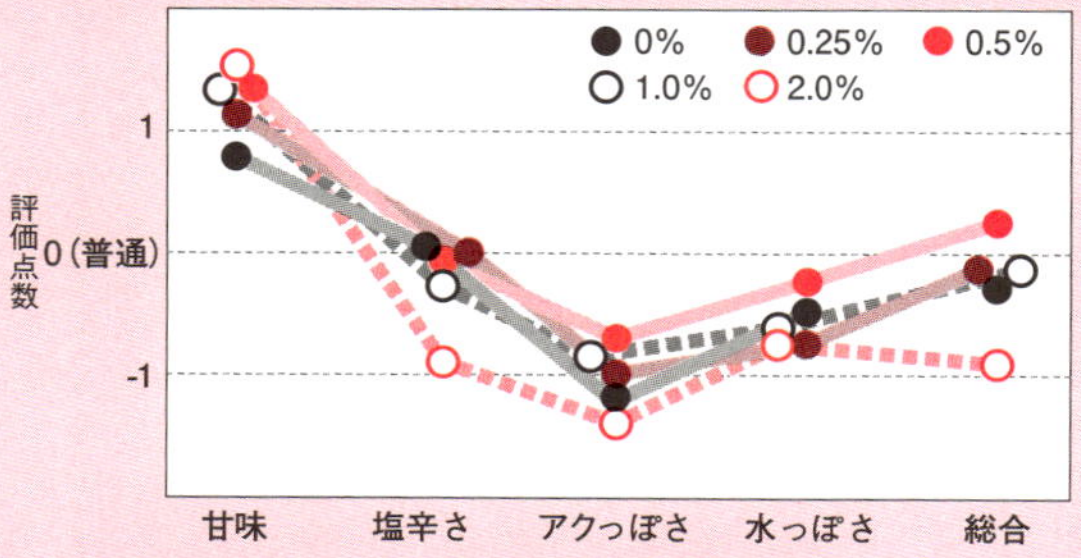

甘味の 1：やや甘い　塩辛さの -1：やや塩辛い
アクっぽさの -1：ややアクっぽい　水っぽさの -1：やや水っぽい
総合の 1：ややよい　総合の -1：やや悪い

結論

少量の塩では青菜を色よくする効果はない。

ゆでたままなら0.5%が甘味があってアクを感じない。

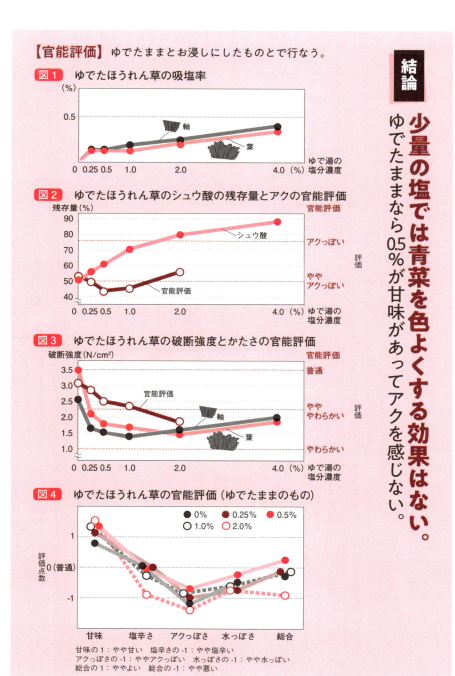

検証 2 淡色野菜—葉菜 キャベツ

ゆで湯

キャベツの重量の10倍を用意。

加える塩の分量

ゆで湯の重量に対して下記の5段階の塩分で試みた。

0%	0g
0.25%	5g
0.5%	10g
1.0%	20g
2.0%	40g

ゆで方

沸騰湯に塩を加えてキャベツを入れ、投入後3分ゆでる。ざるに広げて湯をきる。

キャベツ200g

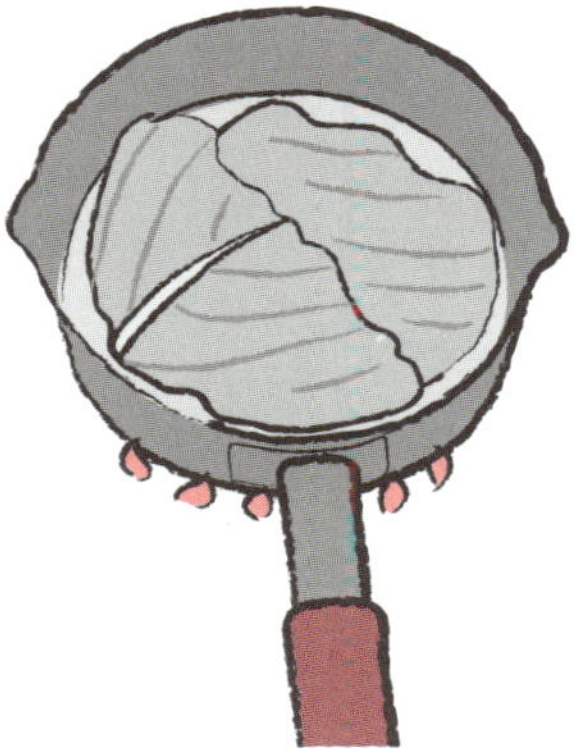

　一般に淡色野菜はゆで湯に塩を入れる習慣はあまりないが、この実験からは塩を加える効果があるということがわかる。ゆで湯の塩分濃度が高まるにつれてほうれん草と同様、キャベツの吸塩量も多くなる（図5）。

　破断強度はほうれん草と同様、塩分濃度が高くなるにつれてやわらかくなる傾向にあった（図6）。これは食塩水でゆでることによって軟化し、口当たりがよくなるためと考えられる。

　官能評価の総合評価が高かった塩分濃度0.5％、1.0％のものは甘味があり、水っぽくなく、歯ざわりの点で評価がよいことがわかった。一方、評価の低かった2.0％のものは甘味はあるが、塩味が強すぎるということだった。もっとも評価の低かった0％のものは甘味に欠け、水っぽくなっている（図7）。

　ゆで湯の塩には野菜の甘味を引き出して水っぽさをとり除き、やわらかくする効果もある。もやしや白菜でも同様の結果が得られた。

【官能評価】 ゆでたままとお浸しにしたものとで行なう。

図5 ゆでたキャベツの吸塩率

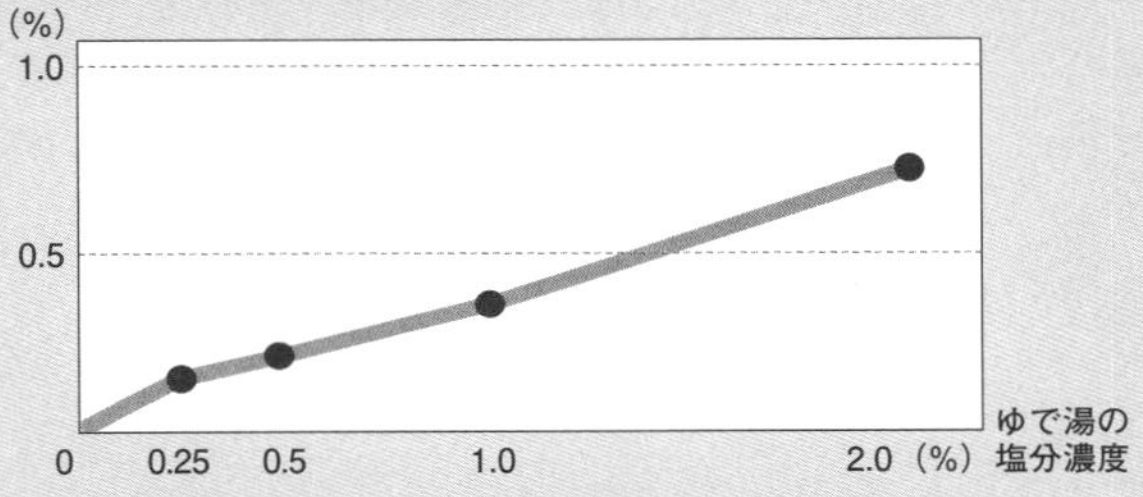

図6 ゆでたキャベツの破断強度とかたさの官能評価

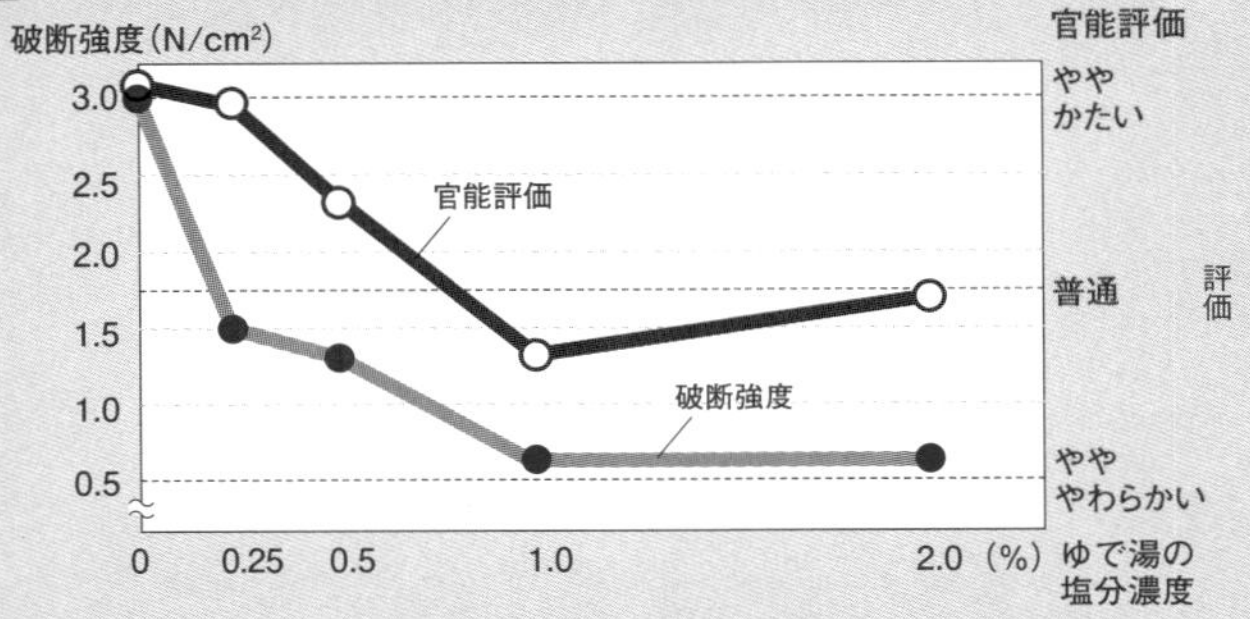

図7 ゆでたキャベツの官能評価（ゆでたままのもの）

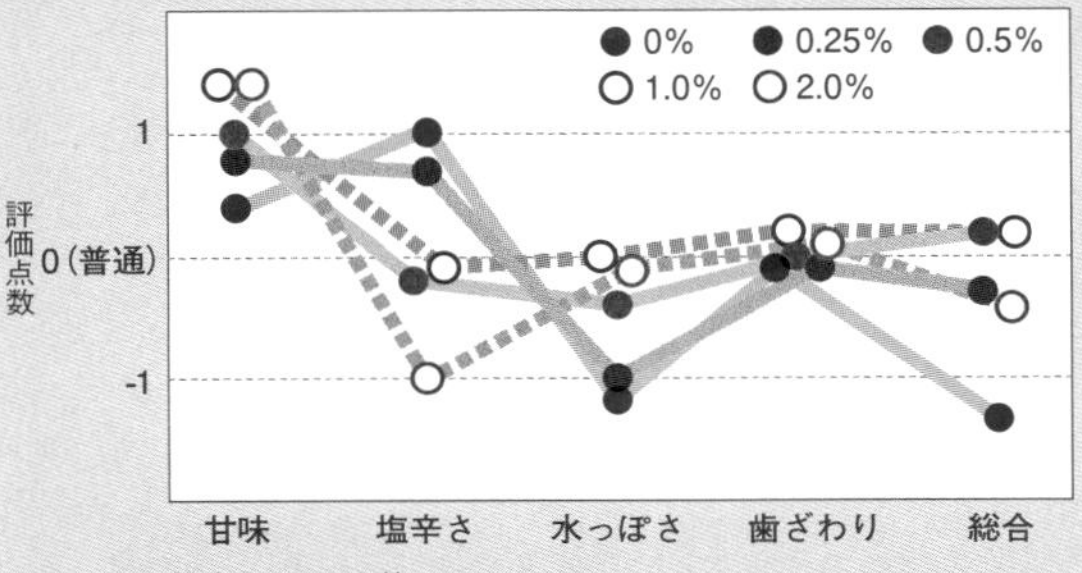

甘味の１：やや甘い
塩辛さの −1：やや塩辛い
総合 −1：やや悪い

結論

淡色野菜にも塩の効果はある。

塩分濃度0.5%、1.0%のものが甘味があって水っぽくなく、やわらかい。

検証 3 でんぷんの多い芋 じゃが芋

ゆで湯
じゃが芋のの重量の5倍を用意。

加える塩の分量
ゆで湯の重量に対して下記の5段階の塩分で試みた。

0%	0g
0.5%	5g
1.0%	10g
1.5%	15g
2.0%	20g

ゆで方
沸騰湯に塩を加えてじゃが芋を入れ、12分ゆでる。ざるにとって湯をきる。

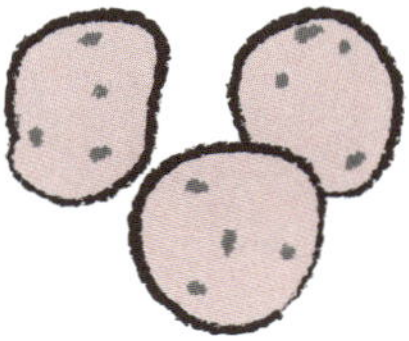
じゃが芋200g

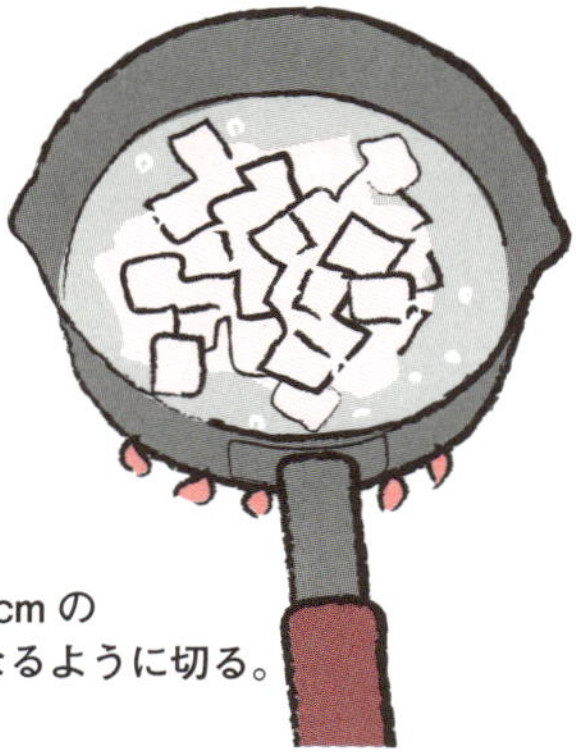
一辺が1.5cmの
立方体になるように切る。

塩分濃度が高まるにつれてじゃが芋の吸塩量は増え、ゆで湯の塩分濃度が1.0％で0.4％、1.5％で0.7％と50％近くが吸塩される（図8）。破断強度では塩分濃度が高くなるほど、やわらかくなる傾向が現われた。官能評価でも同様だった（図9）。

官能評価では塩分濃度が低くなるほど、芋臭く、水っぽく感じられた。総合評価では0％は、芋臭く、水っぽいために最も評価が低かった。それに次ぐのが0.5％。2.0％はホクホクしているが、塩辛すぎるために評価が低かった（図10）。

このことから適量の塩を加えることによってじゃが芋の甘味を強く感じ、軟化してホクホクすることがわかる。

ゆでたまま調味をせずに食べる場合は、1.0％の評価が高かった（図10）。ポテトサラダなど、後から調味する場合は、味のバランス考慮すると0.5％程度でもよいでしょう。

【官能評価】 ゆでたままで温かいものと冷たいもので行なう。

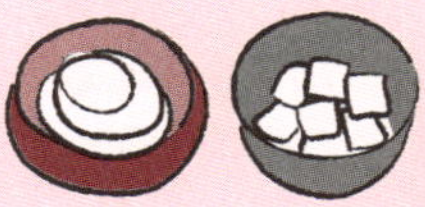

図8　ゆでたじゃが芋の吸塩率

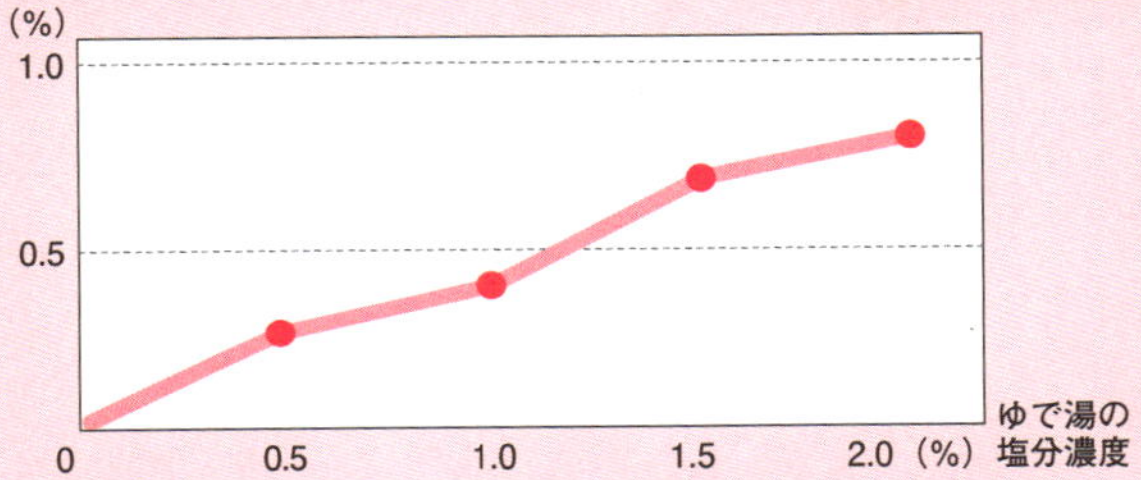

図9　ゆでたじゃが芋の破断強度とかたさの官能評価

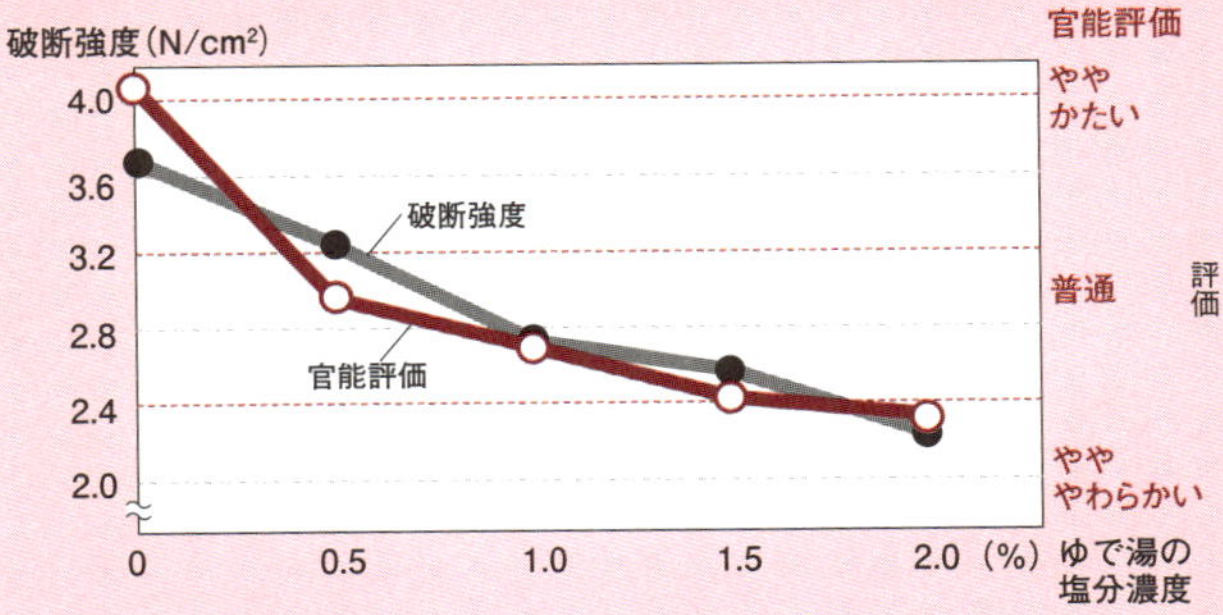

図10　ゆでたじゃが芋の官能評価（ゆでたままのもの）

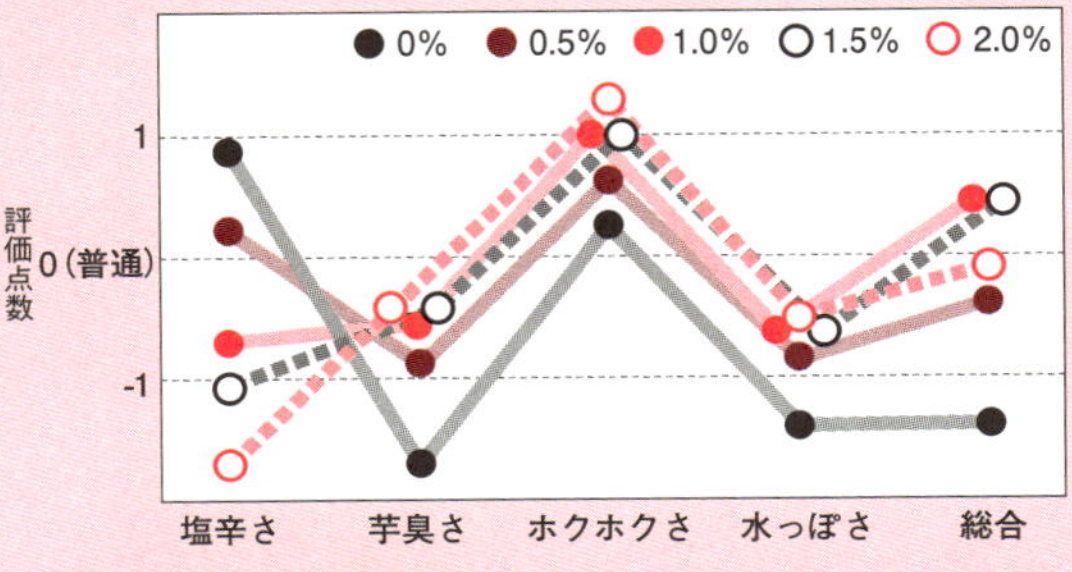

塩辛さの -1：やや塩辛い　1：塩辛くない　芋臭さの -1：ややある
ホクホクさの 1：ややホクホクしている
水っぽさの -1：やや水っぽい
総合の 1：ややよい　-1：やや悪い

結論

ゆでたまま調味せずに食べるなら、塩分濃度1.0％が評価が高い。

塩分濃度が高くなるにつれてやわらかくなり、芋臭さも少なくなる。

野菜いために油はどのくらい必要か？

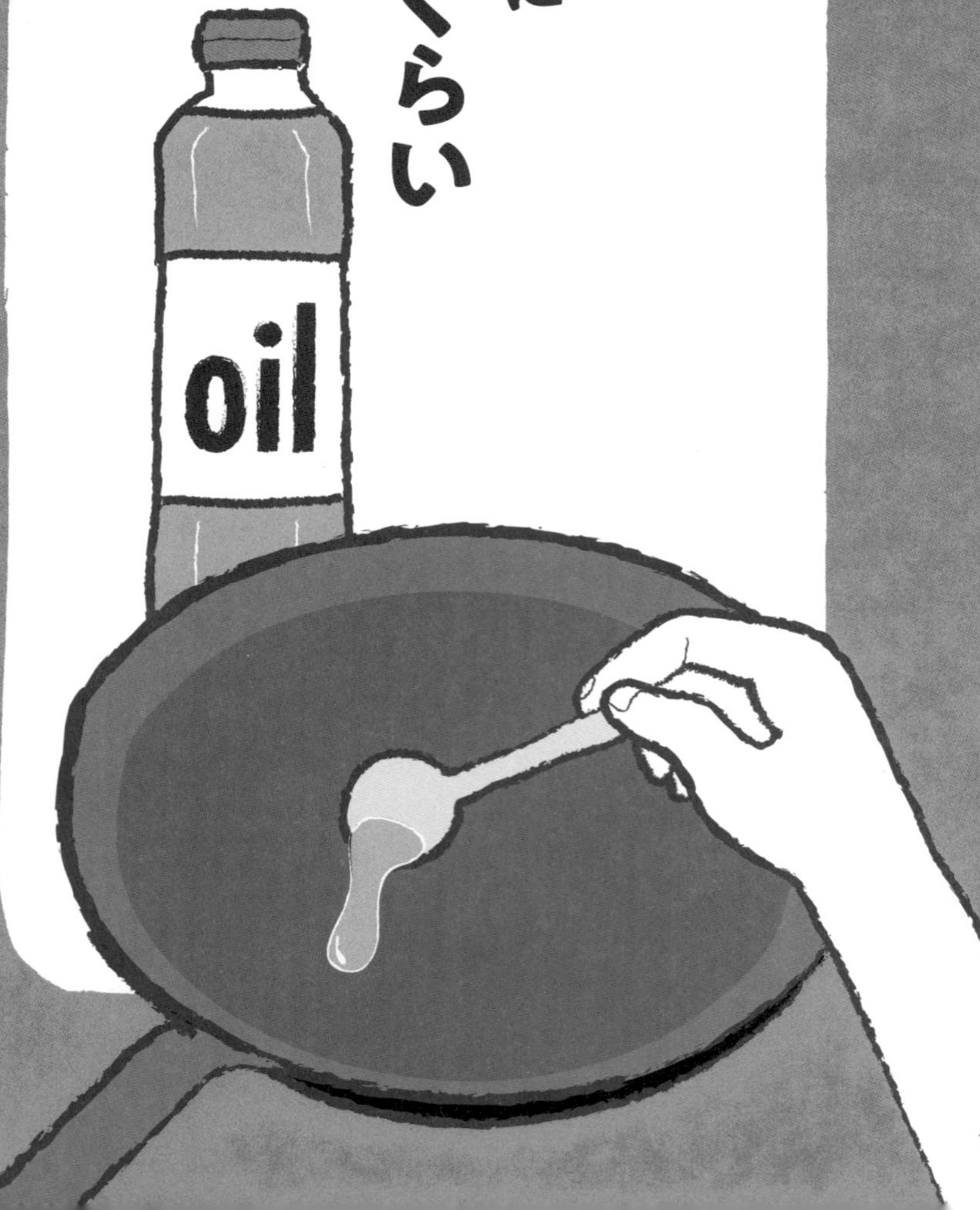

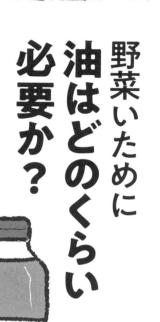

1 野菜の種類の違い
（ほうれん草とピーマン）

しなやかで熱がまわりやすい野菜（ほうれん草など）は8%以上、肉厚で熱がまわりにくい野菜（ピーマンなど）は15%必要です。

2 切り方の違い
（乱切りとせん切り）

同じ野菜でも乱切りよりせん切りのほうが熱がまわりやすいので油の使用量は少なくてすみます。乱切りは15%、せん切りは8%。

3 いためなべの材質の違い
（鉄なべとフッ素樹脂加工なべ）

表面がコーティングしてあるなべは鉄製なべの油の使用量の半分が目安です。

4 なべの形の違い
（中華なべとフライパン）

中華なべに比べてフライパンは材料がなべ肌に当たる面積が小さいため、油の使用量は多く必要です。

【1～4 共通の実験条件】

油の使用量▶ 材料重量の2～20%の範囲で実験しました。なお、材料重量は200gとし、水けを充分にきってからいためます。油の使用量は以下のとおりです。

2%＝4g（小さじ1）
4%＝8g（小さじ2）
8%＝16g（大さじ1＋小さじ1弱）
10%＝20g（大さじ1＋小さじ2弱）
15%＝30g（大さじ2＋小さじ1）
20%＝40g（大さじ3強）

調味料▶ 酒15g、塩1g、しょうゆ3.6gを使いました。

熱源▶ 家庭用都市ガス6A4600kcal／時（ハイカロリーバーナー）を用いました。

官能評価▶ 評価者10名。

検証 1 野菜の種類によって違うか。ほうれん草 vs. ピーマン

ほうれん草の
4〜5cm長さ切り
200gをいためる。

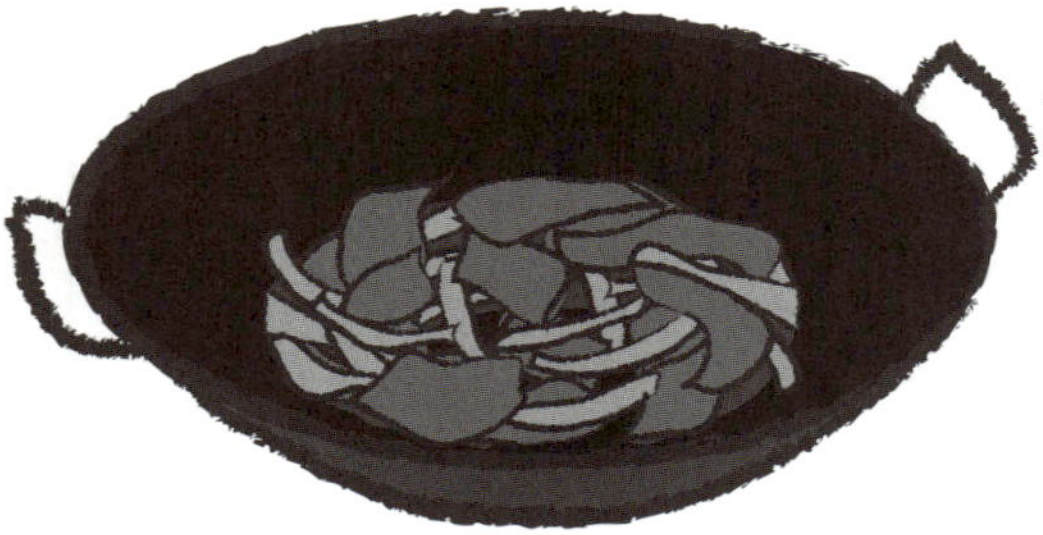

油が少なくて焦げやすい。アクっぽい仕上がり。	油が行きわたって熱が均一にまわったいため上がり。**いため油におすすめの量。**	均一にいため上がっている。人によっては最良の評価も。	油が充分に行きわたっているが油っぽい。
4%（油8g）	**8%**（油16g）	**10%**（油20g）	**15%**（油30g）
なべに接する面は焦げ、反対側は熱がまわらない生の状態。	油が行きわたらなくて充分にはいたまらない。	熱がまわり足りない。食べるとかたく、水っぽい。	油がまんべんなく行きわたる。20%で実験した結果も同様。**いため油におすすめの量。**

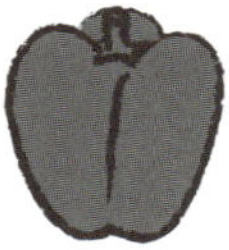

ピーマンの乱切り
200gをいためる。

結論

しなやかで熱がまわりやすい野菜は**8％以上**、肉厚で熱がまわりにくい野菜は**15％必要**である。

油が少ないと熱がまわりきれないため、部分的に焦げたり生だったりと均一にはいたまらない。このことは味に影響する。ほうれん草と同様の野菜は新キャベツやもやしなど、ピーマンと同様の野菜は玉ねぎやさやいんげんなどである。

図1 野菜の種類と油の使用量の違いとによるいため上がりの官能評価

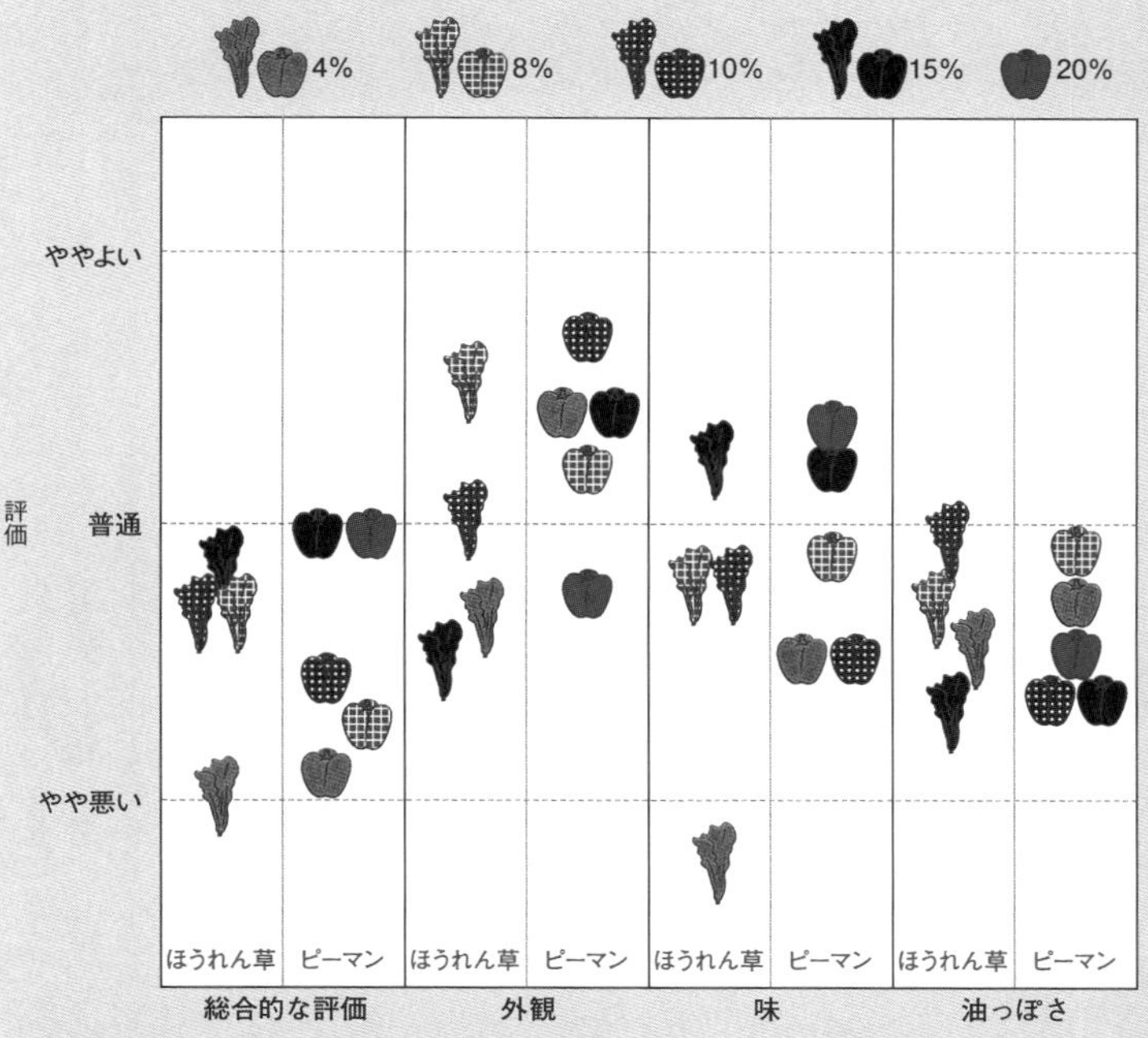

【共通の実験条件】

・直径 33cm の鉄製中華なべ使用

・コンロの火加減全開で 1 分 30 秒加熱

検証 2 切り方によって違うか。乱切り vs. せん切り

ピーマンの乱切り 200gをいためる。

4%（油8g）	8%（油16g）	10%（油20g）	15%（油30g）
なべに接する面は焦げ、反対側は熱がまわらない生の状態。	油が少なく、熱が全体に伝わらないため充分にいためられない。	熱がまわり足りない。食べるとかたく、水っぽい。	熱がまんべんなく行きわたる。20%で実験した結果も同様。**いため油におすすめの量。**
油に接する面が多くて熱が伝わりやすいが味は水っぽい。	熱がまんべんなく伝わるのでいためやすい。味もよい。**いため油におすすめの量。**	8%と同様。ただし、いくぶん油っぽい。	油っぽく、べたべたした仕上がり。

ピーマンのせん切り 200gをいためる。

結論

同じ野菜でも乱切りより**せん切りのほうが**熱がまわりやすいので**油の使用量は少ない。**

図2　野菜の切り方の違いと油の使用量の違いとによるいため上がりの官能評価

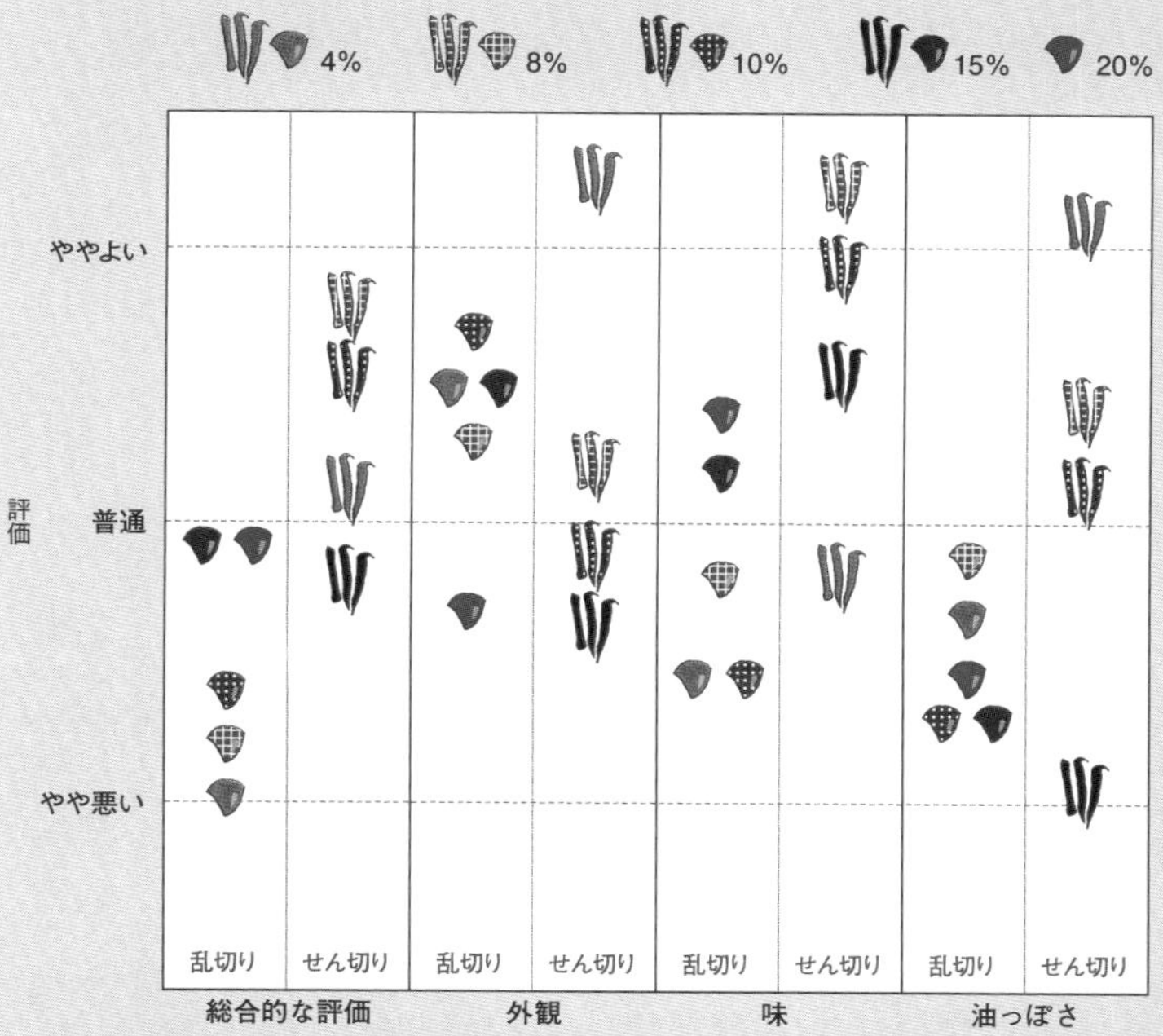

乱切りはでこぼこがあって油に接する面が少なく、せん切りは表面積が大きくなるため油に接する面が多くなる。そのためせん切りは熱が伝わりやすく、油は8%、一方の乱切りは15%必要である。ゆでるか油通しをするかすれば熱のまわりはせん切りと同様よくなる。

【共通の実験条件】

・直径33cmの鉄製中華なべ使用

・コンロの火加減全開で1分30秒加熱

検証 3 なべの材質によって違うか。

鉄なべ vs. フッ素樹脂加工なべ

いためる食材／新キャベツの 5cm 角切り 200g

直径30cmの
鉄製北京なべで
いためる。

4%（油8g）	8%（油16g）	10%（油20g）	15%（油30g）
油が少なく、ところどころ焦げたいため上がり。	野菜の水分が蒸発して油がなじんだちょうどよい状態。**いため油におすすめの量。**	味はよいが、8%より油っぽく感ずる。	油が充分に行きわたるが、油っぽくて味が悪い。

2%（油8g）	4%（油16g）	8%（油20g）	10%（油30g）
熱がまわりきれないので水っぽい。	油が全体にまわって熱が充分に行きわたる。**いため油におすすめの量。**	外観も味もよいが、いくぶん油っぽい。	8%よりさらに油っぽい仕上がり。

直径28cmの
フッ素樹脂加工のいためなべで
いためる。

結論

表面が**コーティングしてあるなべ**は鉄製なべの油の使用量の**半分が目安**になる。

フッ素樹脂加工などで表面がコーティングしてあるなべは鉄製なべに比べて油の使用量は少なくてよいのが定説。ただし、2％では油が少なくて熱がまわらず、味も悪い。新キャベツの場合、鉄製なべなら8％、フッ素樹脂加工なべなら半分の4％でよい。

　また、ほうれん草、ピーマンにおいてもフッ素樹脂加工なべを使う場合は、鉄製なべの油の使用量の½量でよい。

図3　器具の材質の違いと油の使用量の違いとによるいため上がりの官能評価

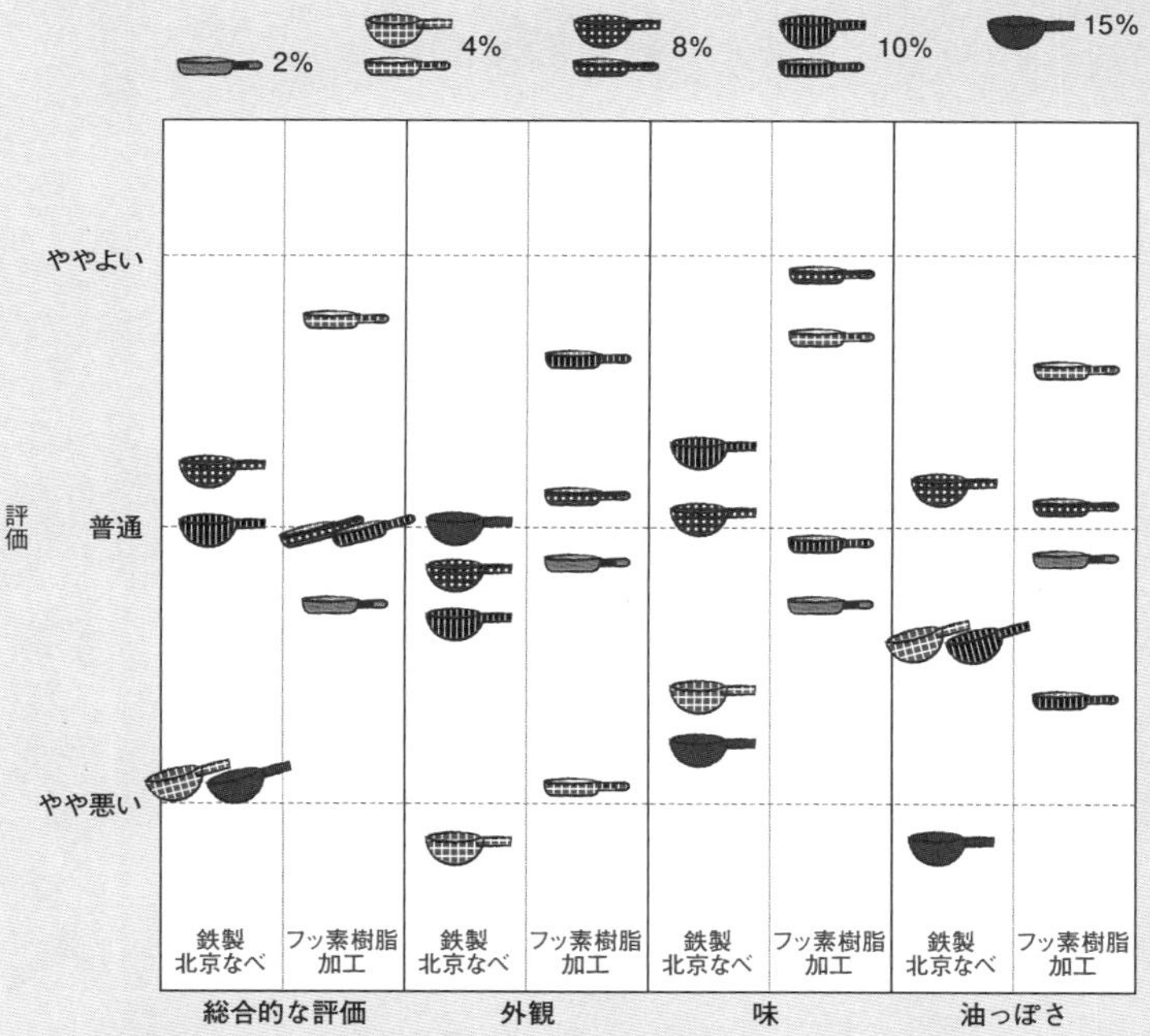

【共通の実験条件】

- 新キャベツの 5cm 角切り 200g
- コンロの火加減全開で 1 分 30 秒加熱

検証 4 なべの形によって違うか。中華なべ VS. フライパン

いためる食材／ほうれん草の4～5cm長さ切り200g

直径33cmの**中華なべ**でいためる。

	4%（油8g）	8%（油16g）	10%（油20g）	15%（油30g）
中華なべ	油が少なくて焦げやすい。アクっぽい仕上がり。	油が行きわたって熱が均一にまわったいため上がり。**いため油におすすめの量。**	均一にいため上がっている。人によっては最良の評価も。	油が充分に行きわたっているが油っぽい。
フライパン	焦げた部分といため足りない部分のいためむらができる。	4%と同様、いためむらがあり、外観も味も悪い。	熱が行きわたって均等にいため上がった。**いため油におすすめの量。**	10%と同様だが、油っぽくべたべたした感じになる。

直径26cmの**フライパン**でいためる。

結論

フライパンは材料がなべ肌に当たる面積が小さいため、油の使用量は多く必要である。

独特のカーブがある中華なべは材料がなべ肌に触れやすくなっている。熱のまわりも混ぜるのにもつごうがよい。フライパンは材料があふれそうでいためにくいし、なべ肌に触れる面積が小さいので均一にいためるには油の使用量は多く必要になる。

図4　器具の形の違いと油の使用量の違いとによるいため上がりの官能評価

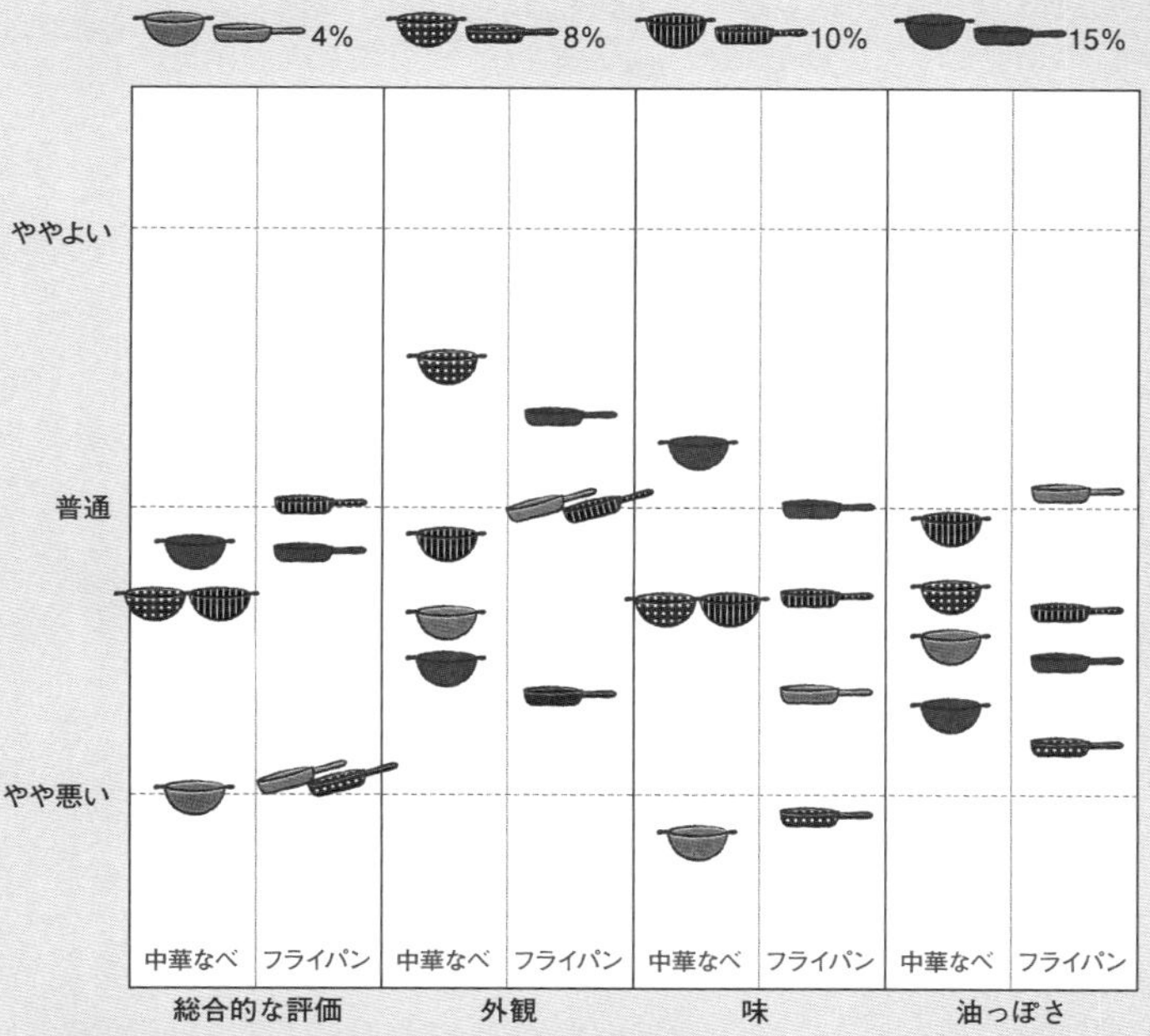

【共通の実験条件】

・ほうれん草の4～5cm長さ切り200g

・コンロの火加減全開で1分30秒加熱

なますに合う切り方は？

斜め薄切りにしてからせん切りにする方法がよい。

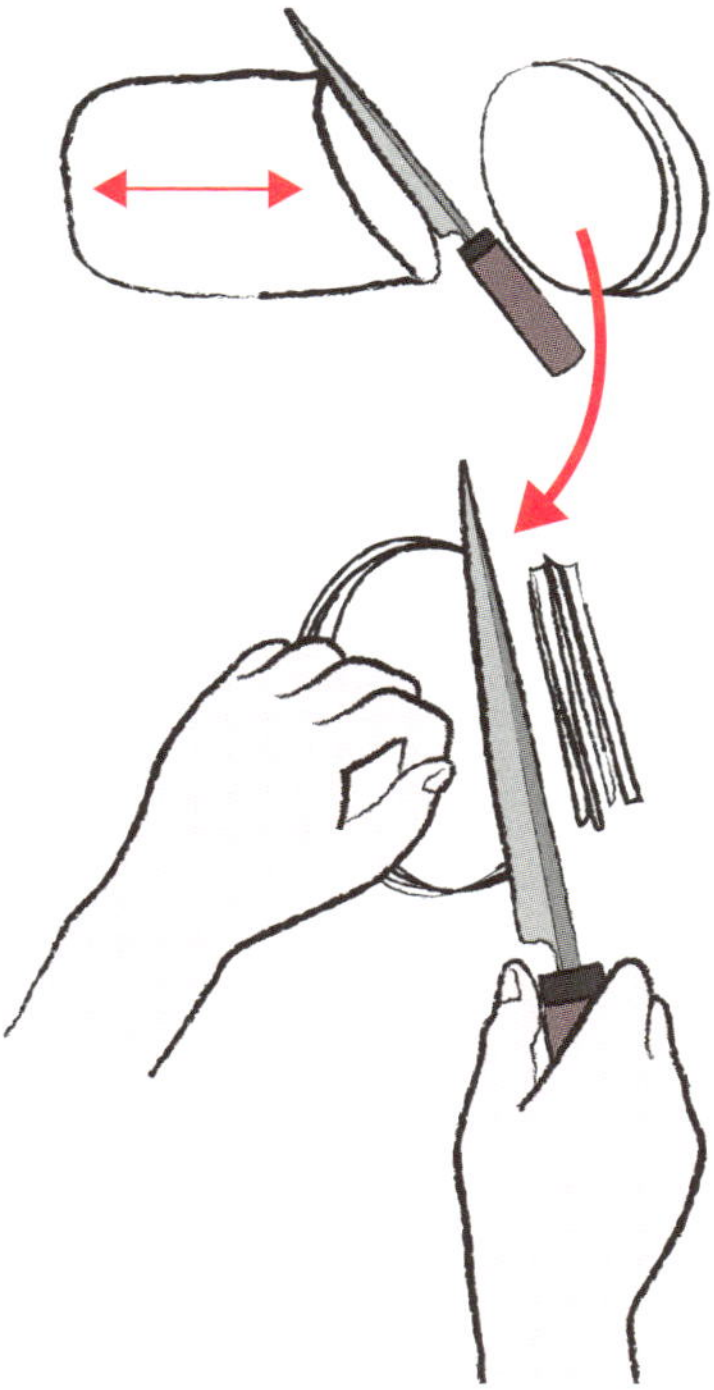

なますは、大根やにんじんなどを刻んで二杯酢や三杯酢であえた料理です。大根を斜め切りにしてからせん切りにすると、シャキッと歯切れがよく、見た目もつやがあって美しく仕上がります。

検証 なますに合う切り方を4つの方法で比べてみた

A 4位

せん切り用スライサーで繊維に斜めに削る。

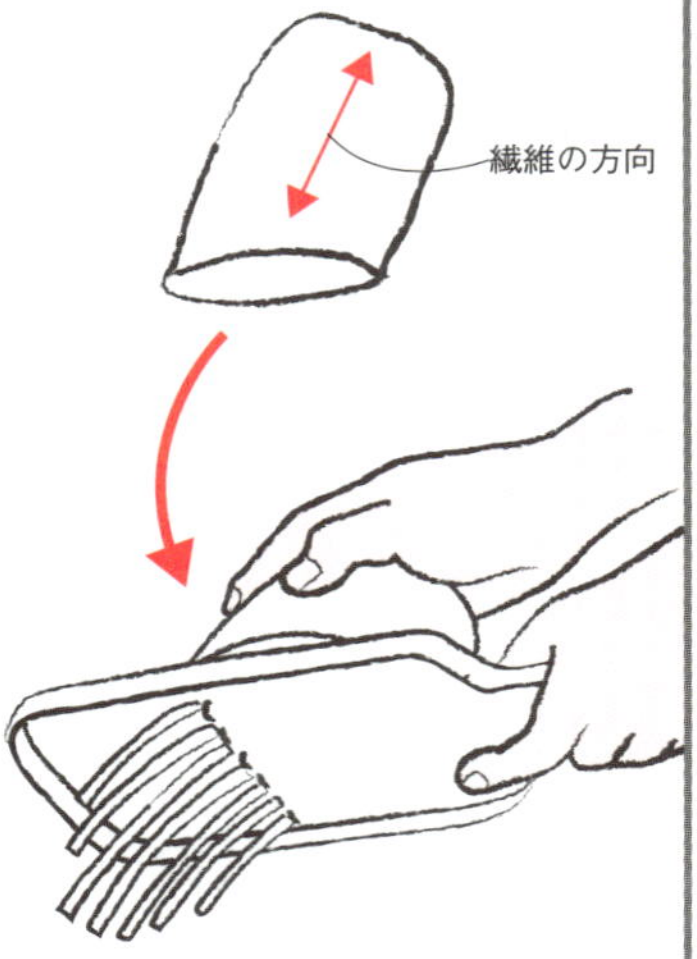

包丁に比べて切れ味が悪い場合が多いので、切り口がシャープではない。組織がつぶれるので、塩をふったときに水分が多く出て、歯切れが悪い。**外観も悪く、総体的に評価はよくない。**

B 1位

包丁で斜め薄切りにし、さらにせん切りにする（なます切り）。

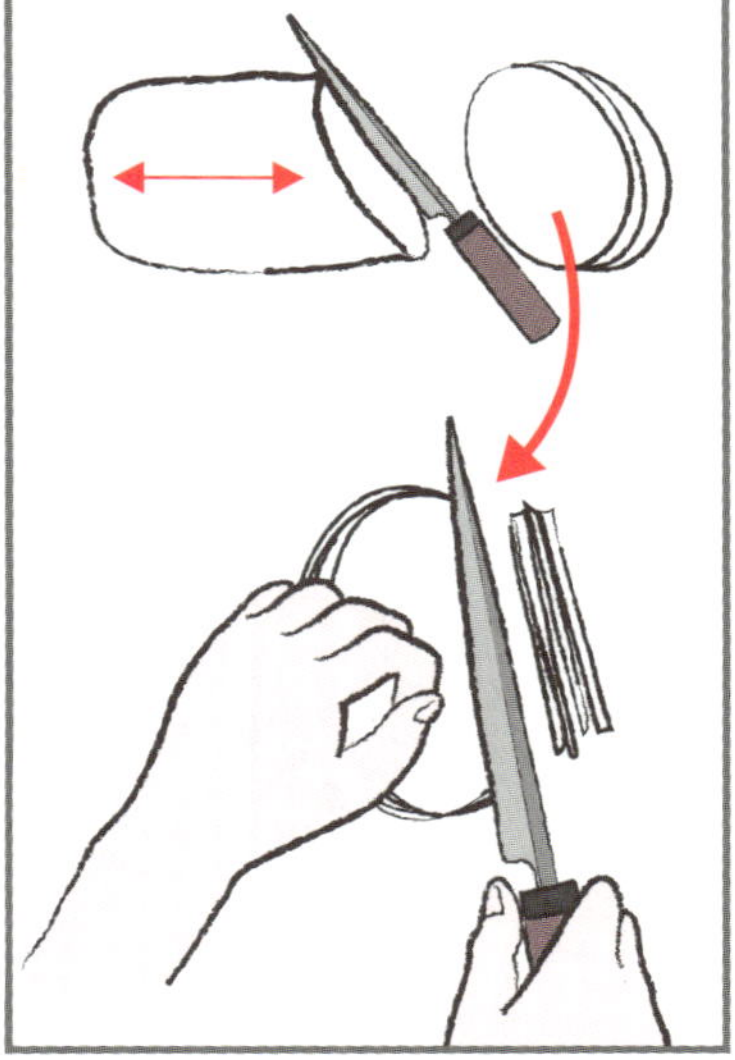

繊維を斜めに切断することによって筋っぽさがなく、歯切れもよい。見た目も適度にシャキッとしていて美しく、つやがある。**総体的な評価は最もよい。**

D
2位

包丁で薄い輪切り
（繊維方向に直角）
にし、さらにせん切りにする。

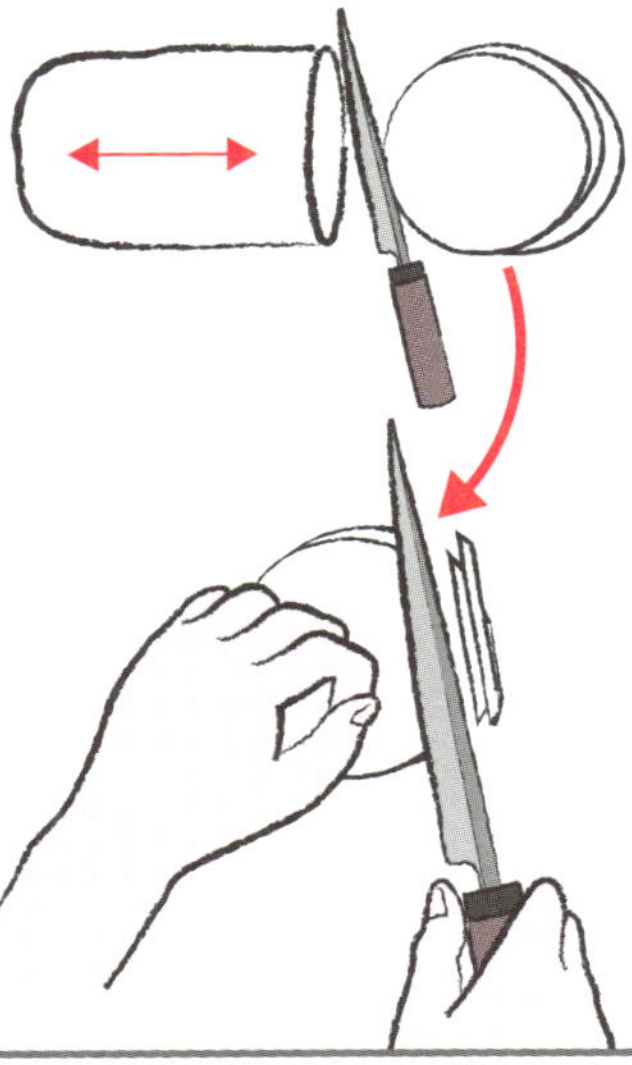

繊維を縦横に細かく断ち切るので歯切れのよさはあまりなくてやわらかいと予測していたが、官能評価ではCと同じくらいかたいという結果が出た。C、Dの方法は**AとBの方法の中間で「普通」の評価であった。**

C
3位

包丁で繊維に沿って
（繊維方向に平行）
薄く切り、さらにせん切りにする。

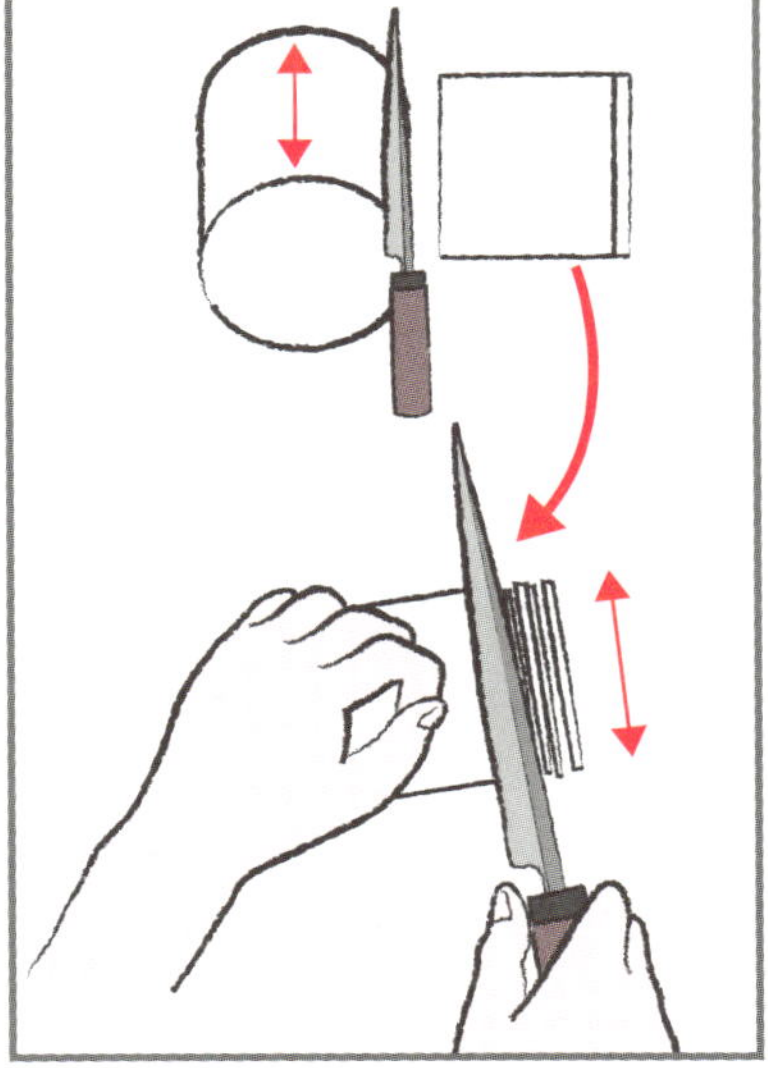

繊維を断ち切ることをしないので筋っぽさが残るかと予測したが、官能評価では筋っぽさに対する評価はちょうどよいだった。しかし、**歯切れの評価はBより低かった。**

図1 切り方の違いによる官能評価（作った直後）

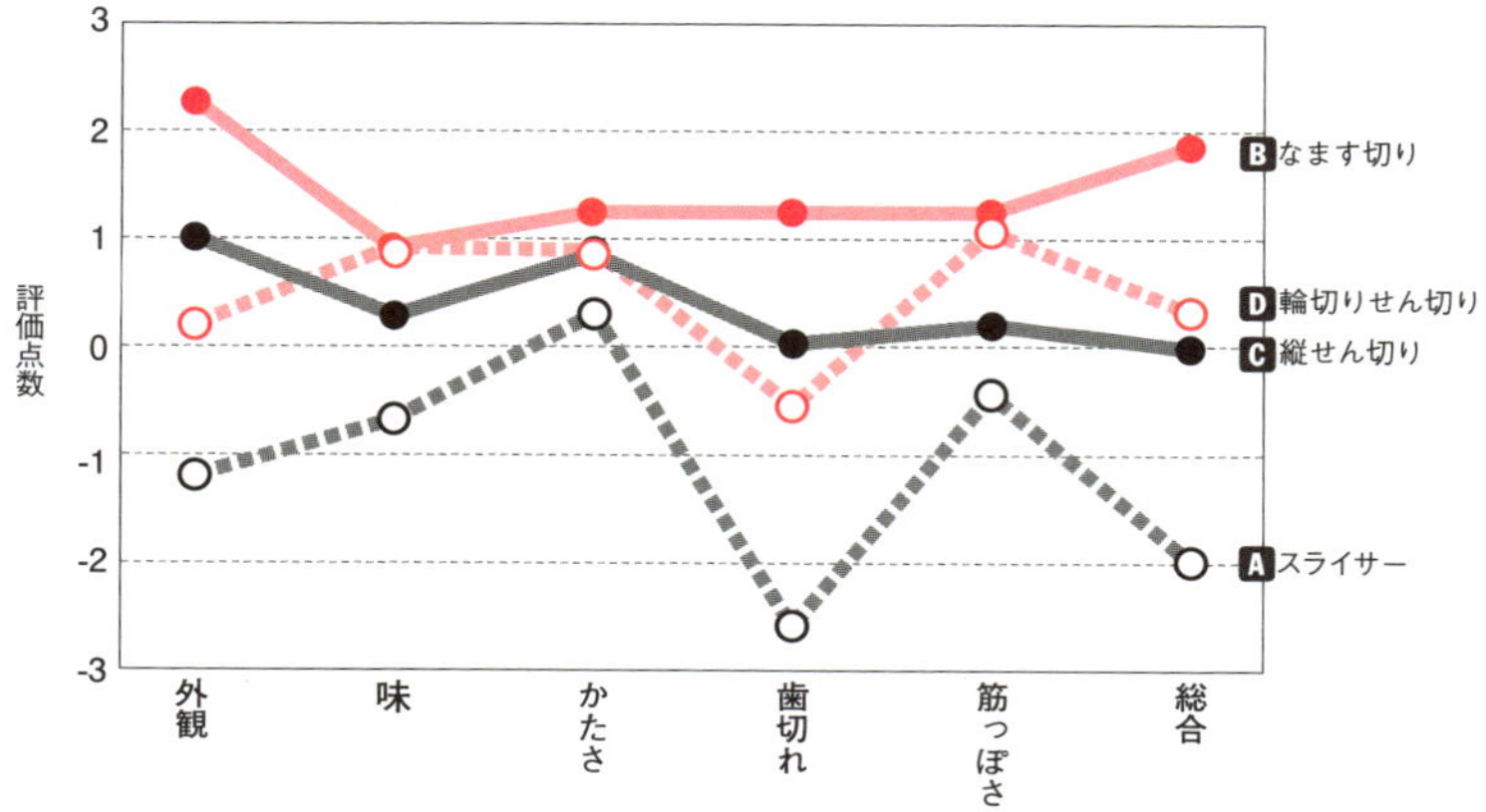

【実験方法】

なますを作るとき大根をどのような切り方にするとよいのか、４つの切り方で最適な方法を検証した。

せん切り用スライサーを使って繊維を斜め削り切りにした場合（A）、以下包丁で、斜め薄切りにしてから長径をせん切りにしたもの（B一般になます切りと呼ぶ）、そして繊維に沿って薄切りにし、これをせん切りにする（C）、薄い輪切りにしてからせん切りにしたもの（D）、以上の４つの方法で切った大根をそれぞれ、外観や歯切れ、筋っぽさなどの６項目について官能評価によって比べた。

基本のなますの作り方

材料／６人分

大根 ……………………………400g
にんじん ………………………50g
塩（大根とにんじんの1%）
…………………小さじ¾（4.5g）
水 ……………………………大さじ２
甘酢
- 酢 ……………………大さじ４
- 砂糖 …………………大さじ４

1人分 41kcal　塩分 0.2g

作り方

❶大根とにんじんは２～３mm角、５～６cm長さのせん切りにする（４方法がある）。
❷塩と水をふって混ぜ合わせ、しんなりとなったらよくもんで汁けをかたく絞る。
❸ボールに甘酢の材料を混ぜ合わせ、その中に②の大根をつける。

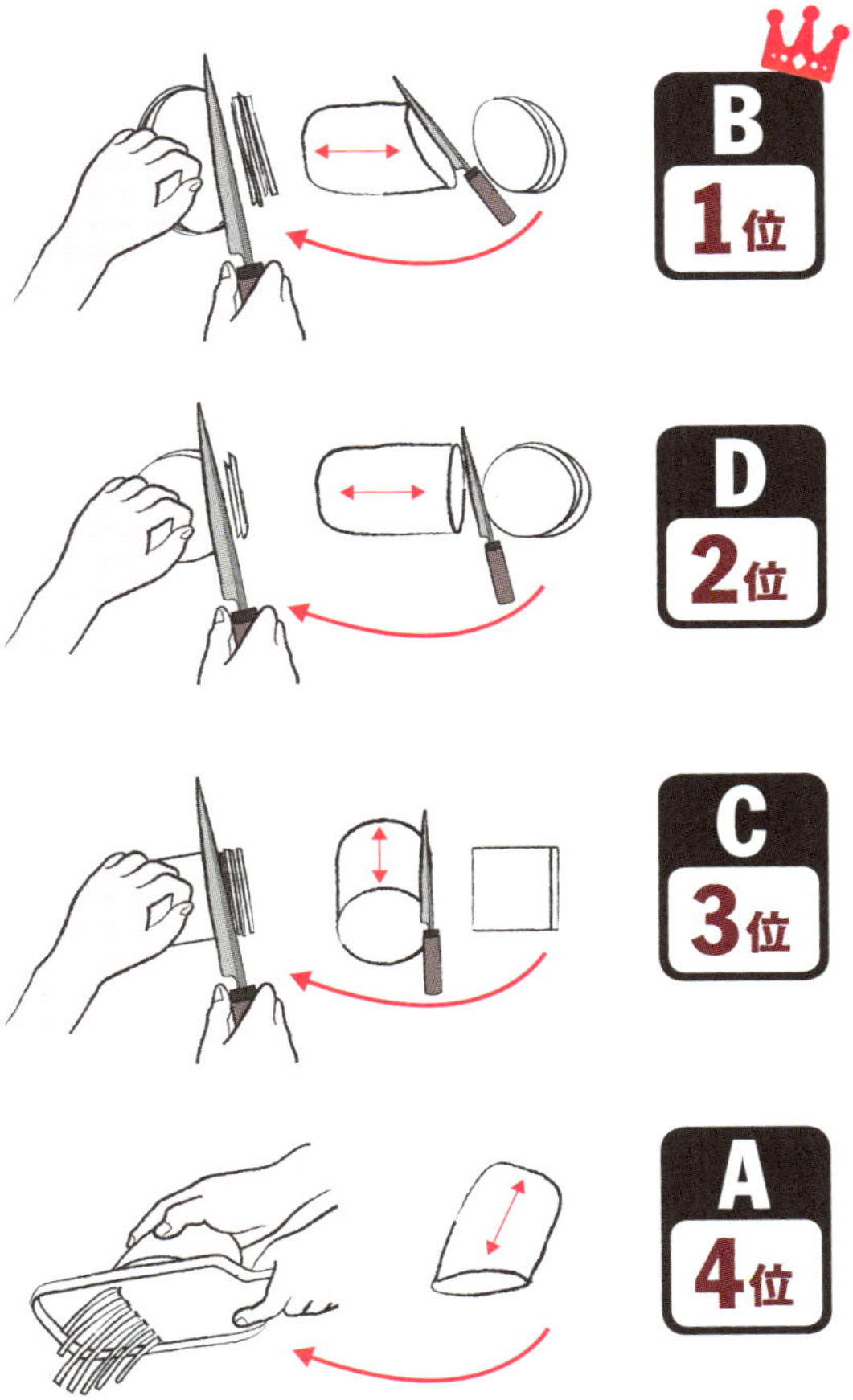

図1は大根を甘酢につけた直後の官能評価の結果。

「外観」「味」「歯切れ」「総合」の4評価項目では、非常によいを3点とし、順によい2点、ややよい1点、普通またはちょうどよい0点、やや悪いマイナス1点、悪いマイナス2点、非常に悪いマイナス3点とした。「かたさ」および「筋っぽさ」の評価項目は非常にかたいとまったく筋っぽくないを3点とし、以下上記の4評価項目と同様の順で点数を配した。

結論

官能評価の結果は、どの評価項目をとってもBのなます切りの評価が高くなり、なますにはその名が示すようになます切りが適するという結果が出ました。

なお、この図1は甘酢につけた直後の官能評価結果ですが、3日後のよく味を含んだなますでは評価の順位はほぼ変わりありませんが、評価の幅が狭まって小さくなりました。つまり、切り方による評価は、作りたてでは差がありますが、3日後では食べたときに差を感じないという結果でした。

キャベツを せん切りにしたあと、水に浸すか、浸さないか。

水に浸してすぐにざるにあげると香りがほどよく残り、歯ざわりもよい。

豚カツのつけ合わせやサラダなどに生で使うせん切りキャベツは、切ったあと、どのような処理が最適なのでしょうか。「水に浸さない」「水に浸してすぐにざるにあげる」「水に30分浸してざるにあげる」の3つの方法で比較しました。

「水に浸してすぐにざるにあげる」が、外観、香り、歯ざわりのどれもいちばんおいしいという結果が出ました。

検証

キャベツのせん切りの水の浸し方による仕上がりの違い

A

3位

水に浸さない。

切ってから２分後の重量は 99%に減少。減少した1%は蒸発分。

↓

外観がやや悪く、キャベツの青臭さがそのまま残り、歯ざわりもよくない。

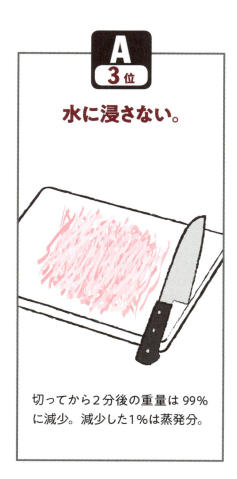

C

2位

水に30分浸して ざるにあげ、水けをきる。

水けをきった２分後の重量は114%に増加。14%分の付着水と水を吸収したことになる。

**外観はよくパリッと
しているが、
水っぽく、歯ざわりも
パリパリしすぎである。**

B

1位

水に浸してすぐに ざるにあげ、水けをきる。

水けをきった２分後の重量は110%に増加。10%分の付着水と水を吸収したことになる。

**外観はよく、
キャベツの
香りがほどよく残り、
歯ざわりも適度である。**

キャベツをせん切りにしたあと、**水に浸してすぐにざるにあげる**方法が、おいしさ的にも栄養的にもいちばんおすすめ

　豚カツ屋などで大きなボールに水を張ってせん切りにしたキャベツを大量につけてあるのを見かけることがありますが、豚カツのつけ合わせやサラダなどに生で使うせん切りキャベツは、切ったあと、水で洗ったり、しばらく水につけたほうがよいのでしょうか。「水に浸さない」「水に浸してすぐにざるにあげる」「水に30分浸してざるにあげる」の3つの方法で比較しました（図1）。

　水に浸さないキャベツ（A）はしんなりとしていて外観が悪く、キャベツの青臭さがそのまま残りますが、水っぽくはありませんでした。しかし、歯ざわりもよくないので3つの中での評価は最低でした。

　水に浸してすぐにざるにあげたキャベツ（B）の外観はよく、キャベツの香りがほどよく残り、歯ざわりも適度であると3つの中では最も高い評価を得ました。

　水に30分浸してざるにあげたキャベツ（C）は、外観はよくパリッとしているが、食べると味がやや水っぽく、歯ざわりもパリパリしすぎで評価はやや低めでした。

　また、おいしさ以外に、水に浸した場合の栄養素の損失も気になるところです。キャベツのせん切り（2㎜幅）をさっと水で洗った場合と30分浸漬させた場合のビタミンCの残存率を測定したデータ※があります。さっと洗った場合は87％、30分浸漬した場合は77％でした。栄養素の損失を考えても、さっと洗うほうがよいということになります。

※「野菜の切断・放置」、生食に伴うビタミンC量およびアスコルビン酸オキシダーゼ活性の変化」日本家政学会誌　Vol,41　No.8　715～721（1990）　大羽和子

結論

せん切りにしたキャベツは水に浸してすぐにざるにあげる。

豚カツのつけ合わせやサラダなどに生で使うせん切りキャベツは、切りっぱなしや切って水につけておくよりは切ったあとにさっと洗うだけのほうがおいしいという結果が出ました。ひと手間がかかりますが、キャベツのおいしさを引き出すことができます。

図1　浸水時間の違いによる官能評価

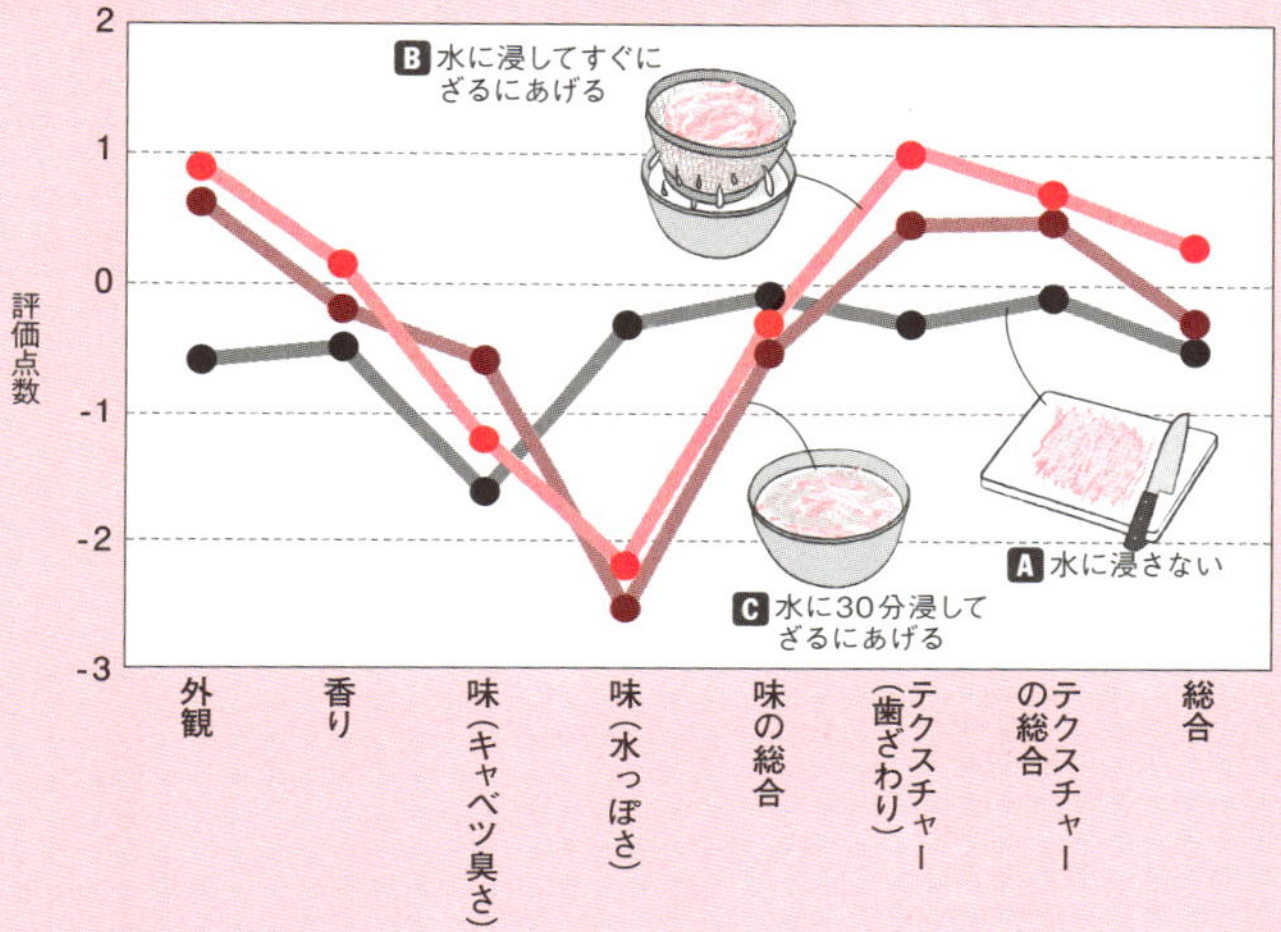

【官能評価の図の見方】

外観、香り、味（キャベツ臭さ、水っぽさ、総合）、テクスチャー（歯ざわり、総合）、総合を評価項目とした。外観、香り、味の総合、歯ざわり、テクスチャーの総合、総合の各項目は、非常によいを３点とし、よい２点、ややよい１点、普通０点、やや悪い－１点、悪い－２点、非常に悪い－３点と点数を配した。味のキャベツ臭さと水っぽさについては、臭くない・水っぽくない０点、やや臭い・やや水っぽい－１点、臭い・水っぽい－２点、非常に臭い・非常に水っぽい－３点とし、各平均値を示した。それぞれ点数が多いほうが評価が高い。

きゅうりもみの下処理は、どの方法が最適か。

塩だけより塩と水をふったほうが効率よく脱水でき、口当たりがよい。

きゅうりの塩もみを「**A** 切ったままの場合」「**B** 塩だけをふった場合」「**C** 塩と水をふった場合」の3つの方法で比較しました。

Cの塩と水をふった場合、短時間で均一に塩がまわってしんなりとなり、むらなく水けを絞ることができ、その結果、味も歯ざわりもよくなり、総合的に高い評価を得ました。

A 切ったままの場合

B 塩だけをふった場合

C 塩と水をふった場合

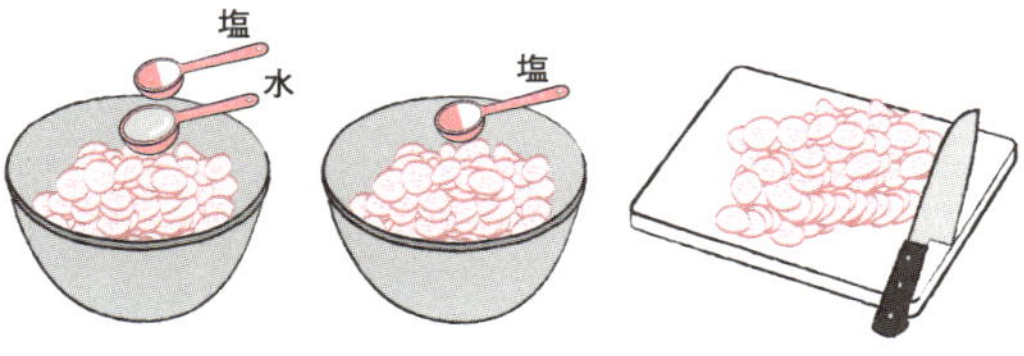

検証 きゅうりもみの下処理はどの方法が最適か

基本の きゅうりもみの作り方

材料／４人分

きゅうり …………… ３本(300g)
塩（きゅうりの１％）…… 小さじ½
水 ………………………… 大さじ１
三杯酢
- 塩 ……（きゅうりの0.5%塩分）小さじ⅙
- しょうゆ（きゅうりの0.5%塩分）小さじ½
- 酢・だし ……… 各大さじ１
- 砂糖 ………………… 小さじ２

1人分 13kcal　塩分 0.4g

作り方

❶きゅうりは２mm厚さの輪切りにしてボールに入れる。
❷塩と水をふって全体をよく混ぜ、３分ほどたったらもう１回混ぜる。
❸その後約２分たったら手でよくもんで、水けをきつく絞る（きゅうりは初めの重量の約60％になる）。
❹三杯酢の材料を混ぜ合わせ、きゅうりをあえる。
※シラス干しや青じそ（せん切り）を加えるとうま味や香りが加わる。どちらも④できゅうりをあえるときに加える。

A

切ったまま

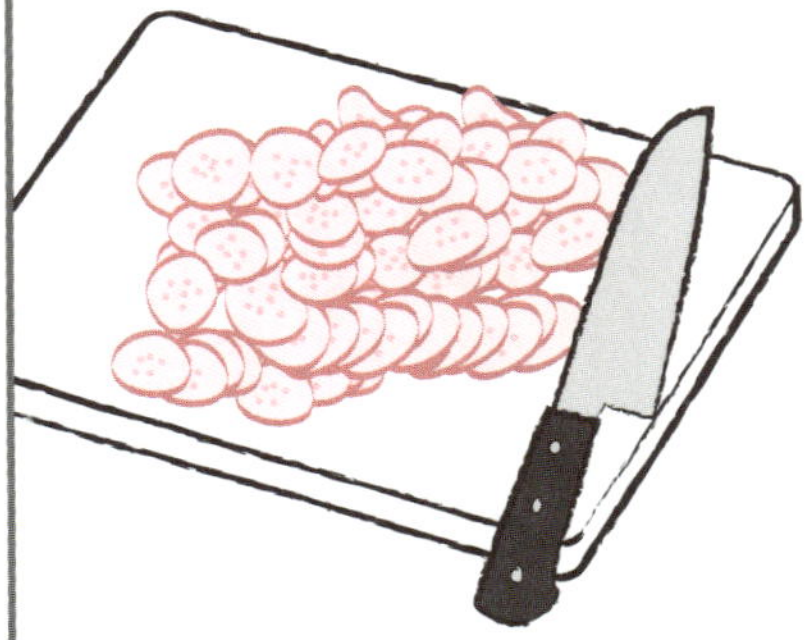

切ったままを三杯酢であえたもの

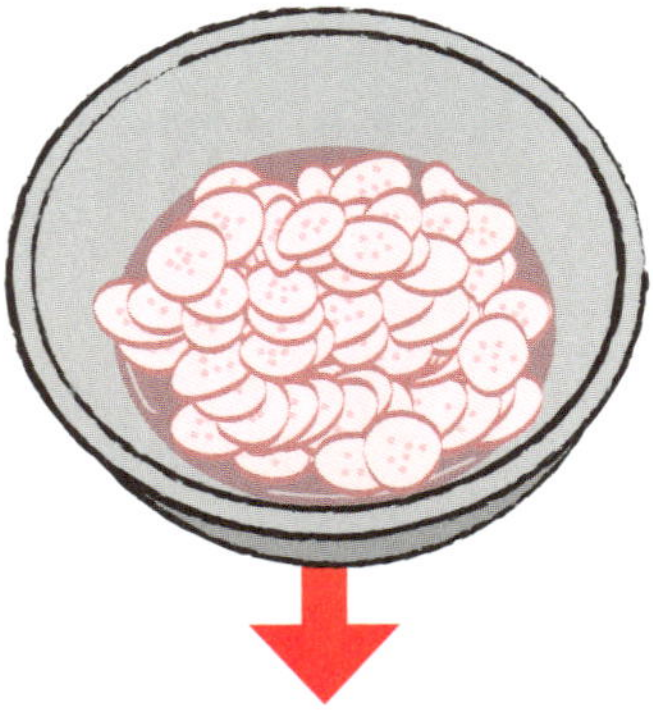

三杯酢とあえたあとすぐは、しんなり感がなく ガリガリとした食感。

C

塩と水をふる

塩と水をふり混ぜて５分おき、よくもんで、水けをきつく絞り（きゅうりは初めの重量の約60％になる。脱水率40％）、三杯酢であえたもの

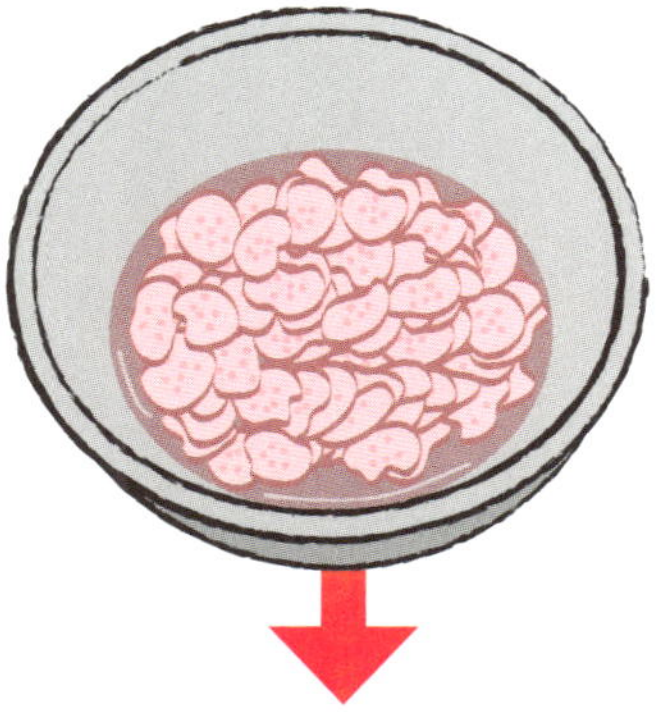

**塩とともに水を
ふり混ぜることにより、
短時間で
均一に塩がまわる。
味も歯ざわりもよい。**

B

塩だけをふる

塩をふり混ぜて５分おき、よくもんで水けをきつく絞り（きゅうりは初めの重量の約70％になる。脱水率30％）、三杯酢であえたもの

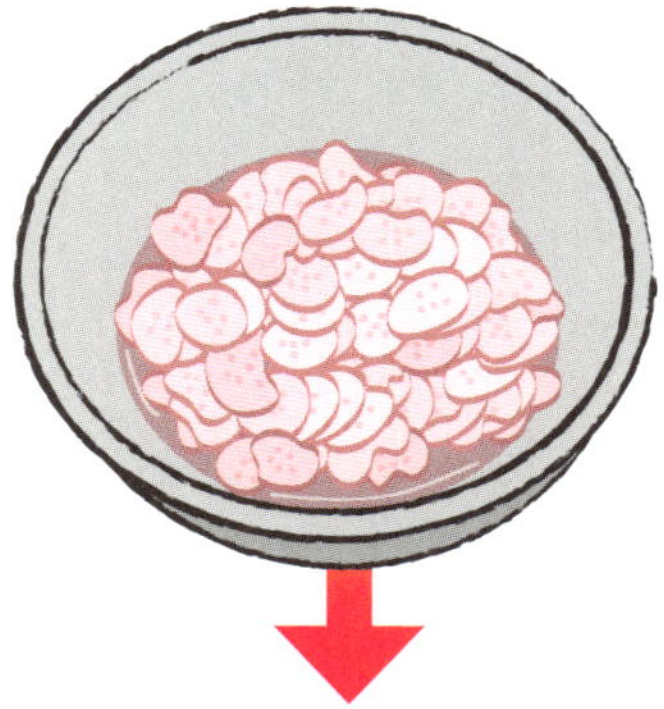

**塩が均一にまわらず、
脱水した所と
しない所とで
むらができる。**

きゅうりもみは、塩のふり方によって、でき上がりが違う

夏のお総菜「きゅうりもみ」は、塩のふり方によって、でき上がりが異なります。3つの方法での外観や味わいの違いを比較しました（図1）。

きゅうりもみを作る場合、塩で下処理をしますが、これは、きゅうりを脱水するためです。野菜の細胞膜は半透性なので、野菜を塩水に入れた場合、細胞液中の水分は膜を通過して外に出ます。つまり、脱水して細胞が収縮し、しんなりします。塩水の塩分濃度が濃いほど脱水しやすいのですが、その分、カリウム、マグネシウムなどの無機成分の溶出も多くなります。

脱水には、きゅうり臭さを除く効果もあります。Aの方法は、あえたあとすぐはきゅうりから水分が出ていないので水っぽいうえに、きゅうり臭さが残ります。また、きゅうりへの調味液のしみ込みが悪いため、特に味の面で低評価になりました。歯ざわりもガリガリとして悪く、テクスチャーの評価も低くなりました。

Bの方法は、きゅうりに均一に塩がまわらないせいで脱水がむらになります。そのため、水けを絞ると脱水が不充分な部分は割れてしまい、官能評価での外観（むら）の評価はやや低くなっています。テクスチャーにおいても、歯ざわりの項目はCよりやや悪くなっています。これは、水けを同じようにきつく絞っても、Bで脱水率が約30％と、Cの方法に比べて10％少なくなることも影響していると考えられます。

塩だけをふるBの方法でも、ふって20分以上おくとCと同じくらいまで脱水することができます。ただし、塩をふってからの時間が長いほど無機成分の溶出は多くなります。

Cの方法が官能評価では最もよい評価になりました。この方法では、塩といっしょに水をふることによって短時間で均一に塩がまわってしんなりとなるので、むらなく水けを絞ることができます。その結果、味も歯ざわりもよくなり、総合的に高い評価を得ました。

結論
塩と水をふったほうが**効率よく脱水でき、口当たりがよい。**

塩分濃度はきゅうりの無機成分の溶出や仕上がりの味わいを考えるときゅうりの1%程度が適当です。また、同じ塩分濃度でも、塩だけでは塩が溶けるのに時間がかかりますが、水を少し加えると塩が早く溶けて均一に塩がまわり脱水の時間も短縮できます。以上のことから、**C**の方法が最もよいといえます。

図1　3つの方法で作ったきゅうりもみの官能評価

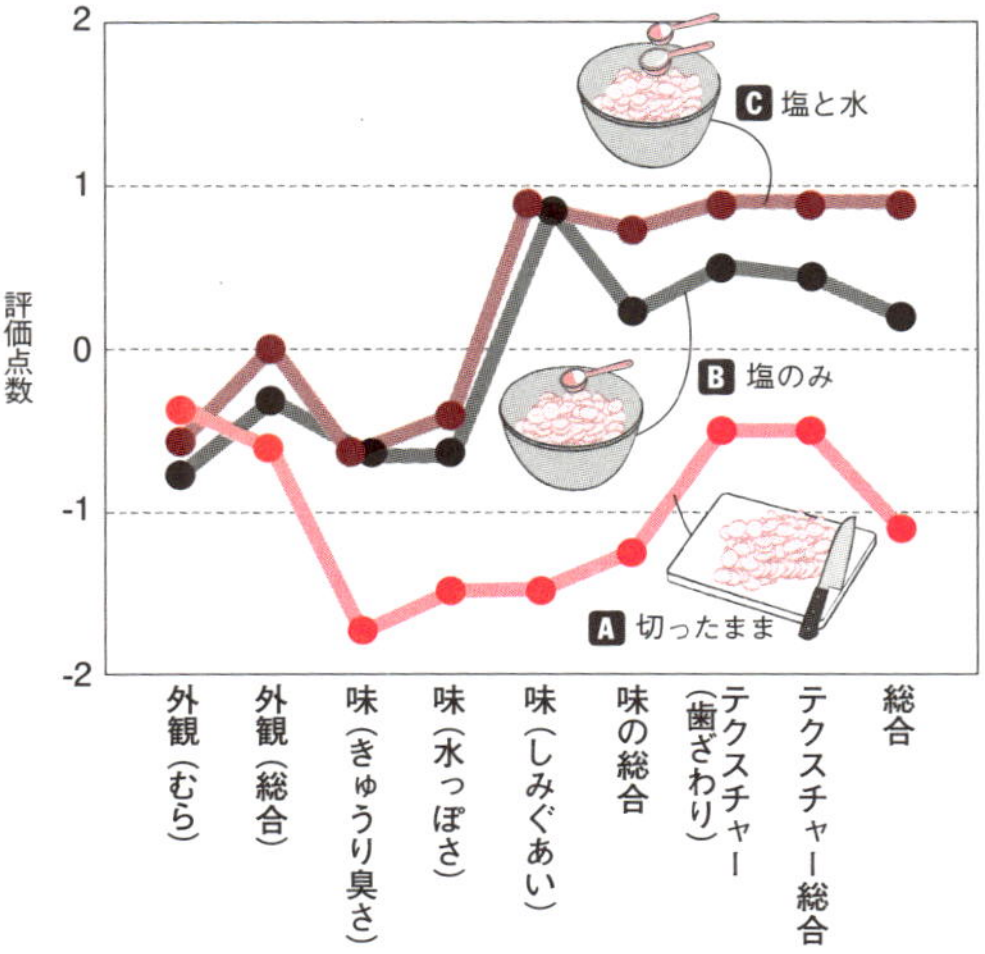

【官能評価の図の見方】

評価項目の各点数配分は、外観の総合、味のしみぐあい、味の総合、歯ざわり、テクスチャー総合、総合の6項目は、非常によい3点、よい2点、ややよい1点、普通0点、やや悪い－1点、悪い－2点、非常に悪い－3点とした。外観のむらの有無ときゅうり臭さは、ない0点、ややある－1点、ある－2点、非常にある－3点、水っぽさについては、水っぽくない0点、やや水っぽい－1点、水っぽい－2点、非常に水っぽい－3点とした。点数が高いほうが評価が高い。

ほうれん草のお浸しを
おいしく仕上げるコツは？

だし割りじょうゆで下味をつけるとアクっぽさを感じない。

ほうれん草をゆでて水にさらすのは、アクを抜くためです。このような下処理をしてもアクが残ります。そこで、ゆでたほうれん草をだし割りじょうゆであえて下味をつけ、絞ってから、調味することで、アクっぽさも水っぽさも少なくなり、おいしく仕上がります。

検証　ほうれん草のあえ方によるでき上がりの違い

A だし割りじょうゆで下味をつける

大さじ 1 1/3（20㎖）
だし割りじょうゆ（大さじ 4）60㎖ の 1/3 量で下味をつける
60㎖
絞る
40㎖
残りのだし割りじょうゆであえる

ゆでたほうれん草に、だし割りじょうゆの 1/3 量で下味をつけて絞り、残りのだし割りじょうゆであえる。

外観、香りがよく、やわらいだ塩味になる。

B しょうゆであえる

しょうゆ大さじ1で、じかにあえる。
Aと比べると、
外観がしっとりしていないだけではなく、
食べるとアクっぽさや
水っぽさがやや感じられる。

アクのあるほうれん草をおいしく仕上げるコツは？

寒さが増すとほうれん草は、甘味が出ておいしくなります。おなじみのほうれん草のお浸しもしょうゆであえるだけより、ひと手間かけてだし割りじょうゆで下味をつけてからあえると、ずっとおいしい仕上がりになります。そのおいしさの違いを官能評価で比較してみました（図1）。

だし割りじょうゆで下味をつけたほうれん草のお浸し（A）は、しょうゆであえたお浸し（B）に比べて香りがよく、水っぽさが少ないという結果が出ました。これは、塩けのある液体（だし割りじょうゆ）で下味をつけて絞ると浸透圧の作用によってアクを含んだ汁けが出やすくなり、香りを感じやすく水っぽさも少なくなるものと推測されます。

塩味については、Bのお浸しはしょうゆそのものがほうれん草の表面に付着するため塩辛さを強く感じます。これに対して、Aのお浸しはしょうゆをだしで割ることにより塩味がやわらぎます。そして、液体量が増すことによって塩味がまんべんなく広がりやすくなります。また、下味をつけたあと絞るので、しょうゆの塩分も同時に流れ出てうす味になります。歯ざわりなどのテクスチャーについては、大きな違いは認められませんでした。

だし割りじょうゆ（大さじ4）60mℓの1/3量で下味をつける
60mℓ
大さじ1 1/3（20mℓ）
出た汁けは捨てる
40mℓ
残りのだし割りじょうゆであえる

結論

だし割りじょうゆで**下味をつけたほうが好まれる**

官能評価では、Aのお浸しはBのお浸しに比べるとテクスチャー以外のすべての項目で評価が高くなりました。このことから、しょうゆであえるより、だし割りじょうゆで下味をつけ、汁けを絞ってからあえるほうが好まれることがわかりました。

ほうれん草のお浸し（A の場合）

材料／４人分

ほうれん草……………………300g
ゆで湯………………………2.4ℓ
塩（湯の 0.5%）……… 小さじ２（12g）
だし割りじょうゆ
　しょうゆ（ほうれん草の１％塩分）
　　……………………… 大さじ１
　だし（しょうゆの３倍容量）
　　……………………… 大さじ３
糸がきカツオ ………………… 少量
１人分 17kcal　塩分 0.4g

作り方

❶ゆで湯を沸かして塩を入れ、ほうれん草を約２分ゆでる。
❷水にとり、２～３回水をかえてアクを洗い流す。水けを軽く絞って５cmに切る。
❸だし割りじょうゆを作り、⅓量をほうれん草に加え混ぜて下味をつける。②のほうれん草の重量の 80 ～ 90%にまで汁けを絞る。
❹残りのだし割りじょうゆであえて小鉢に盛り、糸がきカツオを天盛りにする。

図１　だし割りじょうゆあえとしょうゆあえの官能評価

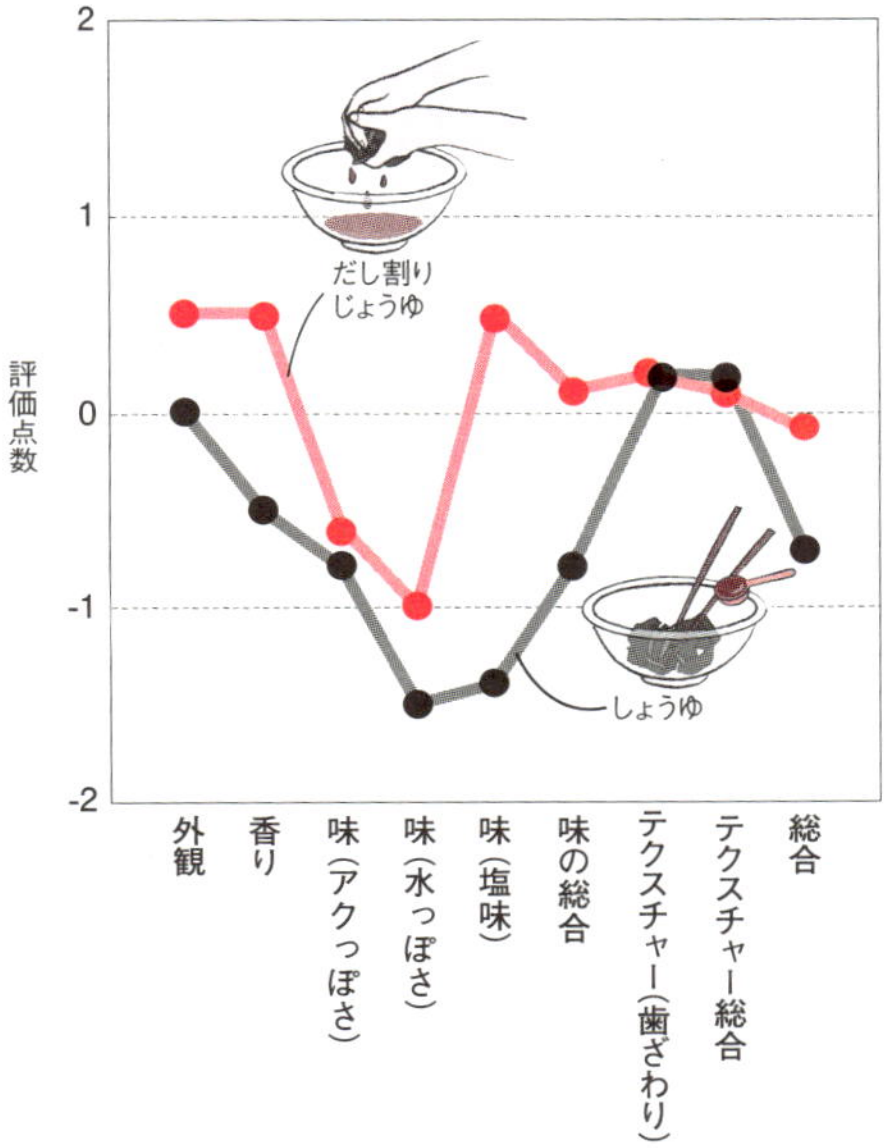

【官能評価の図の見方】

各評価項目の点数配分は、外観、香り、味の総合、テクスチャー（歯ざわり）、テクスチャー総合、総合の６項目は、非常によい３点、よい２点、ややよい１点、普通０点、やや悪いー１点、悪いー２点、非常に悪いー３点とした。味（塩味）については非常にうすいを３点とし、順に、うすい、ややうすい、ちょうどよい、やや塩からい、塩からい、非常に塩からいのー３点までを上記と同様に点数を配した。味（アクっぽさ）と味（水っぽさ）については、アクっぽくない・水っぽくないを各０点とし、ややアクっぽい・やや水っぽい各ー１点、アクっぽい・水っぽい各ー２点、非常にアクっぽい・非常に水っぽい各ー３点とした。

黒豆のもどし方によって、でき上がりは違うのか。

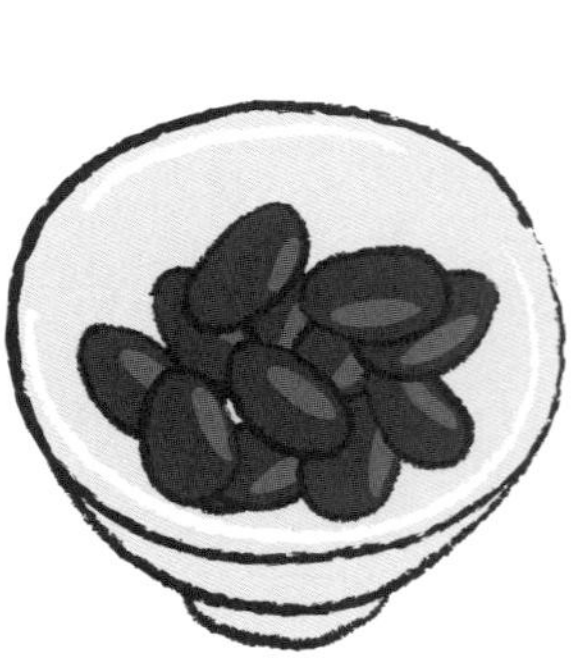

どの方法でも煮上がりの見た目や味わいは**それほど変わらない。**

「水に浸す」「塩水に浸す」「調味液に浸す」のそれぞれの方法に一長一短がありますが、どの方法でも煮上がりの見た目や味わいはそれほど変わりません。

A

水に浸した場合

B

約0.3%の塩水に浸した場合

C

調味液に浸した場合

検証

黒豆はどの方法でもどすとよいのか

黒豆を3つの方法――「**A** 水に浸す」「**B** 塩水に浸す」「**C** 調味液に浸す」でもどしてからそれぞれ煮て、仕上がりを比べた。
その結果、どの方法でも煮上がりの見た目や味わいはそれほど変わらなかったが、それぞれの利点と欠点があった。

黒豆の分量

材料／6人分

黒豆	乾物150g
水	3カップ
砂糖	120g
塩	小さじ⅓
しょうゆ	大さじ½

1人分 181 kcal　塩分 0.5 g

A 水に浸した場合

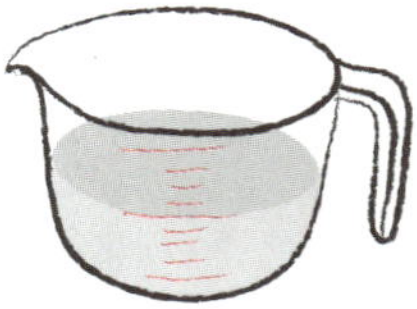

水3カップ

黒豆（乾）1カップ（150g）

利点

90分煮ると豆がやわらかくなる。3つの方法の中で、2番目に早く豆がやわらかくなる。

欠点

豆が充分にやわらかくなる前に砂糖を加えると組織がしまってやわらかくなるのに時間がかかるうえに皮にしわが寄りやすくなる。

B

約0.3%の塩水に浸した場合

利点

60分煮ると豆がやわらかくなる。3つの方法の中で、豆がいちばん早くやわらかくなる。

欠点

豆が充分にやわらかくなる前に砂糖を加えると豆の水分が砂糖水に出てかたくしまってやわらかくなるのに時間がかかるうえに皮にしわが寄りやすくなる。

C

調味液に浸した場合

利点

皮にしわが寄りにくく、途中で調味料を加える手間がかからず失敗が少ない。

欠点

やわらかく煮上がるまでの加熱時間がいちばん長くかかる。

A

水に浸した場合

作り方

乾燥豆を水に1晩浸水したのち点火し、吹きこぼれない程度の弱火で約90分煮ると指でつぶすとねっとりとつぶれるくらいのやわらかさになります。この段階で½量の砂糖を加えます。20～30分煮て火を消し、1晩おきます。残りの砂糖、しょうゆ、塩を加えて20～30分煮てでき上がり。途中で煮汁が少なくなったら豆がかぶるくらいの水を足して煮ます。

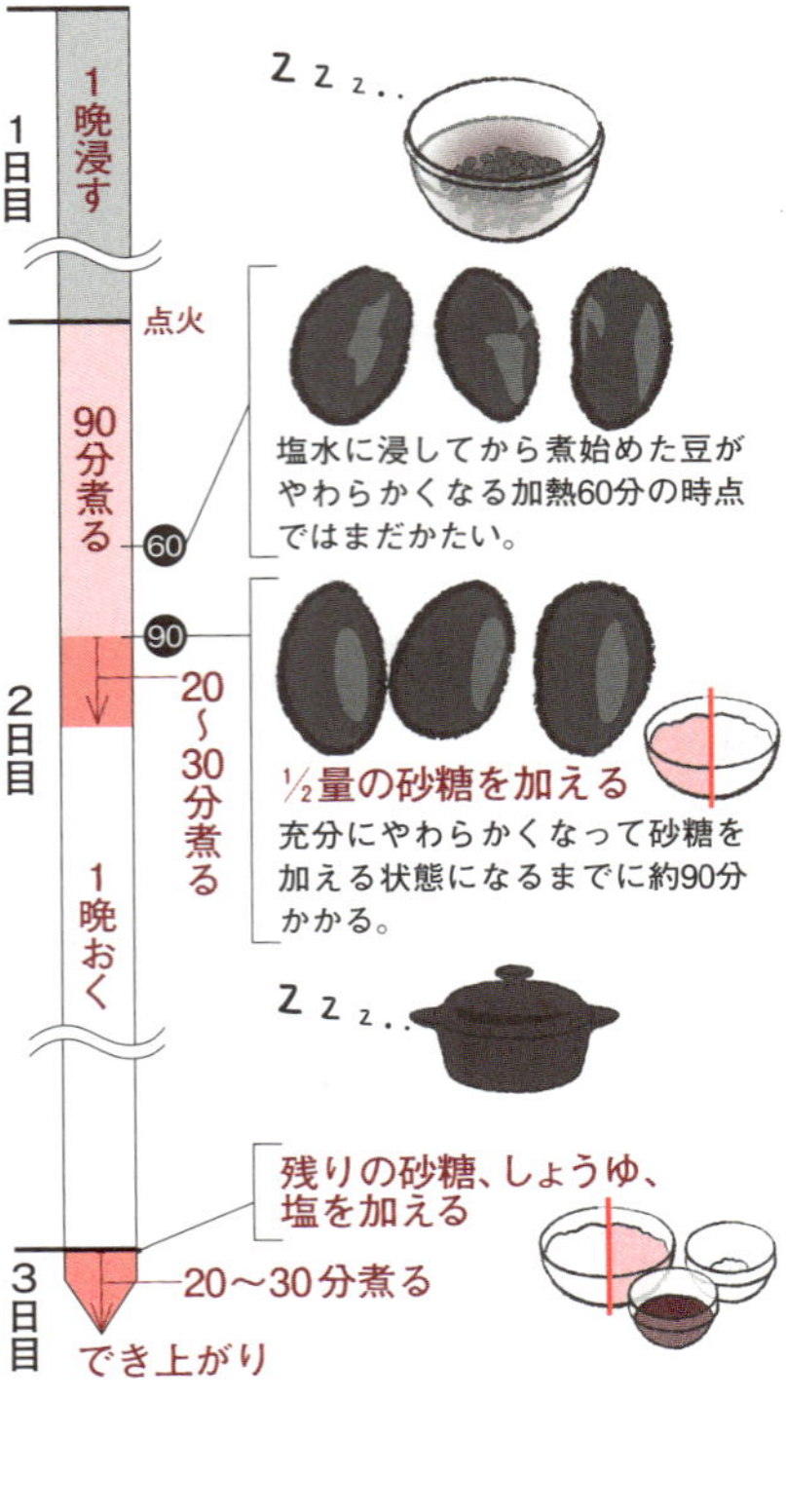

B

約0.3%の塩水に浸した場合

作り方

水と塩を合わせた中に乾燥豆を浸して1晩おきます。そのまま火にかけて弱火で60分加熱すると、指でつぶすとねっとりとつぶれるくらいのやわらかさになります。ここで½量の砂糖を加え、20～30分煮て火を消し、1晩おきます。残りの砂糖、しょうゆを加え、20～30分煮てでき上がり。途中で煮汁が少なくなったら豆がかぶるくらいの水を足して煮ます。

C

調味液に浸した場合

作り方

調味液を煮立てて火を消したところに乾燥豆を入れて1晩おきます。そのまま火にかけて弱火で5～6時間加熱します。この加熱し続ける方法以外では、2時間加熱してから火を消して1晩おく、これを2～3回くり返して合計で5～6時間煮てもよいでしょう。このほうが味をよく含みます。途中で煮汁が少なくなったら豆がかぶるくらいの水を足して煮ます。

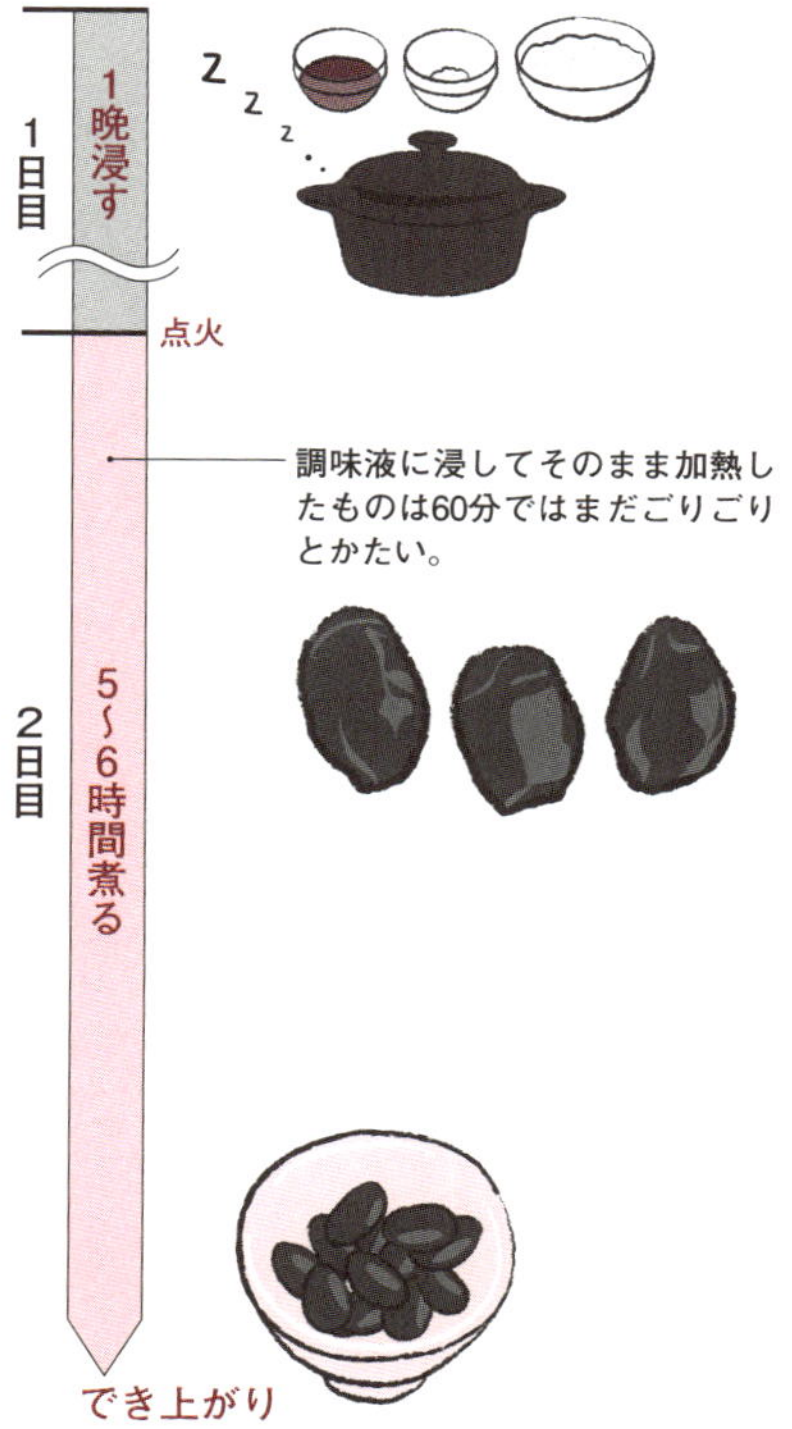

結論

塩を加えて加熱するとなかなかやわらかくならないような気がするかもしれませんが、塩水に浸すと、水に比べてやわらかくなるまでの加熱時間が少なくてすみます。これは大豆の主要たんぱく質であるグリシニンが塩溶性のため、食塩水に溶ける性質があるからです。

豆がやわらかくなるまでに要する加熱時間は塩水、水、調味液の順に少なくてすみます。

水の場合も塩水の場合も豆が充分にやわらかくなる前に砂糖を加えるとかたくしまってやわらかくなるのに時間がかかるうえに皮にしわが寄りやすくなります。その点、初めから調味液に浸し、そのまま加熱する方法は砂糖を加えるタイミングを計る必要がないので失敗がありません。

調味液に浸してそのまま加熱する方法は、つねに一定の浸透圧で煮るので皮にしわが寄りにくいという利点があります。さらに、途中で調味料を加える手間がいりません。しかし、調味料がすでに入っていることによって加熱による軟化に時間がかかるのでやわらかく煮上がるまでの加熱時間が長くなります。

黒豆の煮上がりの見た目や味わいはどの方法でもそれほど変わりありません。結論としては、それぞれの方法に一長一短がありますから、自分にとってやりやすい方法を選ぶとよいでしょう。

豆腐の水きりは、どんな方法がよいのか。

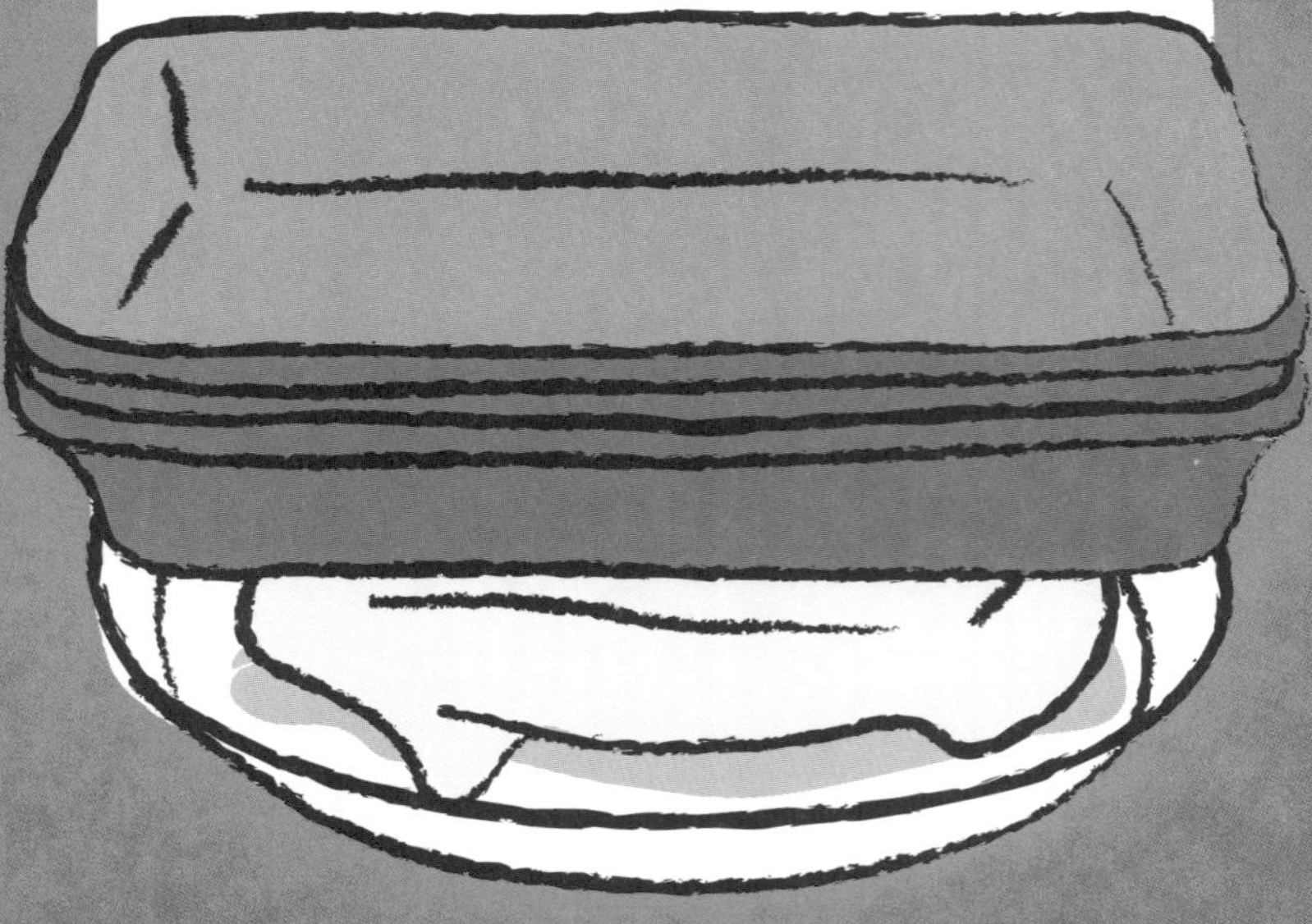

料理に合った方法を選ぶ。

比較的かたい豆腐を用いる料理（田楽やチャンプルーなど）の場合は、しっかりと水きりをするうえに豆腐の形をくずさない方法（151ページ）。

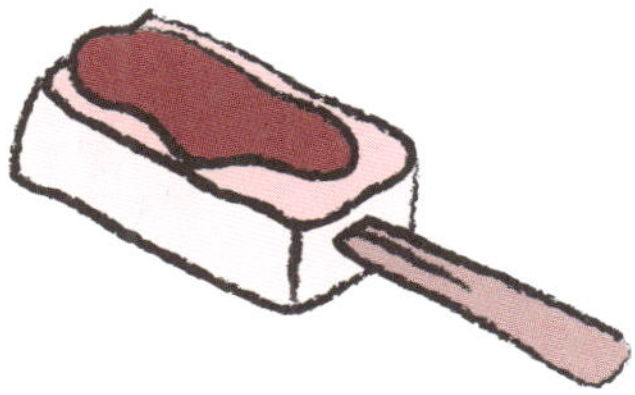

豆腐をつぶして調味料や具を混ぜる料理（白あえ、がんもどき、ハンバーグなど）の場合、しっかりと水きりするが、形はくずれていい方法（152ページ）。

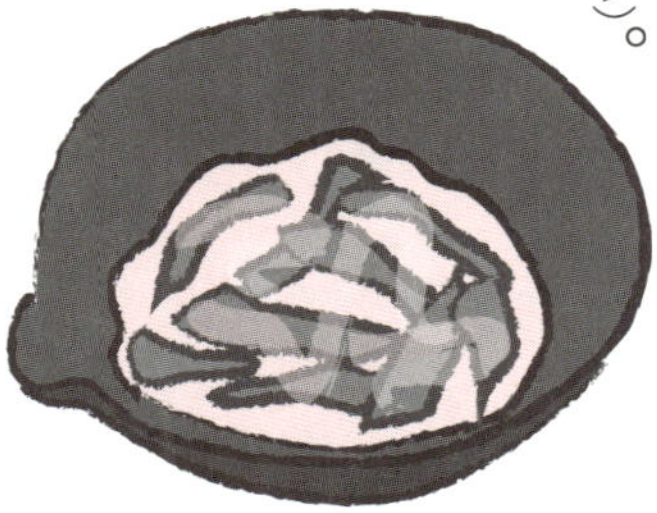

豆腐を切って用いる料理（麻婆豆腐や揚げ出し豆腐など）の場合、軽く水きりできればよいので、手軽な方法（153ページ）。

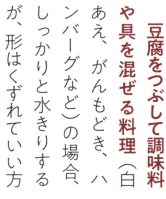

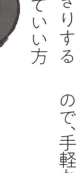

豆腐の水きり

豆腐は、水きりをして料理することがよくあります。その料理によって水きりの目的があります。豆腐をいろいろな方法（ゆでる、電子レンジで加熱する、ペーパータオルで包む、重石をのせるなど）で水きりし、脱水時間と脱水率の関係から、用途に合った水きり方法を検討しました。

電子レンジの場合は、3分以上加熱するとすが立ち始めて外観や舌ざわりが悪くなるので過加熱には注意が必要です。

おまけの実験

白あえについては、官能評価を行ない、ⓐ30秒ゆでてふきんに包んで絞る ⓑ電子レンジで10分加熱する ⓒふきんに包み、電子レンジ（500 W）で2分加熱して絞る、の3とおりのうち、ⓐの評価が有意に高かったです。

表1　豆腐の水切り方法

	切り方	加熱時間	ペーパー	重石	脱水率順
ゆでる	そのまま（1/2丁）	3分	あり	あり	❸
				なし	❻
		5分	あり	あり	❶
	1/8×4	30秒	あり	なし	❺
電子レンジ	そのまま（1/2丁）	2分	あり	あり	❷
	1/8×4	1分	あり	なし	❹
加熱なし	そのまま（1/2丁）	0分	あり	あり	❽
				なし	❾
			なし	なし	❿
	1/8×4		あり	なし	❼

図1　水きり方法と脱水率

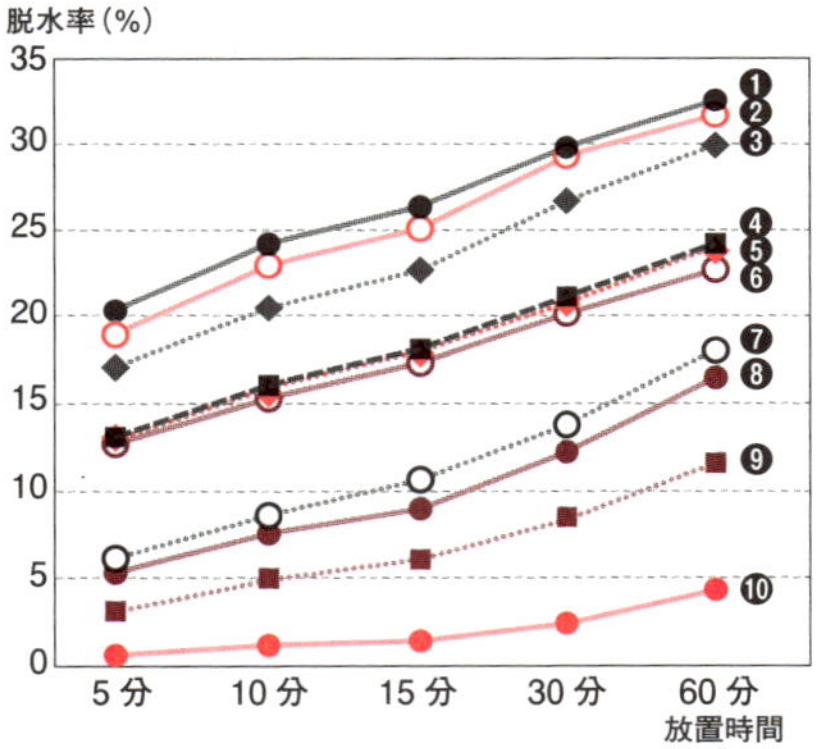

【実験条件】

加熱（ゆでる／電子レンジ加熱）の有無、形状（1/2丁まるごと／1/8丁×4つ）、加熱時間、ペーパータオル使用・重石の有無などの条件を組み合わせた25とおりの水きりを行ない、用途に合った水きり方法を検討した。グラフは特徴的なもの10例を抜粋。また、152ページの「豆腐をつぶして、調味料、具を混ぜる料理」の検討においては、白あえについて行なった官能評価の結果も考慮した。

ゆで湯の量は豆腐の重量に対して4倍。電子レンジは500W。豆腐は1丁350gのもめん豆腐を半分に切ったものを使用。ペーパータオルは厚手のものを2枚重ねて使用。重石の重さは豆腐の重量に対して1 ~ 5倍。

チャンプルー、田楽など

比較的かたく水きりし、形のまま用いる料理

水きりする目的

豆腐を好みのかたさにする（かたくしめる）。

水きりのポイント

しっかりと水をきる。豆腐がくずれたり、すが立ったりしないようにする。

脱水率の目安

30~40%

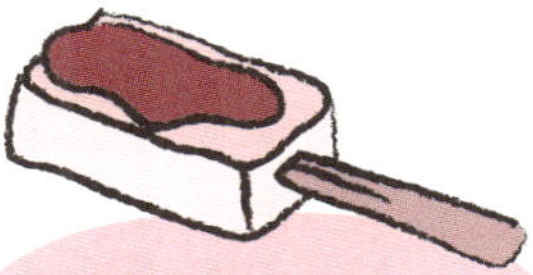

豆腐の形をくずさずに、しっかりと水きりができる方法が適しています。

適する水きり方法（実験結果から）もめん豆腐½丁（175g）の場合

ゆでる場合

例）グラフ（150ページ）の❶、❸

↓ ゆでて加熱（3～5分）する

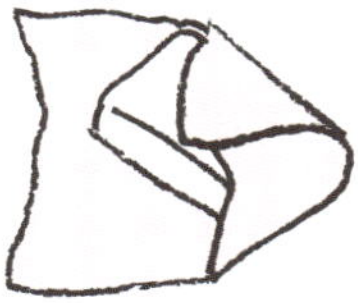

↓ ペーパータオルに包む

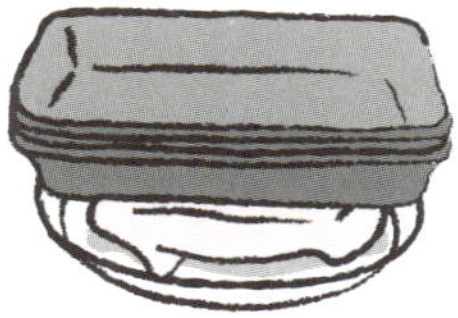

豆腐がくずれない範囲で最大限の重石（豆腐重量の３倍）をして放置（好みのかたさまで）

電子レンジの場合

例）グラフ（150ページ）の❷

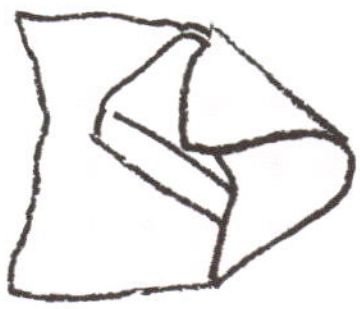

↓ ペーパータオルに包む

↓ 電子レンジ（500 W）で短時間加熱（２分）

豆腐がくずれない範囲で最大限の重石（豆腐重量の３倍）をして放置（好みのかたさまで）

白あえ、がんもどき、ハンバーグなど

豆腐をつぶして、調味料、具を混ぜる料理

水きりする目的

調味料、具を合わせやすいかたさにする。

水きりのポイント

しっかりと水きりするが、豆腐はくずれてもよい。

脱水率の目安

30%

豆腐の形はくずれていいので
しっかりと水きりできる方法が
適しています。
豆腐は加熱すると脱水速度が速くなり、
さらにあえ衣に使う場合は
衛生面からも安心です。

適する水きり方法 （実験結果から）

もめん豆腐½丁（175g）の場合

ゆでる場合

例）グラフ（150ページ）の❺
＋絞る

↓ あらくくずしてゆでて
短時間加熱（30 秒）

ふきんに包んで手で絞る

電子レンジの場合

例）グラフ（150ページ）の❹
＋絞る

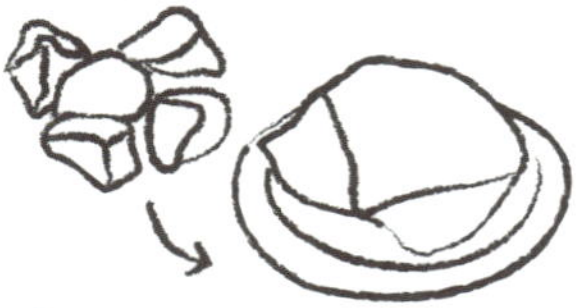

↓ あらくくずしてふきんに包む

↓ 電子レンジ（500 W）で
短時間加熱（1 分）

手で絞る

麻婆豆腐、揚げ出し豆腐、ステーキ、サラダなど

豆腐を切って、形のまま用いる料理

水きりする目的

仕上がり後の水っぽさを防ぐ。
調理中のくずれを防ぐ。

水きりのポイント

やや軽めの水きりでよく、
より手軽な方法をとる。

脱水率の目安
10~15%

水きりは軽くていいので
手軽な方法が
適しています。

適する水きり方法 （実験結果から）
もめん豆腐½丁（175g）の場合

ゆでる場合

例）グラフ（150ページ）の❺

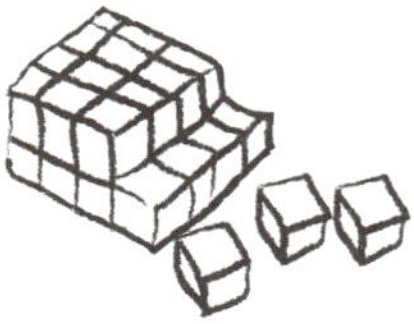

↓ 料理に応じて切る

↓ ゆでて短時間加熱（30秒）

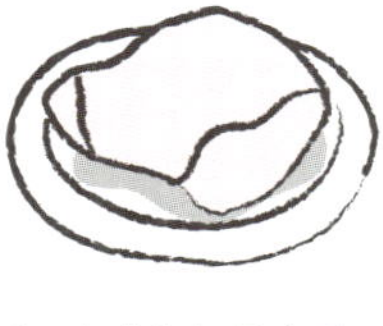

ペーパータオルに包んで
放置（5～10分）

電子レンジの場合

例）グラフ（150ページ）の❹

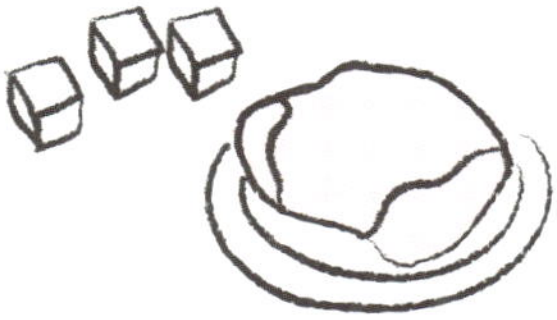

↓ 料理に応じて切って
ペーパータオルに包む

↓ 電子レンジ（500 W）で
短時間加熱（1分）

放置（5～10分）

油揚げや生揚げの「油抜き」は、エネルギー、塩分、おいしさにどう影響するのか。

味のよさやエネルギーの減少を考えるなら、**ゆでて油抜き**をする方法がおすすめ。

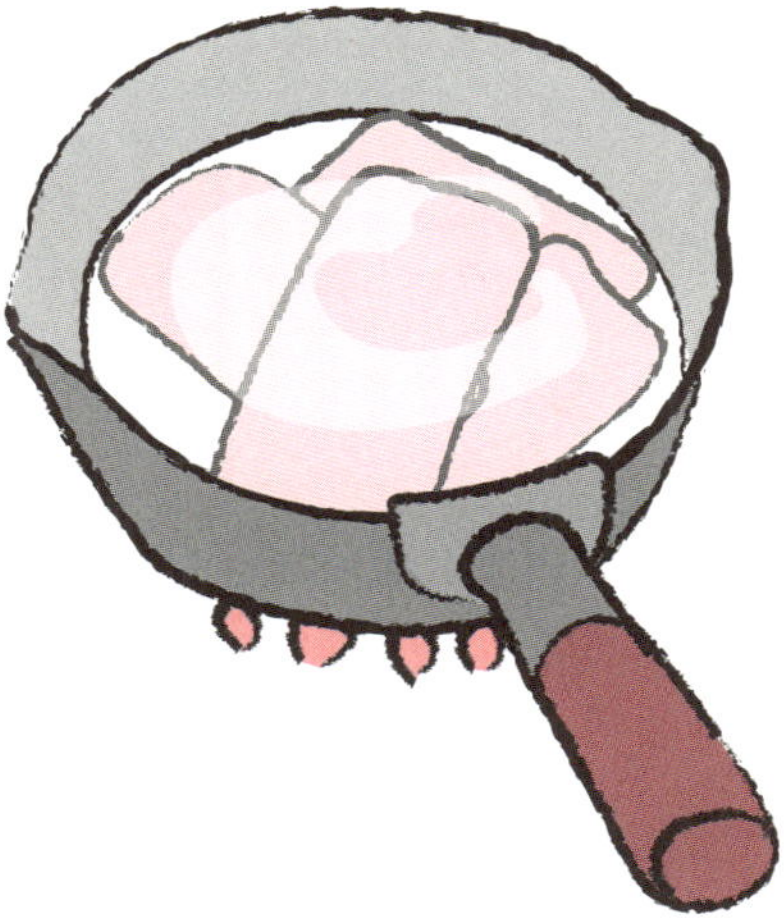

油抜きの方法としては「熱湯をかける」より「ゆでる」ほうが油の溶出量が多いです。また、おいしさの総合的な評価でも「ゆでる」方法に評価が高く、「熱湯をかける」と「油抜きをしない」とでは評価にあまり差がないため、油抜きをするなら味のよさからもエネルギーの減少の面からも「ゆでる」方法がよいようです。

検証 1 油抜きをするとエネルギーはどう変わるか。

油揚げでは

<実験に使った油揚げ>
1 枚の大きさ 7.5 × 15㎝
1 枚の重量約 20g のもの 4 枚で測定

A 油抜きをしない

脂質　33.1%
100g あたりのエネルギー
388kcal

1 枚のエネルギー
78kcal

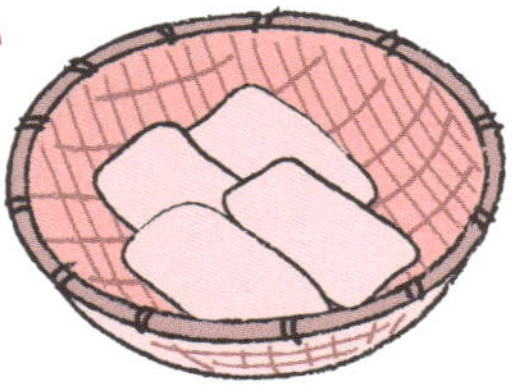

B 熱湯をかける

脂質　28.2%
100g あたりのエネルギー
344kcal

1 枚のエネルギー
69kcal

【油抜きの方法】油揚げをステンレス製の盆ざるに広げて並べ、重量の 6 倍の熱湯をまず 1/2 量まわしかける。裏返して同様に残りの熱湯をまわしかける。このままおいて水けをきる。

C ゆでる

脂質　22.3%
100g あたりのエネルギー
290kcal

1 枚のエネルギー
58kcal

【油抜きの方法】なべに油揚げの重量の 6 倍の熱湯を沸かし、油揚げを入れて 2 分ゆでる。ステンレス製の盆ざるに広げて水けをきる。

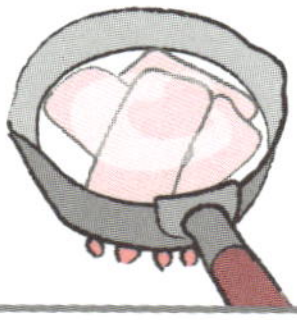

図 1
油抜きの有無によるエネルギーの変化
（油揚げ 1 枚 20g）

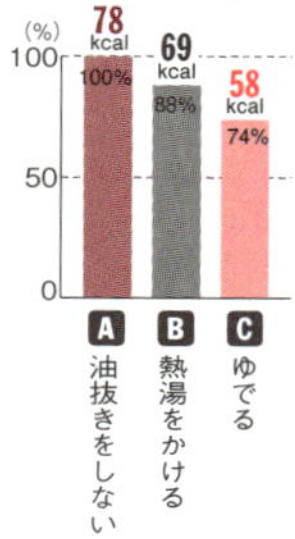

図 2
油抜きの有無による脂質の変化
（油揚げ 1 枚 20g）

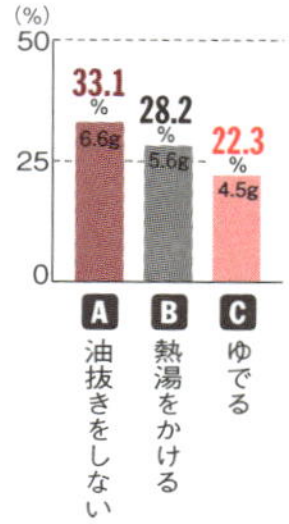

結論

油揚げでは、「熱湯をかける」と約12%、「ゆでる」と約26%のエネルギーが減少する。

「熱湯をかける」では油抜きをしないものに比べて脂質が約５%少ない。「ゆでる」では油抜きをしないものに比べて約11%少ない（図2）。エネルギーにすると前者が１枚あたり９㎉、後者が１枚あたり20㎉も減少することになる（図1）。このことから当然ながら、油抜きには油揚げが吸油した油を除くのでエネルギーを減少させる効果があることがわかる。

残ったかけ湯とゆで湯を見ると油が浮いているのがわかる。ゆで湯のほうが白く濁り、浮いた油の層が厚いことも顕著である。

生揚げでは

＜実験に使った生揚げ＞
1枚の大きさ 7.5 × 15 × 2.5㎝
1枚の重量約 190g のもの 2 枚で測定

図 3
油抜きの有無による
エネルギーの変化
（生揚げ1枚 190g）

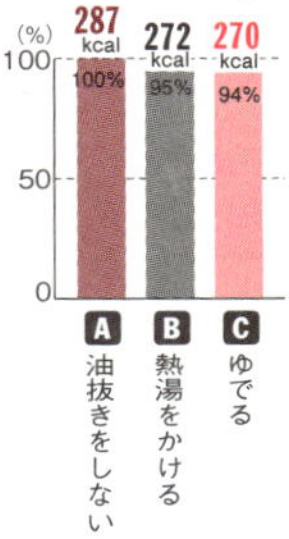

図 4
油抜きの有無による
脂質の変化
（生揚げ1枚 190g）

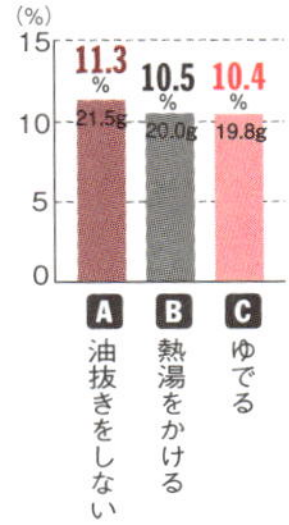

A 油抜きをしない

脂質　11.3%
100g あたりのエネルギー
151kcal

1 枚のエネルギー
287kcal

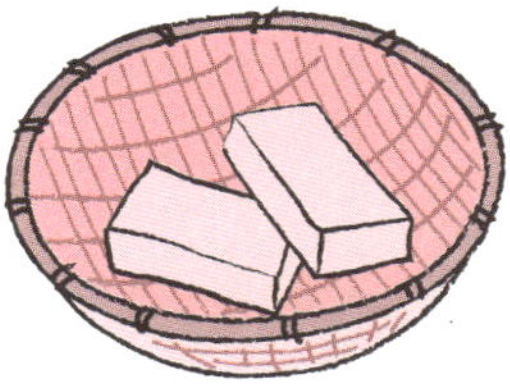

B 熱湯をかける

脂質　10.5%
100g あたりのエネルギー
143kcal

1 枚のエネルギー
272kcal

【油抜きの方法】生揚げをステンレス製の盆ざるに並べ、重量の 3 倍の熱湯をまず 1/2 量まわしかける。裏返して同様に残りの熱湯をまわしかける。このままおいて水けをきる。

C ゆでる

脂質　10.4%
100g あたりのエネルギー
142kcal

1 枚のエネルギー
270kcal

【油抜きの方法】なべに生揚げの重量の 3 倍の熱湯を沸かし、生揚げを入れて 2 分ゆでる。ステンレス製の盆ざるにあげて水けをきる。

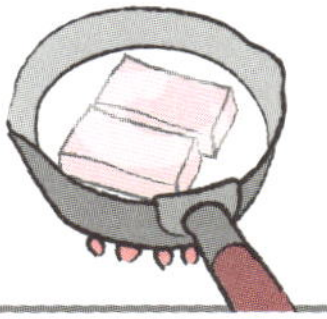

結論

厚揚げでは、油抜き（熱湯をかける、ゆでる）で**5～6%**のエネルギーが**減少するが、両者の差はあまりない。**

「熱湯をかける」でも「ゆでる」でもほとんど差はない。油抜きをしないものに比べて脂質が約1%減る程度の変化である（図4）。エネルギーで見ると5～6%の減少で1枚あたり前者が15㎉、後者が17㎉減少した（図3）。

油揚げでは2方法の差が明瞭に出たが、生揚げではあまりなかった。油揚げは豆腐の厚みが薄くて内部にかなりの油が吸収される。しかし、生揚げでは油を吸収するのは表面だけで内部には吸収されないので油抜きによって減少する量に違いが見られたものと考えられる。

検証 2 油抜きをすると塩分やおいしさにどう影響するか。

油揚げでは

油揚げの煮方160ページ参照。
煮る前の1人分の塩分　0.36g

A 油抜きをしない

油揚げの吸塩率　100%
残った煮汁なし

1人分の塩分
0.36g

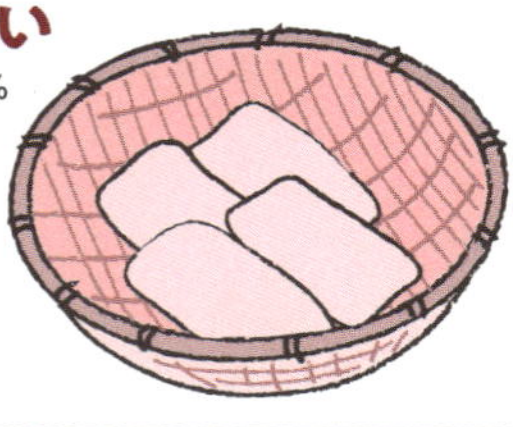

B 熱湯をかける

油揚げの吸塩率　98.6%
残った煮汁なし

1枚の塩分
0.35g

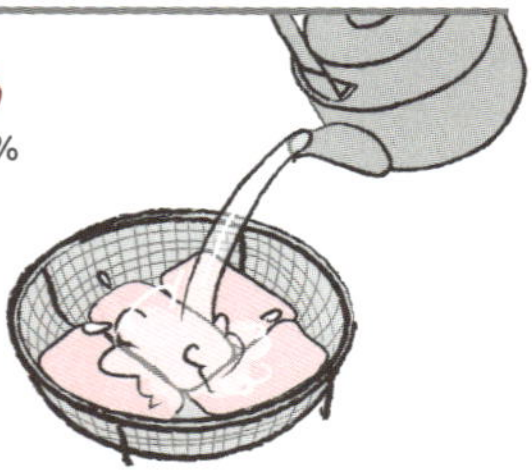

C ゆでる

油揚げの吸塩率　95.0%
残った煮汁なし

1人分の塩分
0.34g

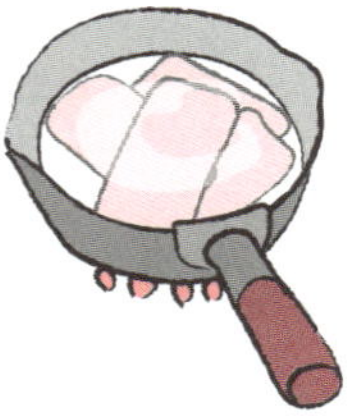

図5
油揚げの煮物の吸塩率
（油揚げ1枚 20g）

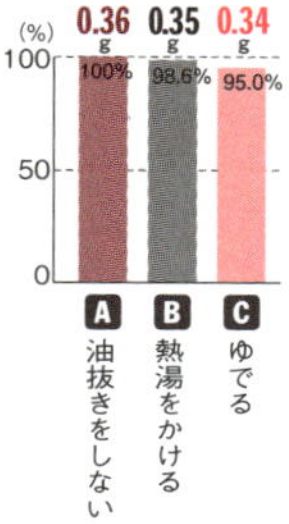

図6
油揚げの煮物の官能評価
（10人の平均値）

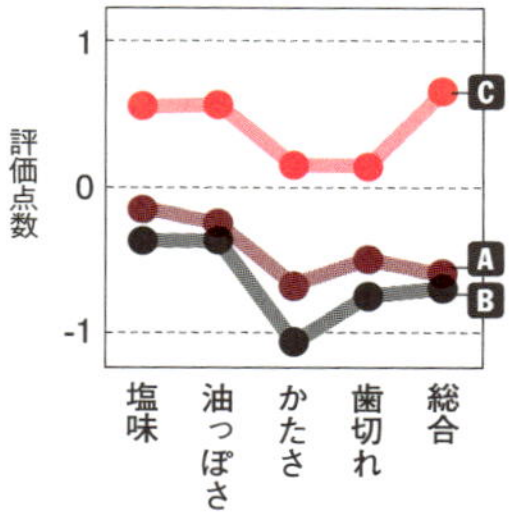

結論

煮含める場合は吸塩率に差はほとんどない。**おいしさの評価は**「熱湯をかける」より**「ゆでる」ほうが高い。**

吸塩率では「油抜きをする」「しない」という油抜き方法の違いでの差はほとんどなかった（図5）。これは煮汁を煮含めてしまうからである。

しかし、おいしさの総合的評価を見た官能評価では油抜きの有無、油抜きの方法の違いによる差がはっきりと表われた（図6）。三者を比べるとおいしさ、油っぽさ、かたさ、歯切れ、これらのどの評価項目でも評価が高いのは「ゆでる」である。

なお、「熱湯をかける」はどの項目についても、「油抜きをしない」に比べ評価がやや悪かった。

生揚げでは

生揚げの煮方 160ページ参照。
煮る前の1人分の塩分　1.56g

図7

生揚げの煮物の吸塩率

（生揚げ1枚 190g）

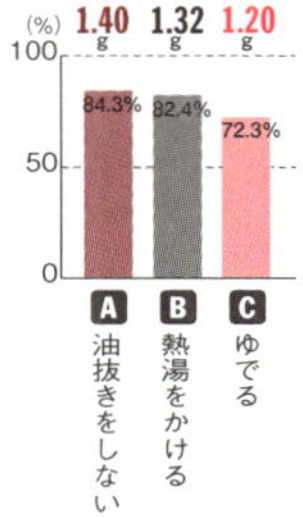

図8

生揚げの煮物の官能評価

（10人の平均値）

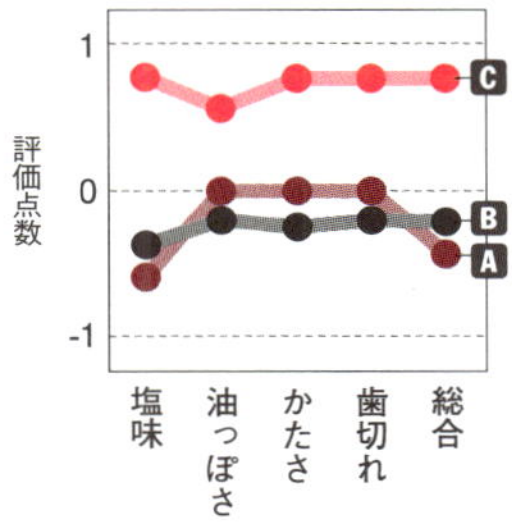

A 油抜きをしない

生揚げの吸塩率　84.3%
残った煮汁の塩分　15.3%

1人分の塩分

1.40g

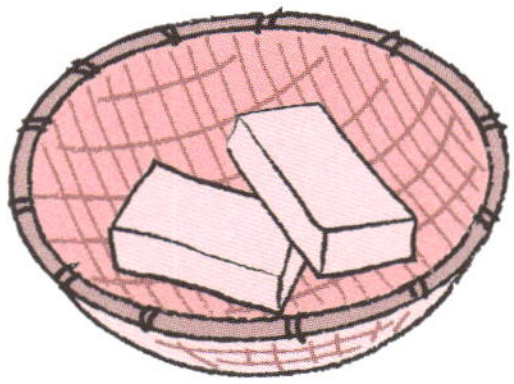

B 熱湯をかける

生揚げの吸塩率　82.4%
残った煮汁の塩分　16.2%

1枚の塩分

1.32g

C ゆでる

生揚げの吸塩率　72.3%
残った煮汁の塩分　22.9%

1人分の塩分

1.20g

結論

「ゆでる」は、吸塩率が約70%と低く、おいしさの評価がいちばん高い。

吸塩率を見ると、「油抜きをしない」も「熱湯をかける」もあまり差がなかった。「ゆでる」は約72%と三者の中でいちばん低かった（図7）。油抜きをするほうが味を含みやすいと考えられるが吸塩率は逆に低かった。これはゆでることにより、水分を吸収して塩分が浸透しにくくなるものと思われる。

官能評価の結果では油揚げと同様に「ゆでる」の評価がすべての項目で高かった（図8）。「熱湯をかける」だけでは中途はんぱに表面に油が浮いた状態になるため油っぽさ、かたさ、歯切れが「油抜きをしない」より評価がやや悪かったと推測される。

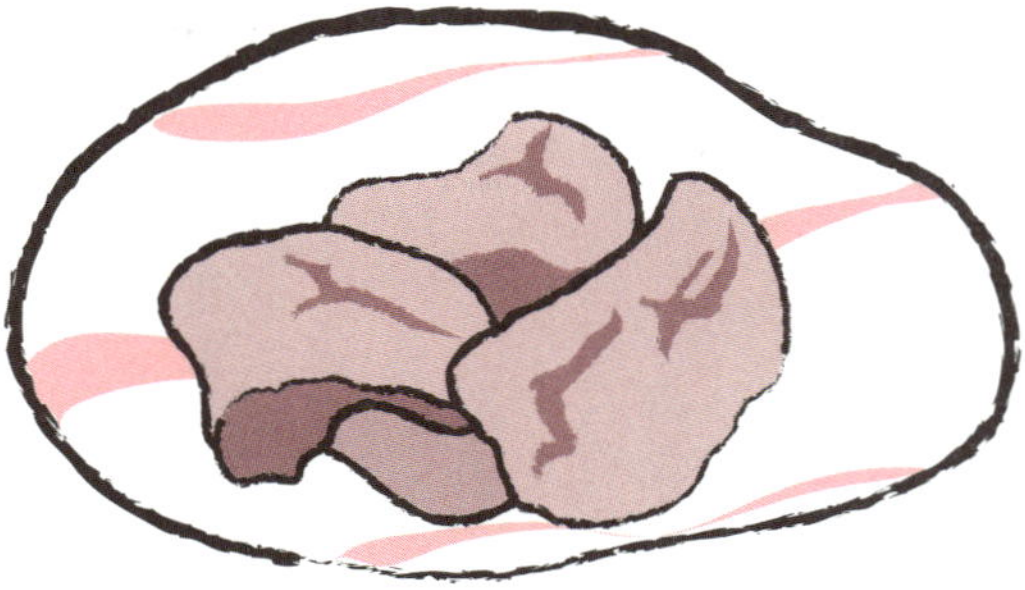

油揚げの煮物

材料／４人分

油揚げ ……………………４枚(80g)
だし ……………1 $\frac{1}{5}$カップ(240mℓ)
砂糖（油揚げの6%）‥大さじ$\frac{1}{2}$強(5g)
塩 ……（油揚げの1.2%塩分）ミニスプーン$\frac{1}{2}$弱(0.5g)
しょうゆ（油揚げの1.2%塩分）…… 小さじ$\frac{1}{2}$(3g)

１人分 89kcal　塩分 0.3g

煮方

油揚げは縦横半分の$\frac{1}{4}$に切る。直径18cmの片手なべにだしと調味料を入れて火にかけ、沸騰したら油揚げを加え、落としぶたをして弱火で15分かけて煮汁がなくなるまで煮る。

生揚げの煮物

材料／４人分

生揚げ ………………… ２枚(380g)
だし ………………2カップ(400mℓ)
砂糖（生揚げの6%）‥大さじ1$\frac{1}{2}$強(23g)
塩 ……（生揚げの1.5%塩分）小さじ$\frac{1}{2}$弱(2.5g)
しょうゆ（生揚げの1.5%塩分）… 大さじ１(18g)

１人分 170kcal　塩分 1.4g

煮方

生揚げは縦横半分の$\frac{1}{4}$に切る。直径24cmの片手なべにだしと調味料を入れて火にかけ、沸騰したら油揚げを加え、紙ぶたをして弱火で20分かけて煮る。煮汁は初めの$\frac{1}{3}$量を残す。

結論

油抜きをするなら味のよさからもエネルギーの減少の面からも「ゆでる」のがいいといえよう。

油揚げと生揚げでは、「油抜き」という調理の下処理によって表面や内部に浸透した油が溶出してエネルギーが減少することがわかった。その油が溶出する量は油揚げのように薄いものでは多く、生揚げのように厚みのあるものでは少なかった。

油抜きの方法としては「熱湯をかける」より「ゆでる」ほうが溶出量が多いことがわかった。

また、塩分の含みぐあいでは煮汁を煮含めてしまう煮方ではあまり差はないが、煮汁を残す煮方では油抜きをするほうが吸塩率は低かった。それも「ゆでる」方法が最も低く、おいしさの総合的な評価も高かった。「熱湯をかける」と「油抜きをしない」とでは評価にあまり差がないため、油抜きをするなら味のよさからもエネルギーの減少の面からも「ゆでる」のがいいといえよう。

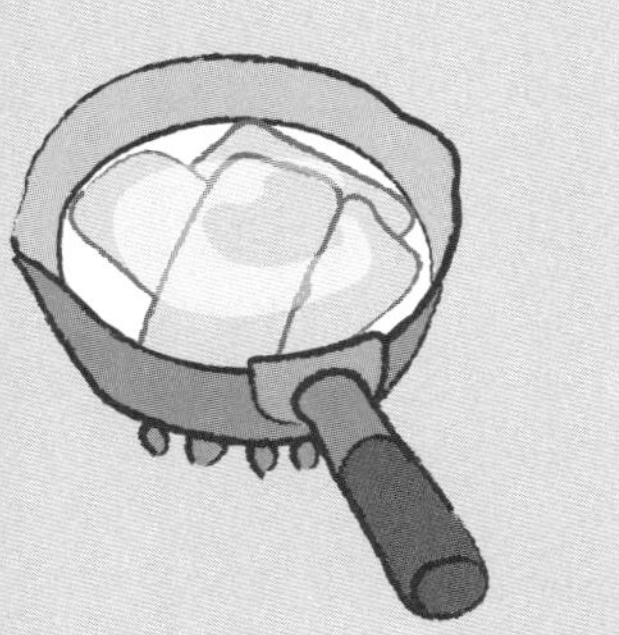

【1の実験条件】

脂質の測定方法▶ジエチルエーテルによるソックスレー抽出法で測定した。

【2の実験条件】

塩分の測定方法▶①固形物と煮汁とに分けて測定した。

②それぞれを電量滴定法による塩分分析計で測定した。

③煮汁は蒸留水で３倍に希釈し、塩分分析計で測定した。

吸塩率▶油揚げや生揚げ自身に含まれるナトリウム量を塩分換算したものと、だし、しょうゆ、塩の塩分量を合わせて 100 とし、これに対する割合で吸塩率とする。

塩分量▶生揚げの煮物では、実際に食べるときの１人分の塩分量は盛りつけるさいに煮汁を１人 10mℓかけたもの。

●数値は塩分量以外は小数以下第１位を四捨五入しました。

栗きんとんをおいしく作るコツは？

①さつま芋は**皮を厚く**（約5㎜）むく。

②さつま芋はゆでる前に**水に30分以上**さらす。

③芋の**ゆで湯少量を残し、**
砂糖1/3量を加えて芋を煮る。
これを裏ごしにかける。

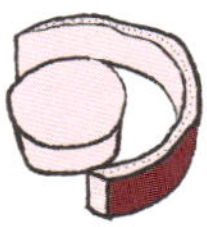

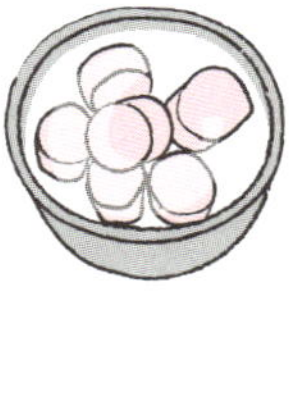

この3点が栗きんとんをおいしく作るポイントです。

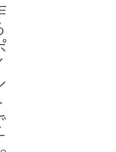

❶ さつま芋は皮を厚くむく。

色がきれいに仕上がる。

皮をむくときは皮の5㎜ほど内側にある維管束（黒い点線）を除くようにむく。

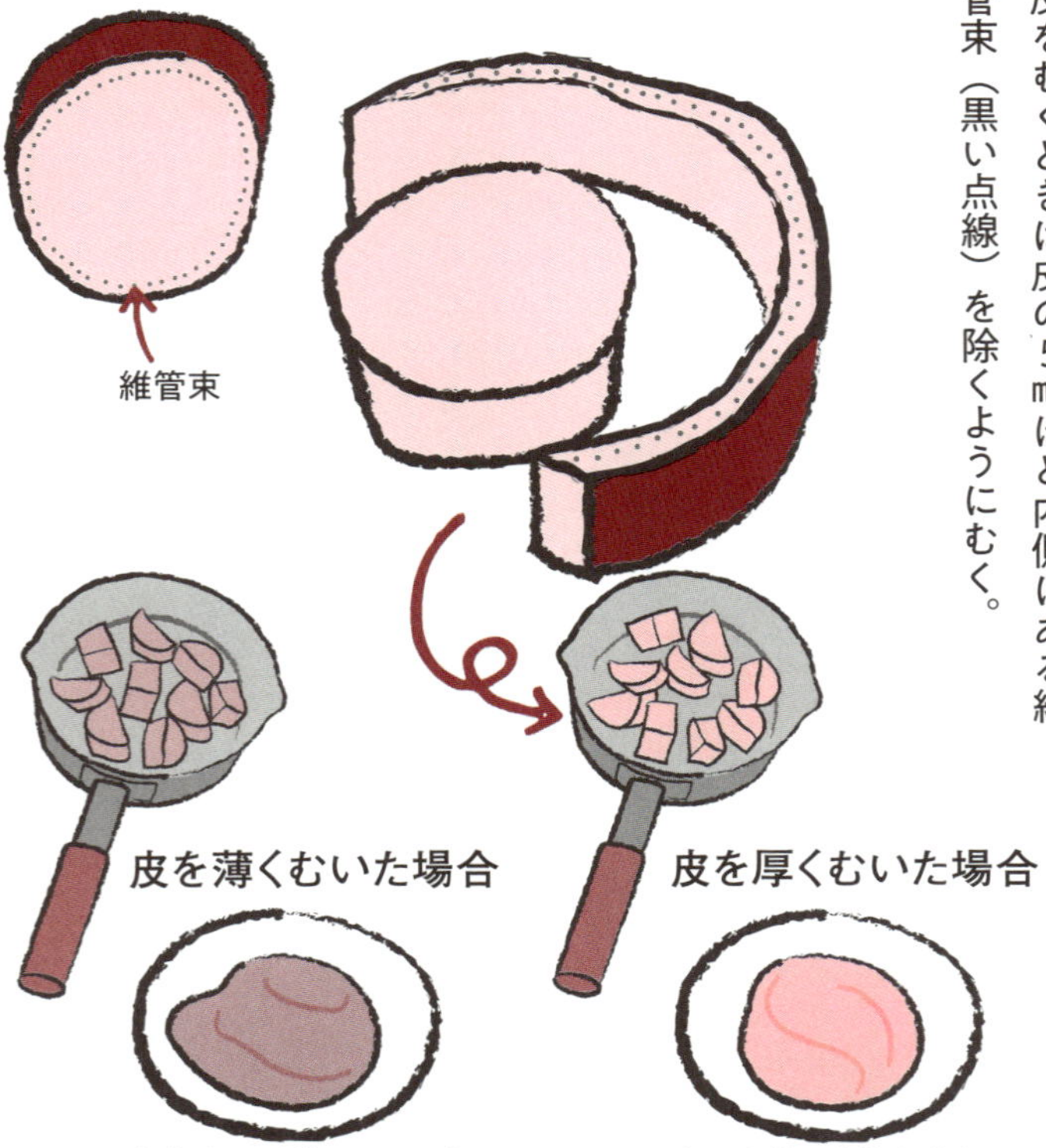

全体的に黒ずんでしまう。

さつま芋の自然な黄色に仕上がる。

※両者とも芋は水に30分さらし、くちなしの実（黄色の着色に使う）は加えずにゆでた。

さつま芋の切り口が空気に触れると、ポリフェノールオキシダーゼという酵素が、クロロゲン酸というポリフェノールを酸化して褐変したり、ヤラピン（切り口から出る乳白色の粘液）という樹脂配糖体が酸化されて黒変したりして色が黒っぽくなります。

　ポリフェノールオキシダーゼもヤラピンも皮に近い部分に多く含まれます。この部分をとり除くために皮は厚くむきましょう。

❷さつま芋を水にさらしてからゆでる。

冴《さ》えた黄色に仕上がる。

たっぷりの水に30分以上浸したい。

皮を厚くむき、
水にさらさなかった場合

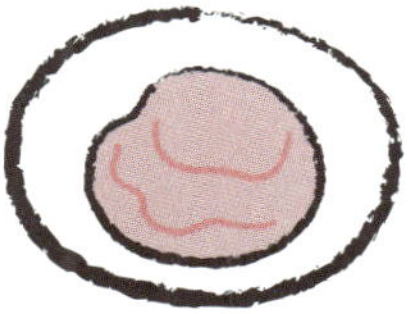

皮を薄くむいたものより黒ずみは
軽減したものの、色がくすんでしまう。

皮を厚くむいて水にさらし、
水をきってゆでた場合

冴えた黄色に仕上がる。

※両者ともさつま芋は皮を厚くむき、くちなしの実は加えずにゆでた。

ポリフェノールオキシダーゼは水溶性の酵素なので、芋を水にさらすと流出し、その作用を防ぐことができます。一方、ヤラピンは水溶性ではありませんが、水にさらすと空気を遮断するので、黒変を防ぐことができます。

③ゆで湯少量を残して⅓量の砂糖を加えて芋を煮、裏ごしにかける。

なめらかに仕上がる。
ゆで湯少量と⅓量の砂糖を加えて煮て裏ごしした芋はほぐれやすく、砂糖液と合わせたときにだまになりにくい。

ゆでた芋を裏ごしして作ったきんとん衣

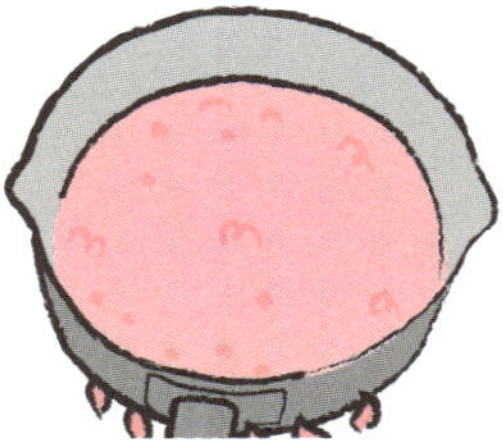

小さなだまができてしまった。

ゆで湯少量を残して⅓量の砂糖を加えて煮た芋を、裏ごしして作ったきんとん衣

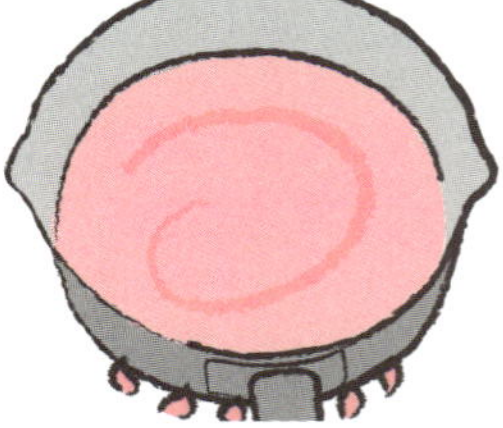

なめらかに仕上がる。

※両者ともくちなしの実を加えた湯でゆでた。

ゆでたさつま芋を裏ごししたあと、芋の表面が乾燥すると、高濃度の砂糖液と合わせたときにだまになりやすくなります。また、裏ごし作業を手早くしないと、芋の温度が下がって細胞膜間に存在するペクチンという物質が流動性を失い、芋に粘りが出て裏ごしがしにくくなります。

ゆでた芋をゆで湯少量と⅓量の砂糖を加えて煮ると、砂糖は親水性があるため、乾燥しにくく、裏ごし作業が楽になります。また、あとから加える砂糖とのなじみもよく、なめらかに仕上がります。

栗きんとんの作り方

材料／10人分

さつま芋（皮をむいたもの）……300g
栗の甘露煮（市販品）……8～10個
くちなしの実（ガーゼに包む）…1個
砂糖（芋の60%）………………180g
a［栗の甘露煮の汁…………150mℓ
　みりん………………大さじ2
　塩(芋の0.3%)‥小さじ⅙弱(0.9g)

1人分 166kcal　塩分 0.1g

作り方

❶さつま芋は2cmくらいの輪切りにして皮を厚くむく。水で洗い、たっぷりの水に30分以上浸す。
❷なべにたっぷりの水とさつま芋、くちなしの実を入れて中火にかけ、芋に竹串がすっと通るまで15～20分ゆでる。
❸くちなしの実はとり出して捨て、湯を芋のひたひたくらいに残る程度に捨てる。砂糖⅓量を加えて5分ほど煮、木じゃくしでざっとつぶす。
❹③を裏ごしにかける。
❺なべに戻し、残りの砂糖とaを加えて弱火にかけ、なべを動かしながら焦がさないように煮る。芋にゆるい濃度がついてきたら栗を加え、木じゃくしですくったときにぽってりと落ちるくらいまで煮つめる。
❻皿などに広げてさます。

「裏ごし器を持っていない」「裏ごしなんてめんどうだ」という人は、フードプロセッサーを使ってもよいでしょう

ゆでたあと、ゆで湯少量と⅓量の砂糖を加えて煮た芋を、フードプロセッサーやハンドブレンダーなどで攪拌《かくはん》してもなめらかなきんとん衣ができます。ただし、攪拌しすぎると粘った感じの口当たりになるので要注意。

こんにゃくは、下処理の違いで料理の味に差が出るのか。

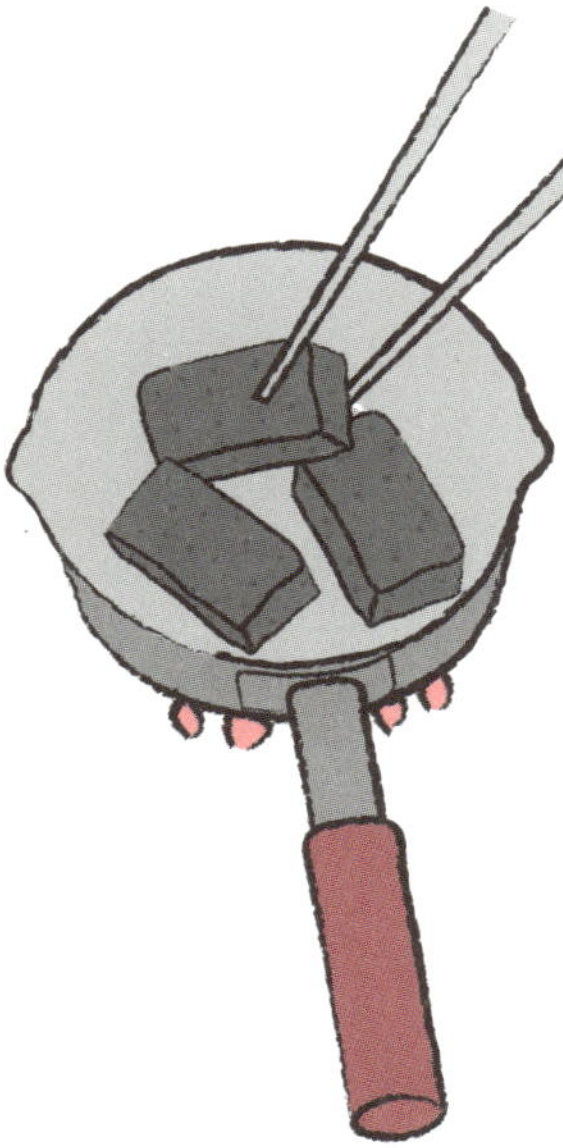

短時間の煮物にはからいりを、長時間の煮込みには下処理なしでよい。

こんにゃくを煮る前の下処理として①そのまま、②たたく、③ゆでる、④からいりするの4つの方法で煮物を作って比較しました。結果、こんにゃくの下処理は④のからいりするのが味のしみ込み、歯ごたえ、風味ともに最もよい、という結果が出ました。しかし、長時間煮込む料理は、煮込むうちに味がしみるので下処理を省いてもよいでしょう。

検証

こんにゃくを煮る前の下処理として4つの方法で比べてみた。

1 そのまま

【実験条件】 下処理なし。

- ややこんにゃく臭い。
- 調味料がしみ込みにくい。
- 水っぽい。
- 弾力が弱い。

2 たたく

【実験条件】 こんにゃく 1 枚は片面を 40 回ずつめん棒でたたく。

+ 味がしみている。
+ 水っぽくない。
+ 弾力がある。

【実験条件】

調理法（1～4の共通） ▶こんにゃく 1 枚は長い辺を 3 等分する。なべに水 150mℓ、砂糖小さじ 1⅔（こんにゃくの 2%糖分）、しょうゆ大さじ 5（こんにゃくの 6%塩分）、こんにゃくを入れ、紙ぶたをして火にかけ、10 分したら裏返し、さらに 10 分煮る。

3 ゆでる

【実験条件】 沸騰湯で 10 分間ゆでて湯をきる。

＋ 他の処理方法よりもこんにゃく臭くない。

− やや水っぽい。

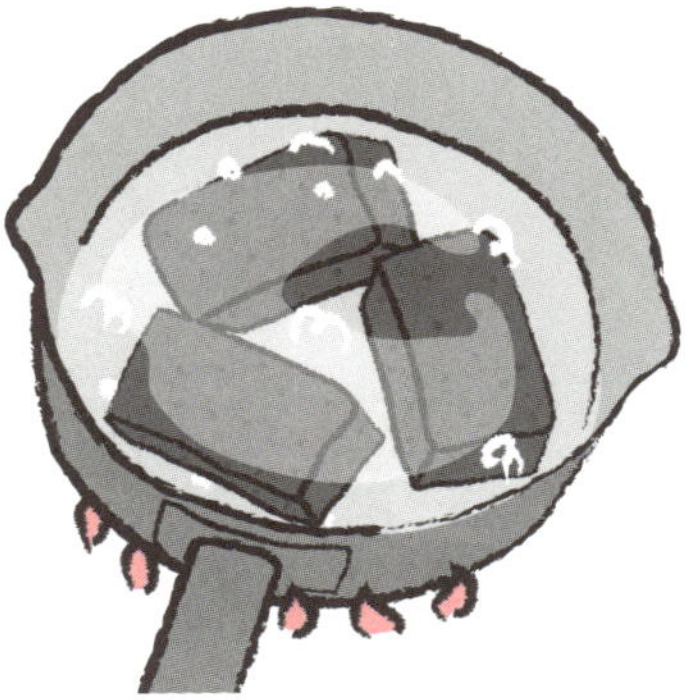

4 からいりする

【実験条件】 なべに入れて片面を 2 分ずつからいりする。

＋ 調味料がしみ込みやすい。

＋ 水っぽくない。

＋ 弾力がある。

− 見た目では調味料がしみ込んでいないように見える。

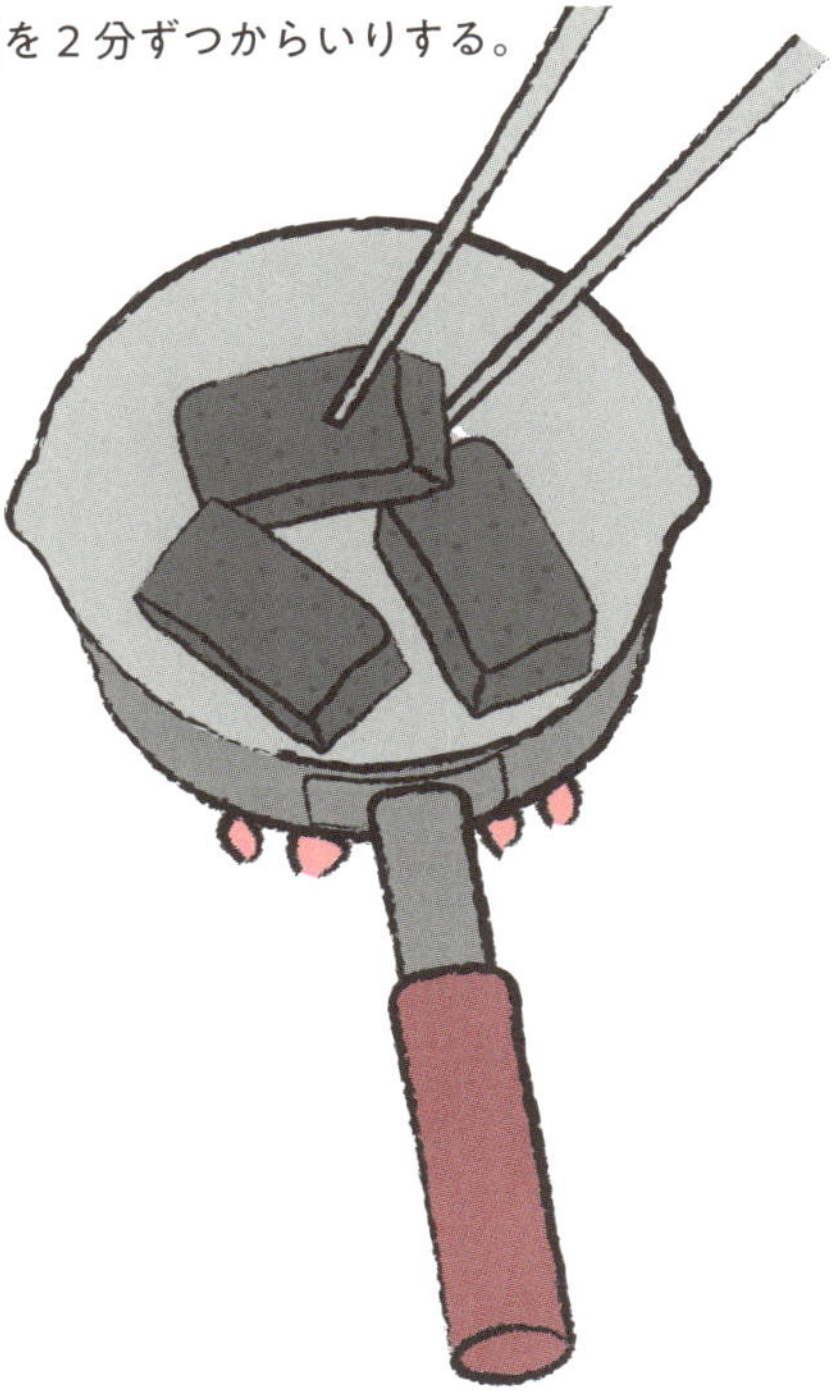

こんにゃくをおいしく煮るコツは？

こんにゃくのおいしさは独特のぷりぷりとした歯ざわりにあります。その歯ざわりを生かしつつじょうずに味をしみ込ませるにはどのような下処理をするのがよいのでしょうか。「たたく」「ゆでる」「からいりする」の3つの方法と下処理をしないものについて煮物にして比較してみました。

4つの下処理のそれぞれの評価

❶下処理をしないそのままのものは下処理をしたものに比べ、ややこんにゃく臭い、調味料がしみ込みにくい、水っぽい、弾力が弱いと評価されました（図1）。❷たたいたものは味がしみていて水っぽくなく、弾力があると評価されました。これはたたくと水分が抜けることで、調味料がしみ込みやすくなり、弾力が出るためと考えられます。

❸ゆでたものは他の処理方法よりもこんにゃく臭くないという評価でした（図1）。これは凝固剤として使用してある水酸化カルシウムがゆでることで抜けるためです。しかし、水っぽさは「そのまま」に近く、やや水っぽいと評価されました（図1）。

❹からいりしたものの味の評価は調味料がしみ込みやすい、水っぽくない、弾力があるというものでした（図1）。外観は調味料がしみ込んでいないという評価（図1）ですが、これはからいりすると水分が抜け、調味料が浸透しやすくなったためでしょう。

図1　こんにゃくの下処理の違いによる官能評価

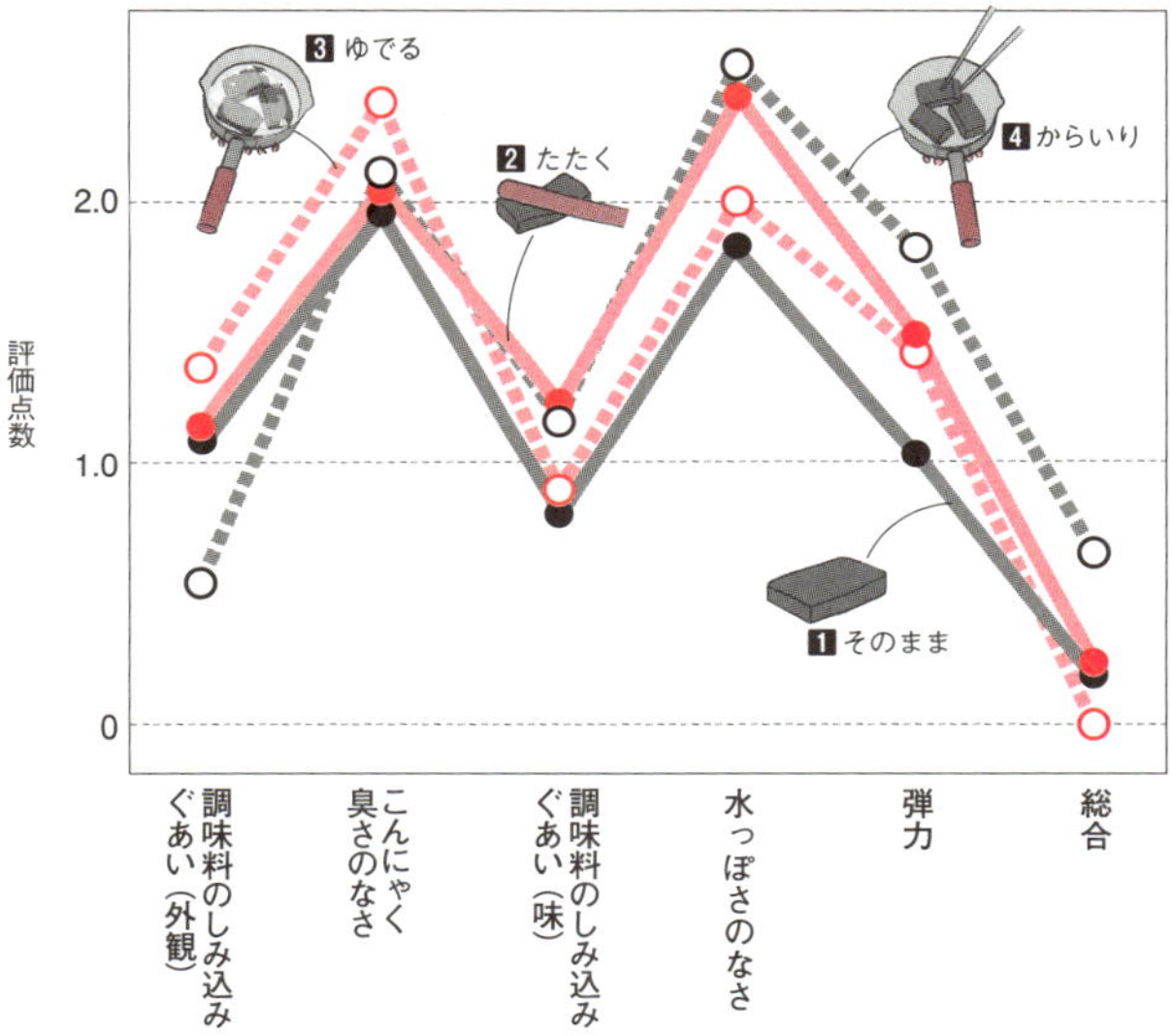

結論　料理に合わせて下処理法（コツ）も違う

総合評価で見ると、20分ほど煮る料理の場合の下処理はからいりがおすすめです。しかし味の評価の差はわずかなので、おでんなど長時間煮込むうちに味がしみるものは、下処理の手間を省いてもよいでしょう。水酸化カルシウムなどのアク成分が煮汁に出るのが気になる場合はいずれかの下処理をします。

「アク抜き不要」と表示のある製品の場合は、下ゆでは不要です。

キウイフルーツで本当に肉がやわらかくなるのか。

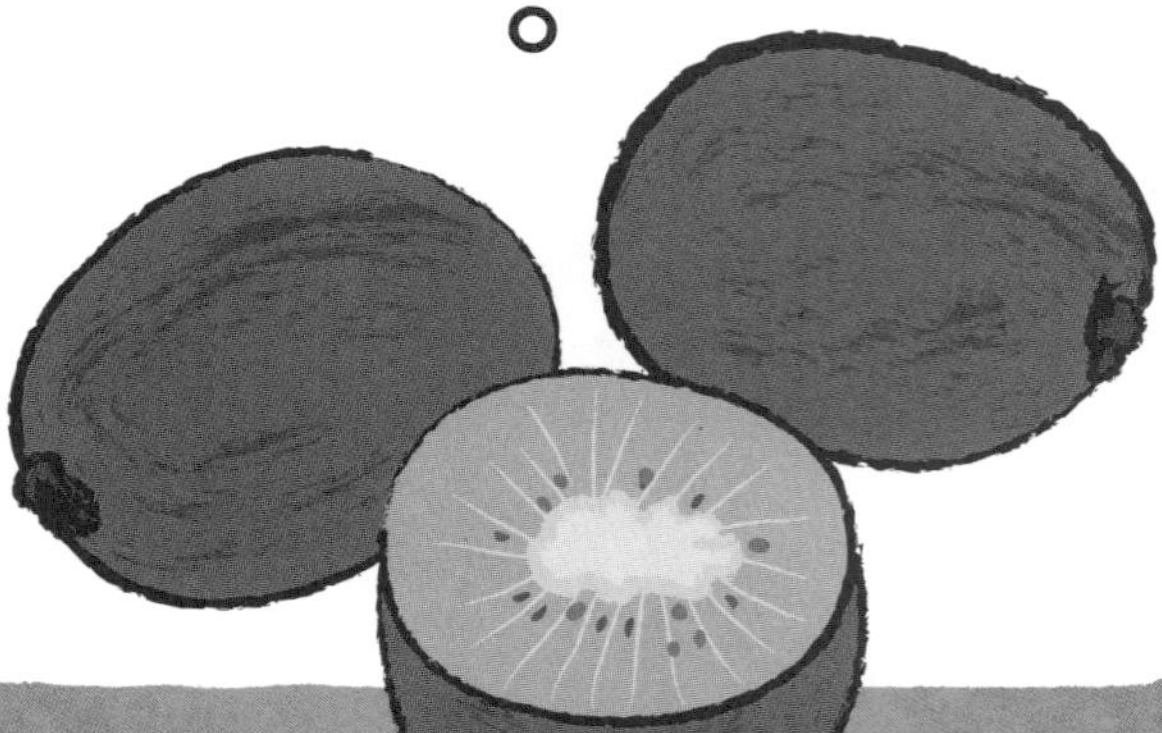

キウイフルーツの果汁に漬け込んだ肉は**やわらかくなる。**

キウイフルーツには
「たんぱく質分解酵素」
が含まれています

豚肉をキウイフルーツの果汁に漬け込んで蒸したもののかたさを測定した結果、漬け込み10分後から軟化し、1日たつと著しくやわらかくなりました。また、漬け込む時間でおいしさの評価が変わりました。

検証

キウイフルーツで本当に肉がやわらかくなるのか

キウイフルーツのたんぱく質分解酵素は料理に活用できる。

くだものには「たんぱく質分解酵素」を含むものがあり、キウイフルーツ、パイナップル、パパイヤなどがその例である。この酵素は、たんぱく質を分解するため、肉をやわらかくする働きがあるといわれるが、その効果は本当なのだろうか。

キウイフルーツを使って、たんぱく質分解酵素の作用を実証した実験とその結果を紹介する。

実験は、くだものはキウイフルーツを、肉は豚肉の切り身を使って行なった。キウイフルーツは比較的安価で手に入りやすく、豚肉は給食メニューにおける使用頻度が高いが、衛生面や作業工程の問題から、仕上がりの食感がかたくなりがちという悩みがあったため用いた。キウイフルーツ由来の酵素が本当に豚肉をやわらかくするのかを実証した結果は以下のとおり。漬け込む時間の経過によるかたさも測定した。

結論 漬ける時間は20分が最適（果汁が豚肉の重量の50％のとき）。

かたさ測定では、豚肉をキウイフルーツ果汁に漬け込んで10分後から軟化し、時間がたつほどやわらかくなった（図1）。官能評価では、20分漬け込んだときの評価が最もよく、24時間漬け込むと、おいしさの総合評価はマイナスとなった（図2）。長時間漬け込むと、肉特有の弾力まで失われ、おいしさがそこなわれると考えられる。また、評価者の意見から、キウイフルーツの風味は豚肉の食味に影響しないことが示唆された。

キウイフルーツの酵素を料理に活用するメリット

食べる人に合わせたやわらかさに調整できる

豚肉はキウイフルーツに漬け込む時間が長いほどやわらかくなります。高齢者向けに、よりやわらかく調理したいときは、漬ける時間を1～2日とるとよいようでした。キウイフルーツの量を20％にすると軟化は2時間後からという結果もあるので、調理にかける時間に合わせて量を調整するとよいでしょう。

キウイフルーツの風味が肉の食味を落とすことなく、おいしさの評価を上げることもキウイフルーツを使う利点だといえます。

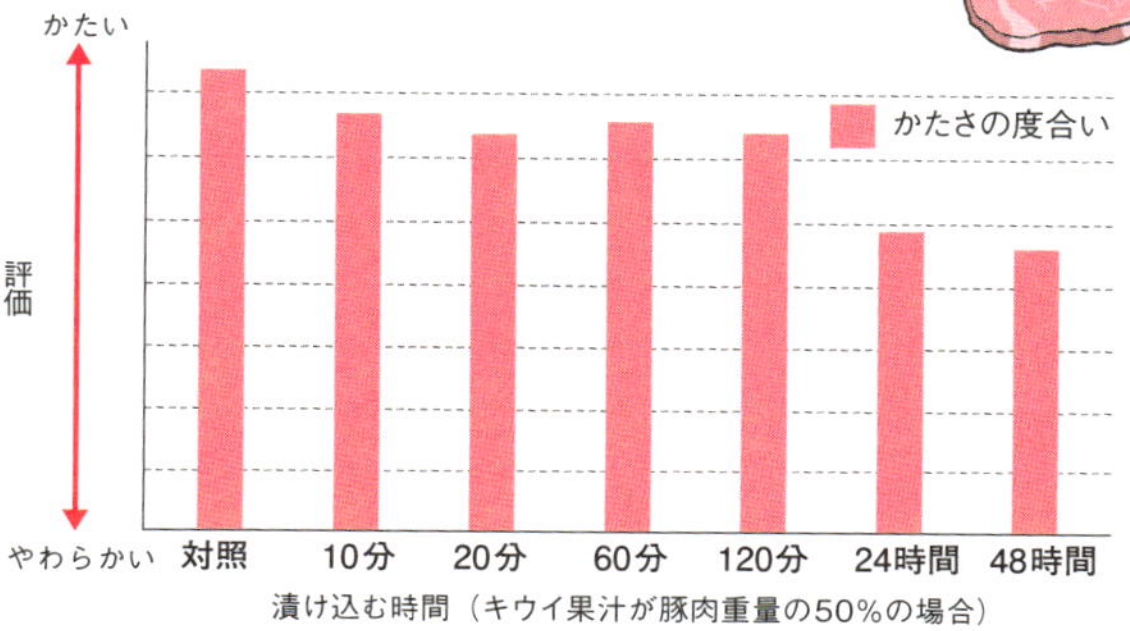

図1　豚肉のかたさ測定結果

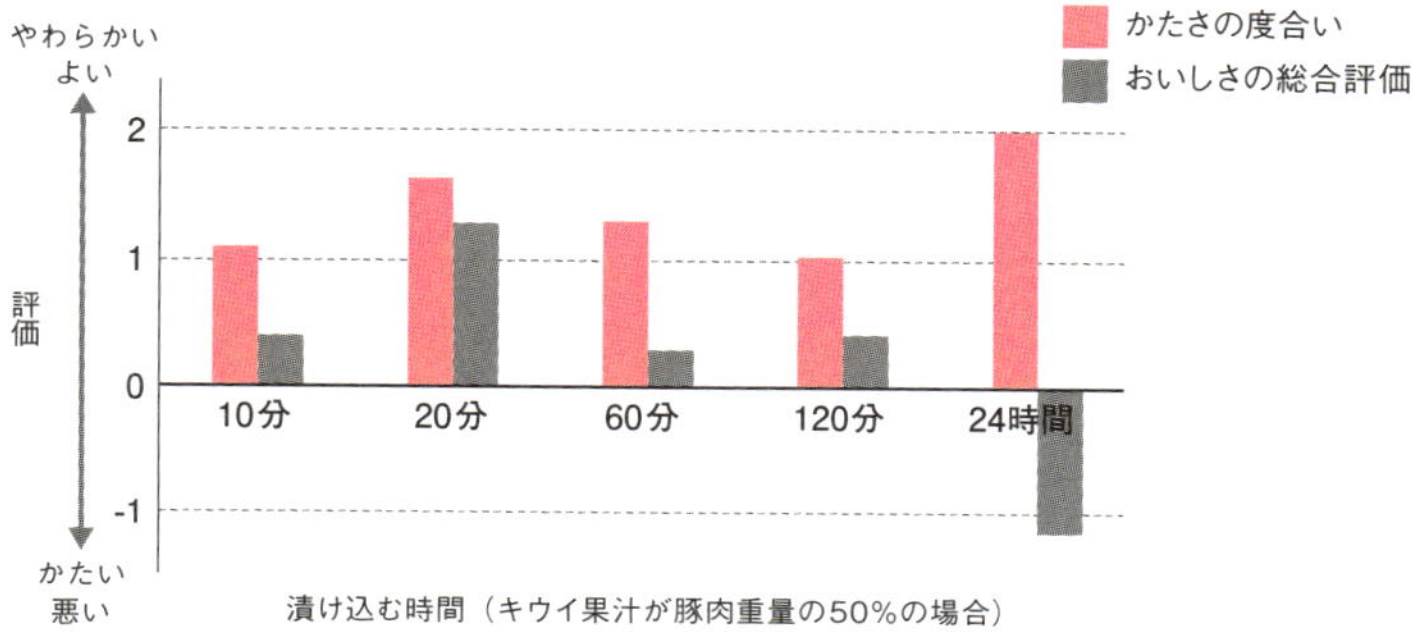

図2　豚肉の食味テスト結果

出典：「キウイフルーツの豚肉軟化効果について」　日本家政学会誌　Vol.45, No.7, 603 ～ 607（1994）

【実験条件】

キウイフルーツ（ヘイワード種）をすりおろして濾《こ》した果汁に豚肉の切り身（背ロース1cm厚さ）を漬け込み、一定時間後に豚肉を蒸してかたさを評価した。果汁の量は、豚肉の重量の50％（実用範囲を考慮して設定）。かたさの評価には専用の測定機器（テクスチュロメーター）を用いて測定した。実際に食べたときのかたさとおいしさは、官能評価を行なった。評点は、やわらかい（よい）2、ややわらかい（ややよい）1、ふつう0、ややかたい（やや悪い）−1、かたい（悪い）−2。評価者21 ～ 24名。24時間と48時間漬けた豚肉はかたさに大差がなかったため、後者の豚肉の食味テストは行なわなかった。

くだもののたんぱく質分解酵素を じょうずに料理に活用しましょう。

まずは酵素についてよく知ることから始めましょう。そのうえで、料理にうまく活用する方法を見つけましょう。

くだものに含まれるたんぱく質分解酵素の性質は？

どんなくだものに どんな酵素が含まれるのか

キウイフルーツ、パイナップル、熟す前のパパイヤ、メロン、洋梨などに含まれます。キウイフルーツはアクチニジン、パイナップルはブロメリン、パパイヤはパパインという名前のたんぱく質分解酵素を含みます。

どうして肉が やわらかくなるのか

たんぱく質は複数のアミノ酸がつながってできており、このつながりの鎖を切るのがたんぱく質分解酵素。この鎖が切られることで肉がやわらかくなります。肉に対して酵素の量が多く、酵素を働かせる時間が長いほど肉の軟化が促進されます。

また、ゼラチンも主成分がたんぱく質なので、この酵素が働くと、ゼリーがかたまりにくくなります。

酵素の主成分は何か

酵素もたんぱく質でできています。くだものをすりおろしてピュレ状にすると、細胞の組織がこわれて、細胞の中にある酵素が働きやすくなります。ただし、たんぱく質の性質上、酵素は約60℃以上に加熱されると働きが失われてしまいます。

酵素を使うときは、量、時間、温度などのポイントがあるので、そこはおさえておきましょう。

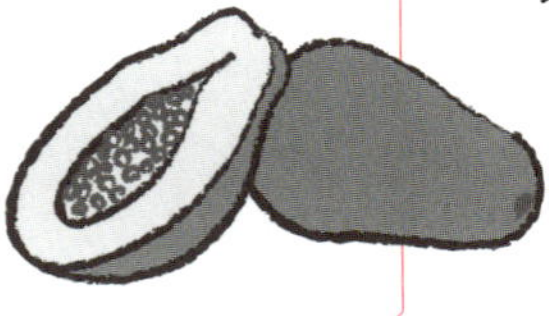

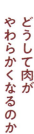

どんな料理に活用できる？

肉を短時間でやわらかくしたいとき。

キウイフルーツ果汁を豚肉（1cm厚さ）の50％重量で用いると約10分後からやわらかくなる。

もともとかたい肉をやわらかく調理したいとき。

キウイフルーツは酵素の働きは強力なので、安価でかたい肉でもやわらかくすることが可能。

給食の肉料理に。

給食など大量調理では、長時間の加熱で肉がかたくなりがちなので、活用できる。

お弁当用の肉料理に。

さめてもかたくなりにくい。

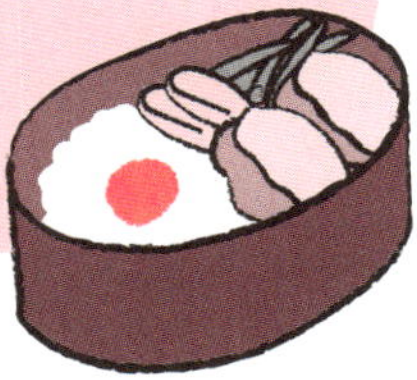

たんぱく質分解酵素を肉料理に活用するには？

1 くだものは生を使う

くだものは生のものを使うこと。缶詰めは加熱ずみなので、酵素の作用はありません。

2 果汁やピュレにする

酵素を肉に触れさせるためには、果汁やピュレにするのが効率的です。くだものの細胞の組織をこわすことで酵素が働きやすくなります。

3 時間と量をうまく調整する

酵素の量と作用時間が肉の軟化に影響します。キウイフルーツ果汁は豚肉の10～50％重量に、漬け込み時間は20～120分の範囲にしましょう（実験より）。

おまけの実験

どうすればキウイフルーツを使ったゼリーがかたまるかを試してみた

非加熱

生のキウイフルーツを細かく刻んでゼラチン液に加えるとまったくかたまらない。輪切りのキウイフルーツを型底に入れてゼラチン液を流し入れてもキウイフルーツの周辺はかたまらない。

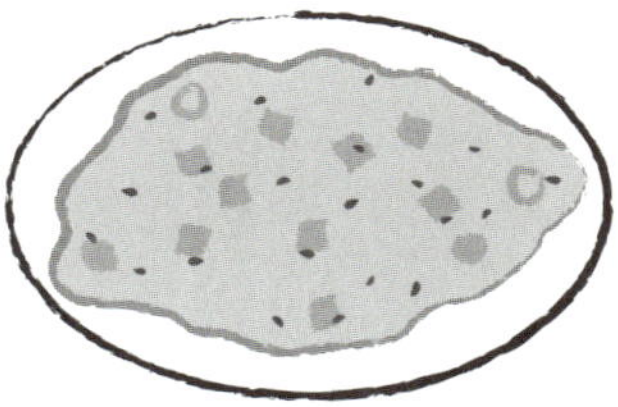

キウイフルーツを刻んで
生のまま

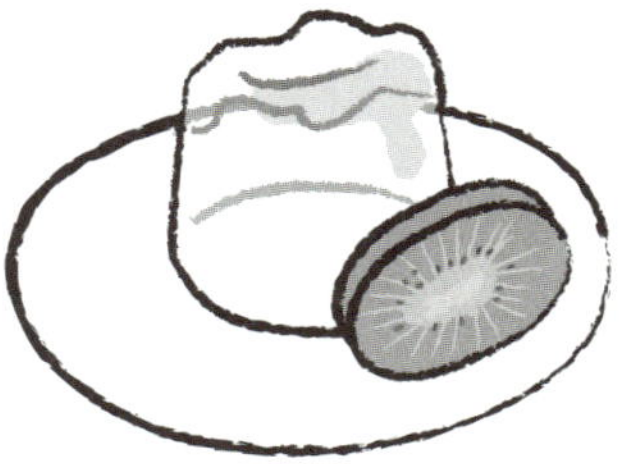

キウイフルーツを輪切りにして
生のまま

加熱

加熱したキウイフルーツをゼラチン液に加えてかためたもの。キウイフルーツは加熱してあるので、生のものに比べて色の鮮やかさは劣るが、きちんとかたまる。

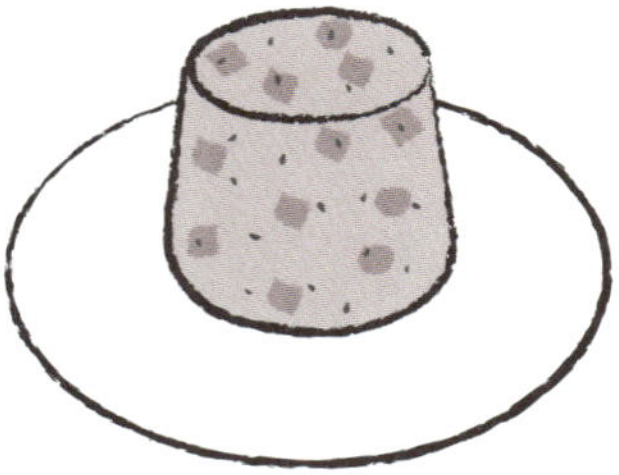

キウイフルーツを刻んで
電子レンジ加熱

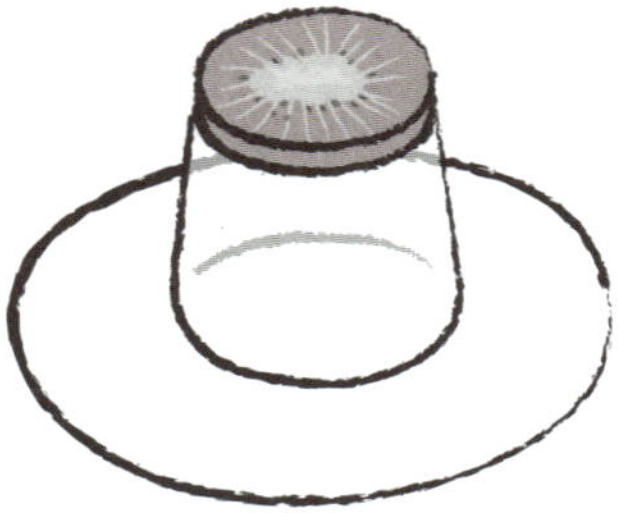

キウイフルーツを輪切りにして
電子レンジ加熱

生のキウイフルーツをゼラチンでかためようとしてもかたまらない。

生のキウイフルーツをゼラチンでかためようとしてもかたまりません。これは、キウイフルーツにアクチニジンという、たんぱく質分解酵素が含まれているためです。ゼラチンはたんぱく質が主成分ですから、たんぱく質分解酵素を含む食品と合わせると凝固力が弱まるのです。しかし、この酵素は加熱すると効力を失います。ですから加熱してゼラチン液と合わせればかたまります。

たんぱく質を主成分とするゼラチンの場合はこの酵素の影響を受けますが、海藻からできているかんてんやアガー（カラギーナン）は、主成分が炭水化物の一種である多糖類なので、これらを使えば生のキウイフルーツでもかたまります。

パイナップルにはブロメリン、パパイヤにはパパインというたんぱく質分解酵素が含まれています。これらの場合もキウイフルーツと同様に加熱してから加えないとかたまらないことがあります。

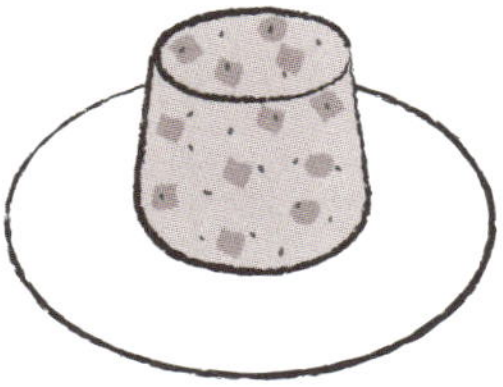

キウイフルーツのゼリー

材料／80mℓのゼリー型４個分

キウイフルーツ････皮をむいて100g
ゼラチン････････････････････6g
砂糖････････････････････････50g
水･････････････････････２¼カップ

１個分 66kcal　塩分微量

作り方

❶ゼラチンは分量中からの水大さじ２にふり入れてしとらせる。
❷キウイフルーツは皮をむいて細かく刻み、耐熱容器に入れて電子レンジ（500 W）で１分 30 秒ほど加熱する。
❸なべに水と砂糖を入れて火にかけ、砂糖が溶けたら火から下ろして①のゼラチンを加えてとかす。
❹キウイを加え混ぜ、なべ底を水につけてあら熱をとり、ゼリー型に流し入れる。冷蔵庫に入れて冷やしかためる。

米の吸水方法による炊き上がりの違いはあるのか。

浸水しておいてそのままを
炊いた米は**ふっくら**と、
ざるにあげて水けをきっておいた米は
ぱらりと炊き上がる。

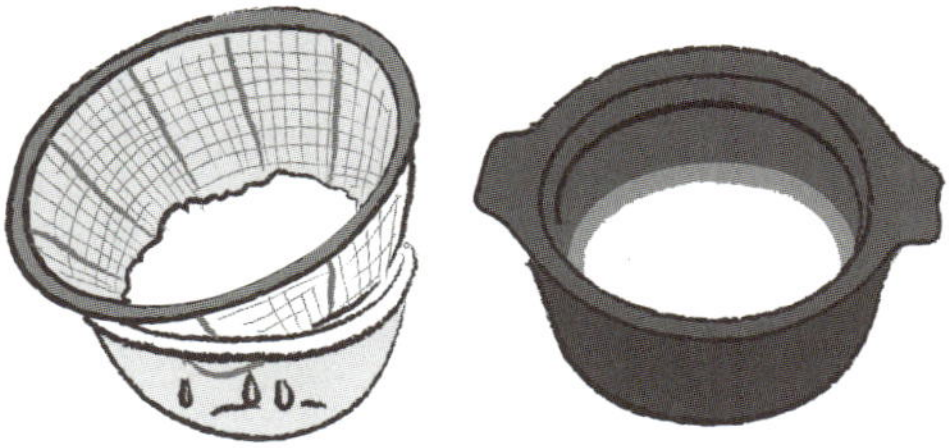

「浸水しておいた米」は充分吸水しているため、ふっくらと炊き上がります。
「水きりをした米」は米粒の中心まで吸水しないため、ぱらりと炊き上がります。

白飯

浸水しておいたままを炊いた米は甘味と粘りがあってふっくら炊き上がり、ざるにあげて水けをきっておいた米はぱらりとした炊き上がりになる。

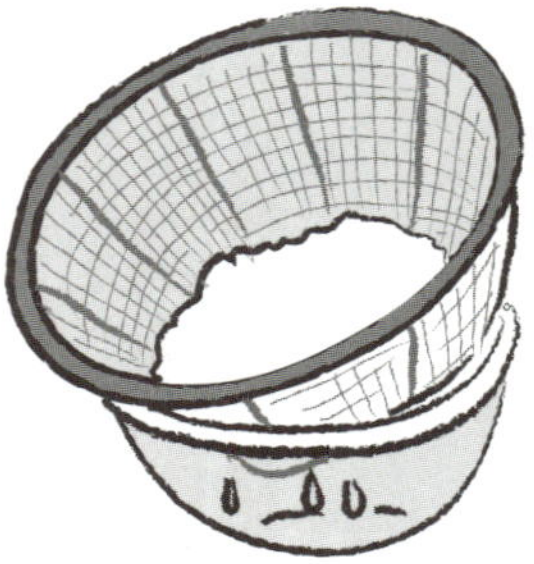

水きり法

米は洗ってざるにあげて水けをきり、約60分を目安に放置する。

浸水法

ボールや炊飯器に洗った米と分量の水を入れる。夏は30分、冬は60分を目安に浸水する（水温が高いほど吸水が早いため）。

表1 重量の変化（浸水時間および水きり時間はともに60分）

	水きり法	浸水法
米重量	500g	500g
水重量（米の1.3倍）	650g	650g
浸水終了時重量		652g（+30%）
水きり終了時重量	582g（+16%）	
炊き上がり重量	1058g（+112%）	1090g（+118%）

図1 白飯の官能評価

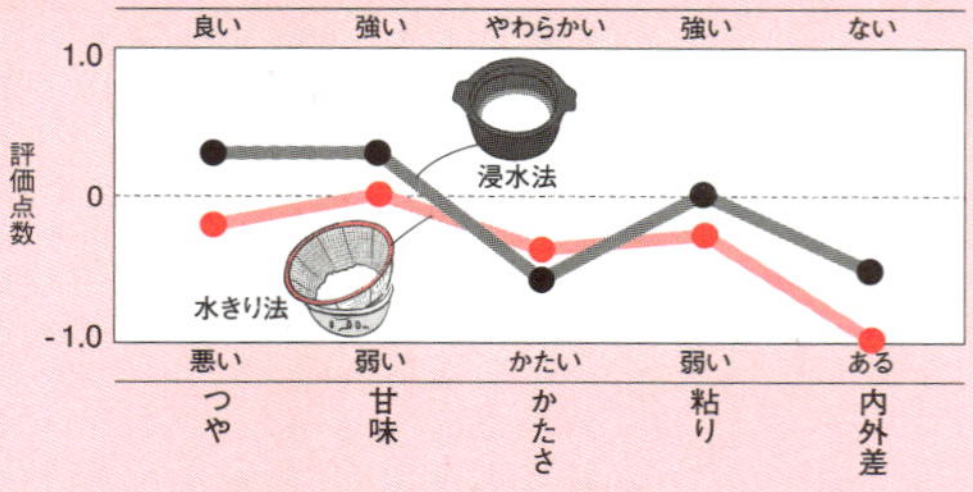

結論

浸水しておいて炊いた白飯は甘味と粘りがあるうえに、内外差（飯粒の外側と内側のかたさの差）が少ないとの評価を得た（図1）。これは米が充分に吸水したことで米の中心まででんぷんが糊《こ》化しているためである。

一方、ざるにあげて水きりをしておいて炊いた白飯は吸水が不充分であるために内外差が生じやすい。また、内側に比べて外側部分の水分含量が多く、炊き上がったあとの飯表面の水分蒸発が浸水しておいた飯より早いので、ぱらりとした炊き上がりになる。

すし飯

通常の水加減（米の重量の1.3倍）でも、水きり法で炊いたごはんならほどよい食感に仕上がる。

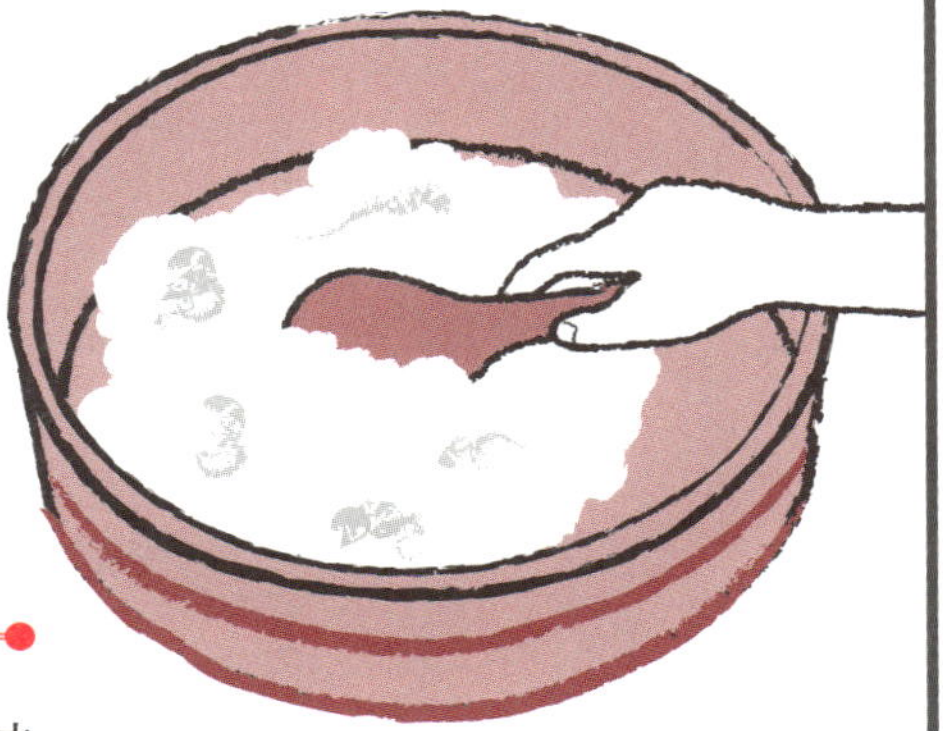

すし飯の作り方

（６人分　吸水は水きり法でする）

米500gを米の重量の1.3倍の水（３¼カップ）で炊き、合わせ酢（酢65g・砂糖20g・塩小さじ１）をかけて３分蒸らす。すしおけにあけて木じゃくしで切るようにして50回ほぐす。さらにうちわで１分間風を送っては10回混ぜることを３回くり返す。

１人分 314kcal　塩分 1.0g

図２　すし飯の官能評価

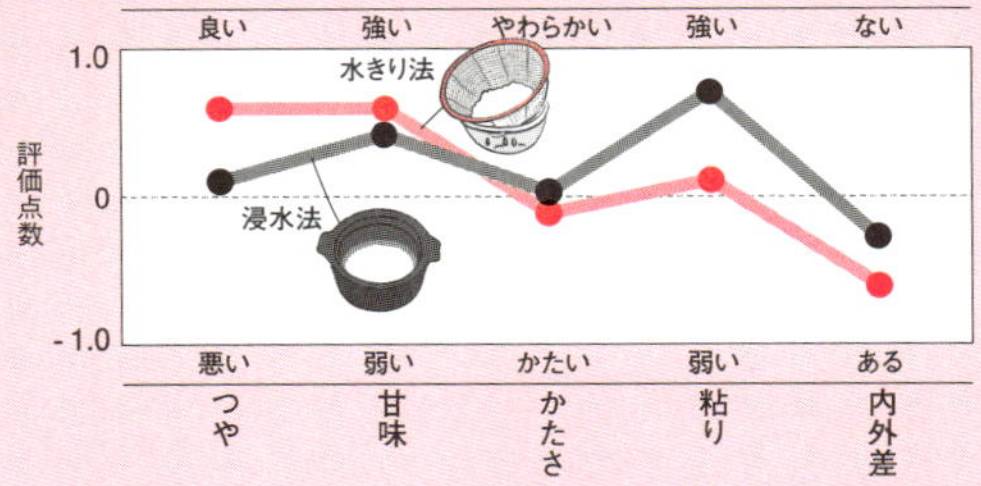

結論

水きり法で炊いた白飯で作ったすし飯はつやがよく、甘味があるとの評価を得た（図２）。これは飯粒表面からの蒸発が早く（図１の説明）、合わせ酢を充分に吸ったからと考えられる。一方、浸水法で炊いた白飯で作ったすし飯は粘りが強いと評価された。

一般にすし飯のごはんを炊く場合は水加減を少なくすることが多いが、通常の水加減でも水きり法で炊けばほどよい食感のすし飯に仕上がる。

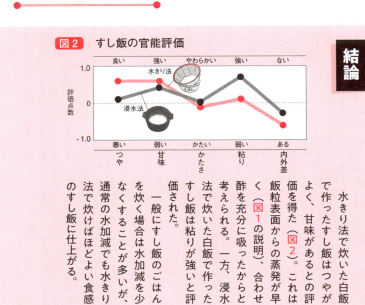

ピラフ

官能評価の傾向は白飯とほぼ同じ。浸水法および水きり法とも粘りの少ない仕上がりになる。

ピラフの作り方

（6人分）

玉ねぎのみじん切り100gをバター5gでいためる。炊飯器に米500gと米の重量の1.3倍の水（3¼カップ）を入れ、いためた玉ねぎと固形ブイヨン1個を加えて炊く。蒸らしをする前に食べやすく切った薄切りハム4枚分およびマッシュルーム（缶）6個分、ゆでたグリーンピース30gを加えて混ぜ、5分蒸らす。

1人分332kcal　塩分0.6g

図3　ピラフの官能評価

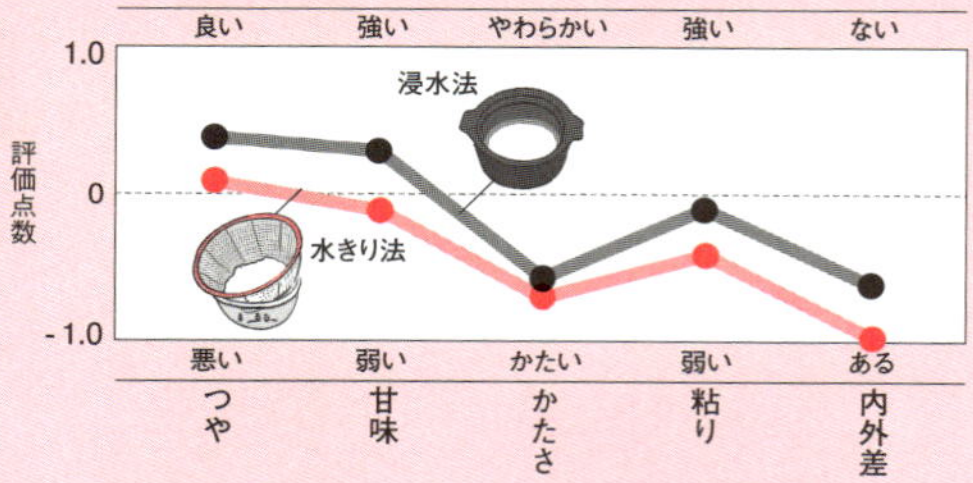

結論

官能評価の傾向は白飯とほぼ同じであった（図3）。

なお、バター（油）を入れて米を炊くと、加熱中にでんぷんの糊化に必要な水分を充分に吸収できないと考えられ、浸水法でも水きり法でも白飯よりややかたく粘りの少ない炊き上がりになる。

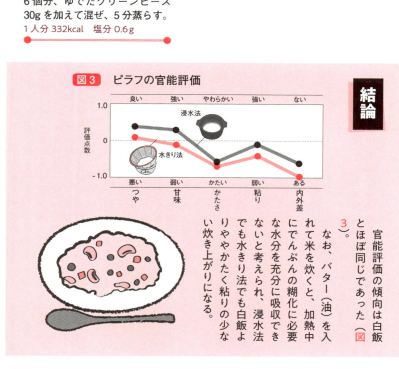

電気炊飯器を用いて 2つの方法―「浸水法」と「水きり法」を比較

米に水と熱を加えて、米に含まれるでんぷんを完全に糊化したもの、それがごはんです。でんぷんの糊化を飯粒中心までむらなくするには、加熱の前に米に水分を吸収させる必要があり、ふっくらとしたごはんを炊くには、米がこれ以上は吸水できない状態（飽和状態）―米の重量の20～30％程度まで吸水させることが必要です。

米の吸水の状態で炊き上がりが違う

浸水しておいた米および水きりをした米の重量の変化を見ると（184ページ表1）、浸水終了時は米の重量の30％程度の増加であったのに対し、水きり終了時の米の重量の10～18％の増加でした。したがって、浸水して充分に吸水してから炊いた米はふっくらと炊き上がり、水きり法の場合は吸水が不充分でぱらりと炊き上がることになります。

各自の好みのごはんに炊き上げるのがいちばん！

しかし、炊き上がったごはんの見た目や味、かたさや粘りなどは人によって好みがあるでしょう―浸水法で炊くか水きり法にするかは各自が判断するのがいちばんです。あるいは、目的の料理に適した食感に合うように炊き方を考え選ぶことをおすすめします。

調理の手間からいえば浸水法で炊くほうが楽です。浸水は炊飯器で行ない、そのときに水加減を調整しておけば、あとは炊飯器を加熱すれば炊くことができるからです。

また、現在市販されている炊飯器は、浸水の工程が炊飯メニューに含まれているものが多いので、浸水する必要がなくなっていますが、なべで炊く場合は浸水が必要です。

【実験条件】

米の品種▶ コシヒカリ

水▶ 日常の炊飯のため、水道水を使った。水温は15℃。

洗米▶（次の①②の工程を1分以内に行なった）

①米をざるに入れてボールに重ね合わせ、水をたっぷり張る。3回攪拌《かくはん》し、ざるを持ち上げて水を捨てる。

②ざるをボールに戻す。水をたっぷり張って米を10回攪拌し、ざるを持ち上げて水を捨てる。これを3回くり返す。

炊飯方法▶ 電気炊飯器（浸水含まない）を用いて炊いた。

【官能評価】

評価者10名。

ごはんを冷凍するならどのサイズ？

1食分ずつ小分けする。

150g、縦横8cm（厚みは3cm未満）

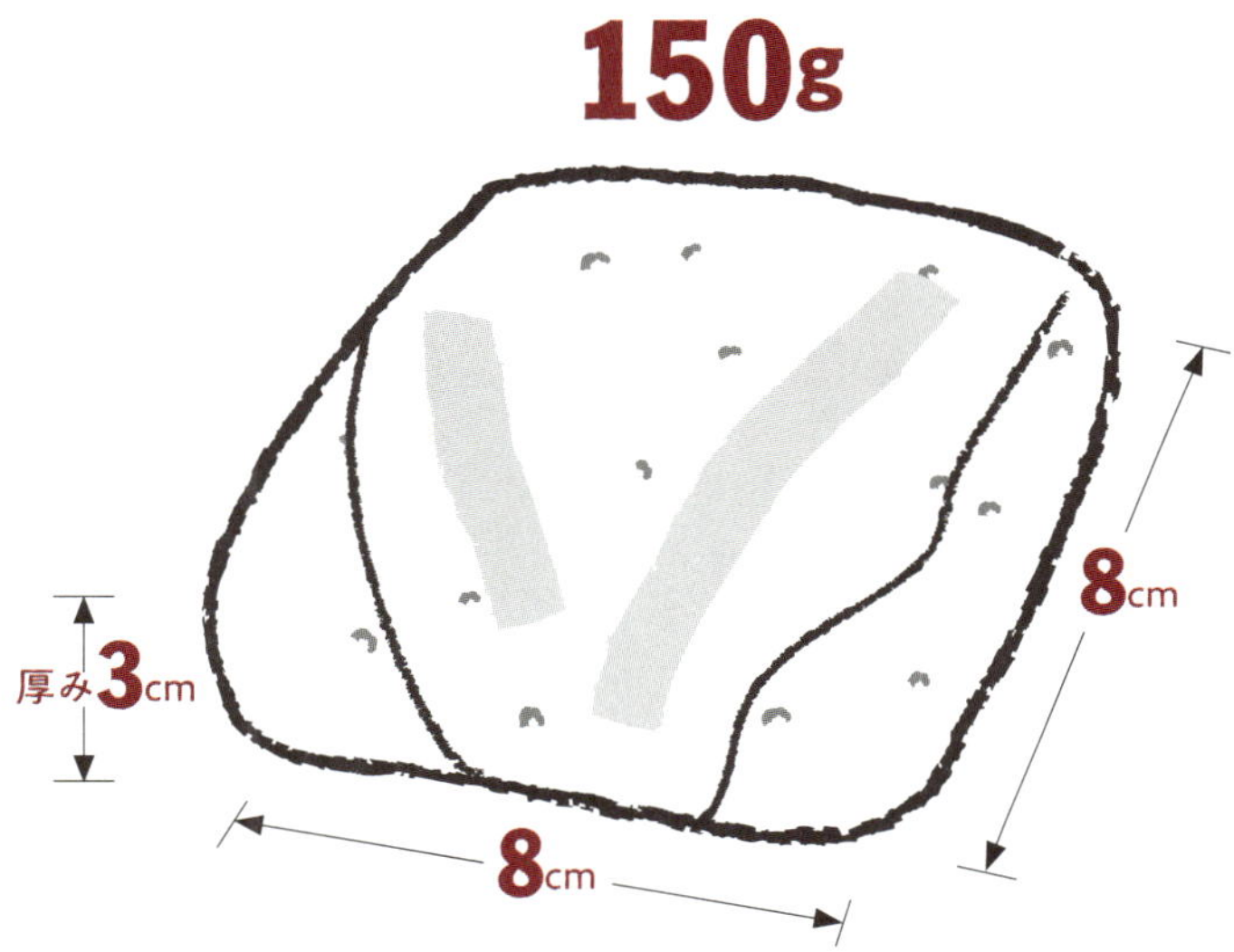

ごはんを冷凍するときは、1食分150gぐらいが適量です。この大きさと形に成形して冷凍すると、電子レンジで再加熱したときに、加熱むらが少なく、おいしく食べられます。

冷凍ごはんのおいしさは**1個分のサイズ**が影響します。

サイズの大小で、どうおいしさにかかわるかを検証。

ひとり暮らしの保存食や余ったごはんの保存に便利な冷凍ごはん。解凍しても、炊きたてのような味わいにできたらうれしいものです。

冷凍ごはんの食味は、冷凍前のごはんの状態や保存時の成形サイズ（1個分）に影響されます。

実験や予備調査によって見えてきた、「冷凍ごはんをおいしく加熱するコツ」をご紹介します。

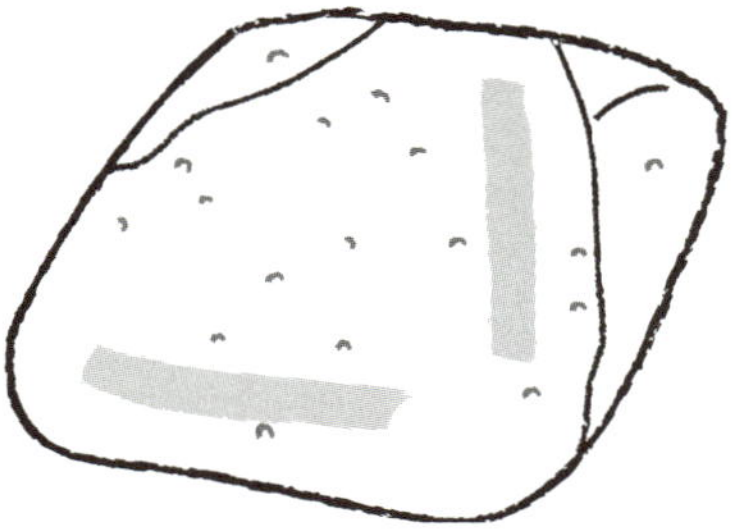

大300g
サイズ
2人分を想定。

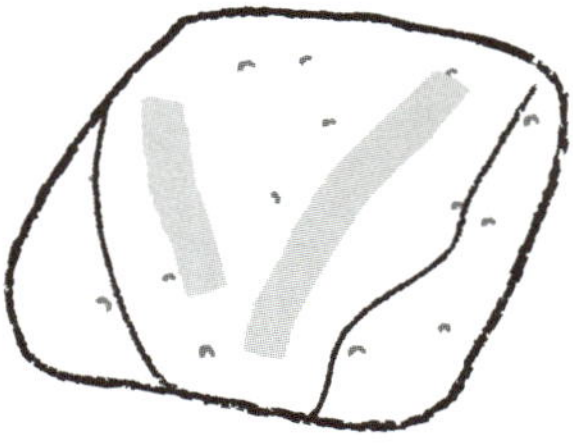

小150g
サイズ
平均のモデル
（194ページのアンケート調査より）
1人分を想定。

検証 1 加熱むらを比べてみた

結論 小さいほうが加熱むらが生じにくい

冷凍ごはんは、角の部分が先に温まり（100度に達し）、次に中央が温まる。150gではその差が約10秒、300gではその差が約60秒であった（図1）。中央と角の温度差があるほど、角の部分は必要以上に加熱される。150gのほうが、2か所の温度差が少ない状態で加熱完了となる。

図1 冷凍ごはん加熱時の内部温度変化（700Wで加熱）

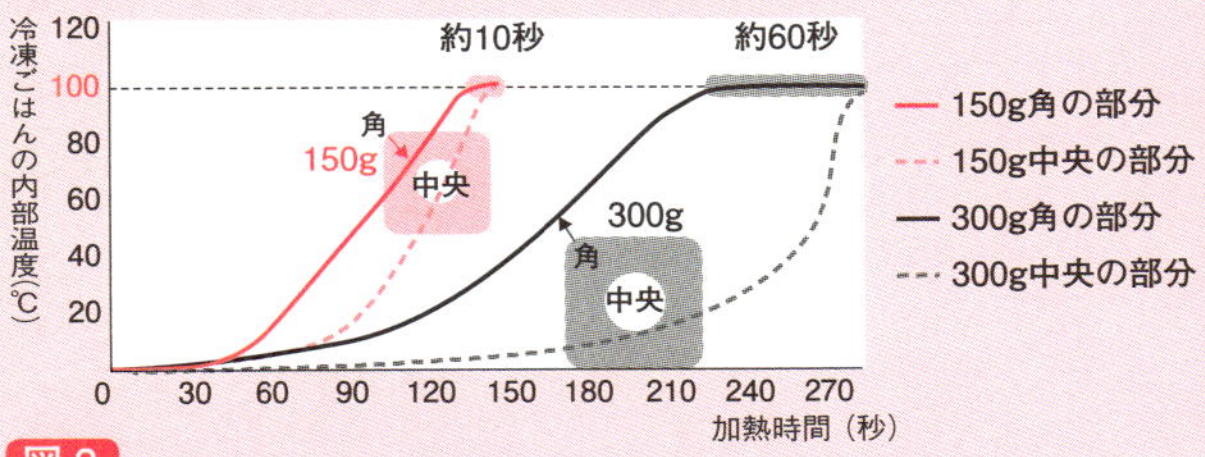

図2

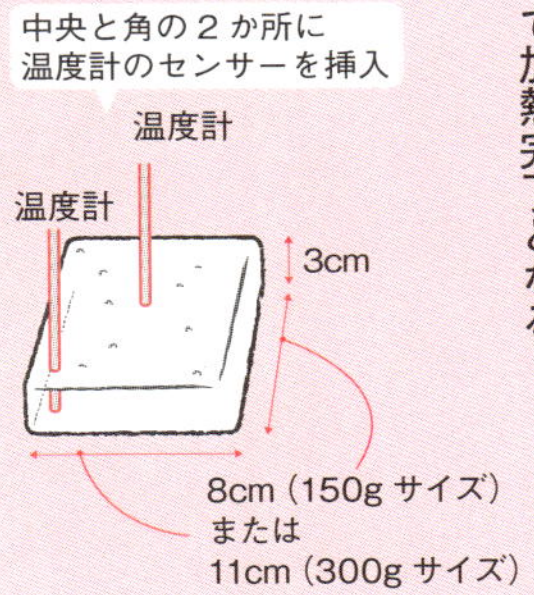

【実験条件】

❶炊きたてのごはんを150gと300g、それぞれ厚みをそろえて四角形にし、ラップで包む。

❷①をそれぞれ冷凍保存袋に入れて、冷凍庫で1週間冷凍する。

❸実験用の電子レンジ（700W）でそれぞれの冷凍ごはんを加熱する。冷凍ごはんはラップに包んだまま庫内中央に置き、ごはんの中央と角の部分に温度計のセンサーを差し込む（図2）。

❹中央と角の2か所が100度※になるまで加熱し、加熱中の温度変化と時間を記録する。

※70、80、90、100度に解凍したごはんを官能評価すると、90度までは加熱不足が認められたため。

★電子レンジで加熱するときの温度上昇ぐあいは、ターンテーブルの有無、電子レンジのメーカー、機種によって異なる。

★実験用には、ターンテーブルなしの家庭用オーブンレンジ（MRO-BV100、日立製）を用いた。底面に敷いてあるセラミックプレートの中央部に冷凍ごはんをのせて加熱した。

角の部分は早く温まり、中央は温まりにくい傾向あり！

赤外線サーモグラフィで内部温度を見ると、角が100度付近に達した時点では中央はまだ低温である。照射されたマイクロ波は角に集中し、その部分から昇温が始まる。形が違えば温まり方は異なる。

検証 2 おいしさを食べ比べてみた

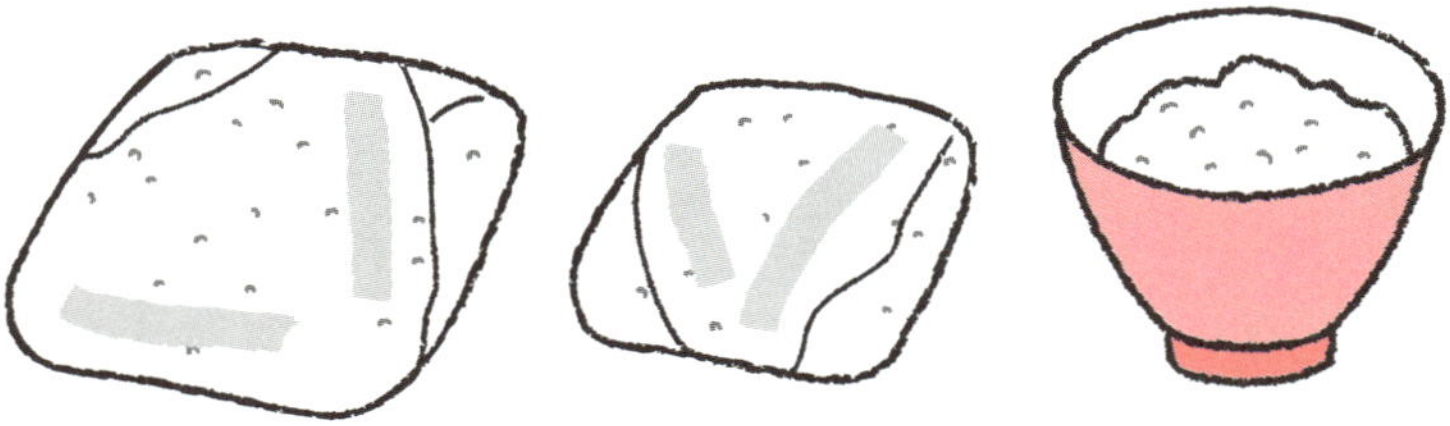

300gの冷凍ごはんを電子レンジ加熱したごはん　150gの冷凍ごはんを電子レンジ加熱したごはん　炊きたてのごはん

結論 小さいほうがおいしい

加熱むらはおいしさに影響する。冷凍ごはんは、炊きたてと比べると全体的に評価が低くなる傾向にある。300gで冷凍した場合は「におい」、「かたさ」の項目と「総合評価」が顕著に低かった。150gのほうが、炊きたてに近い評価であった（図2）。

図2　ごはんの官能評価

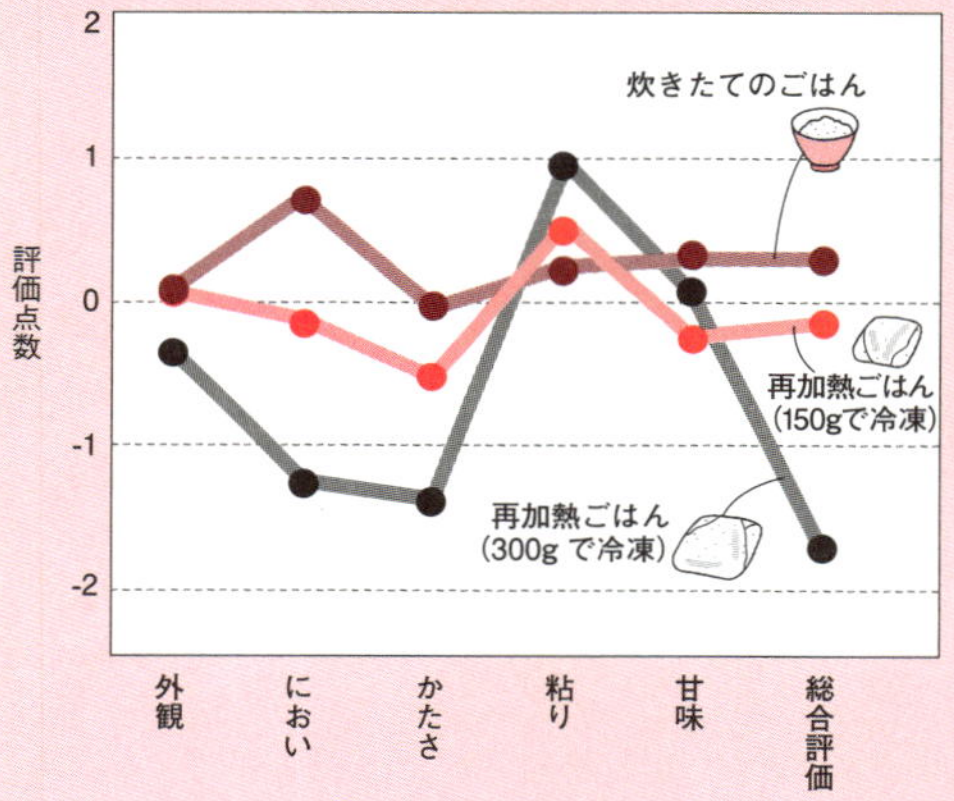

評価項目の点数は、−2、−1、0、1、2の順に、好ましくない→好ましいとしている。

【実験条件】

❶炊きたてのごはん、150gの冷凍ごはんを電子レンジ加熱したごはん、300gの冷凍ごはんを電子レンジ加熱したごはんの3種類を、食味評価を行なうパネル※に試食してもらう。

❷ごはんの「外観」、「におい」、「かたさ」、「粘り」、「甘味」、「総合評価」の6項目について点数をつけて評価してもらい、おいしさを比較する。

※パネルとは、官能評価を行なう人々の集団（評価者10名）。

「冷凍ごはんをおいしくするための条件」

炊くとき米は浸水時間をとる（30〜60分）

米は充分浸水させてから、スイッチを押します。炊飯器の炊飯時間は、短時間の浸水時間が含まれていることが多いのですが、事前に浸水時間を充分とったほうが、おいしく炊き上がります。炊きたてのごはんでは食味への影響は出ませんが、冷凍ごはんを再加熱すると、浸水させたほうが、ごはんの食味は低下しにくいのです。

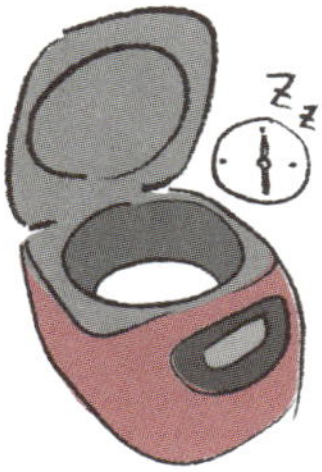

包むとき小分けにする（1食分150g程度）

ごはんの粒をつぶさないようにラップで包み、室温にさめたら冷凍しましょう。形は縦横８cm（厚みは３cm未満）程度に成形するのがおすすめ。うまく炊けていても、大きなかたまり状で冷凍することで加熱むらが生じます。

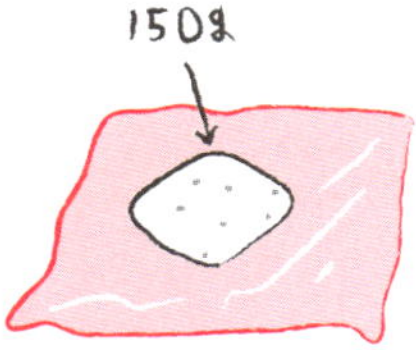

再加熱するとき置き方は取扱説明書に従う

置き方は、冷凍ごはんの温まり方に影響します。電子レンジは機種によって機能的な特徴があり、食品を効率的に加熱するための置き方が異なります。食品全体をうまく加熱するためには取扱説明書に従うことがたいせつです。

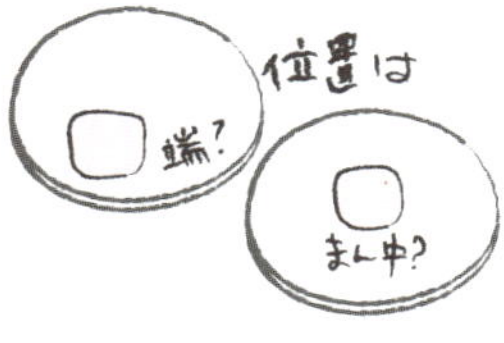

結論は小分けの冷凍がいいってこと！

おまけの実験

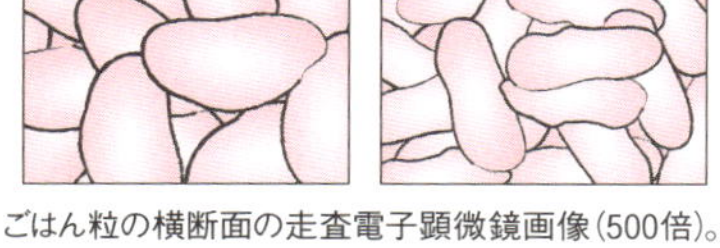

ごはん粒の横断面の走査電子顕微鏡画像（500倍）。

事前浸水はごはんの食味に影響

事前に浸水時間をとった場合（左）はとらなかった場合（右）と比べ、細胞がふくらんでおり、ぼそぼそとした食感になりにくい。

調べてみました！

みんなの「冷凍ごはん」事情

【実態調査】ごはんは毎日炊く？　冷凍するときはどんな形？

主婦とひとり暮らしの女子大学生にアンケートを行ないました。

1個分の重さは？

回答者：主婦 64 人　ひとり暮らし 41 人

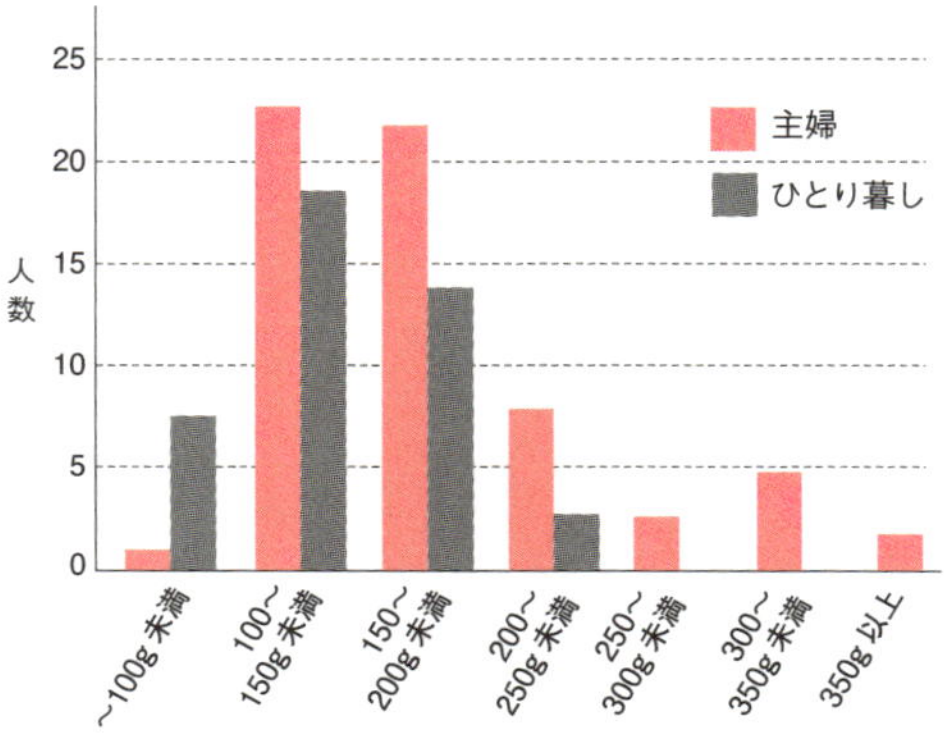

どんな形で冷凍してる？

回答者：主婦 66 人　ひとり暮らし 43 人

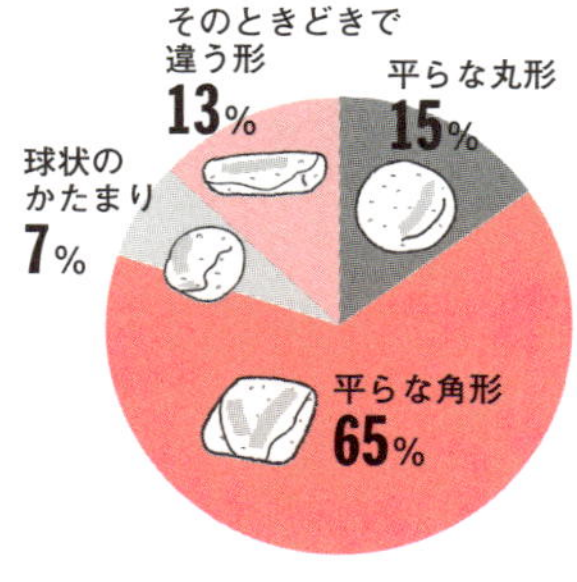

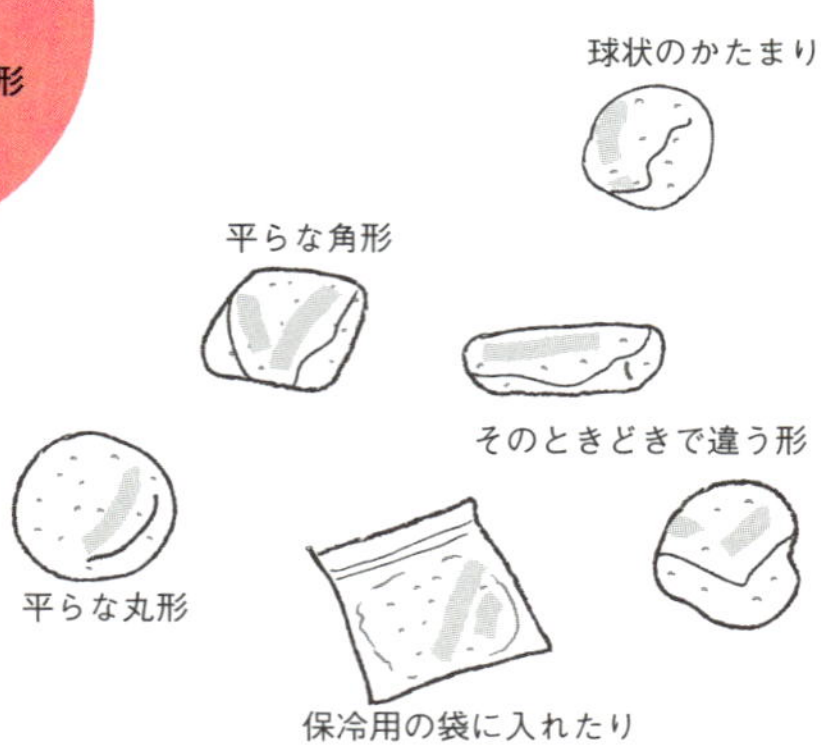

実際に写真に撮ってもらうと多彩な形がありました。

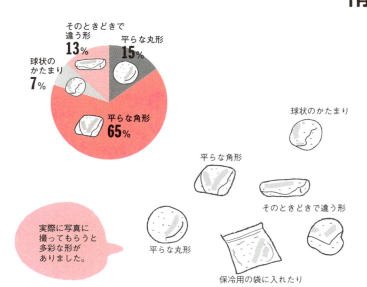

どうやって冷凍保存する？

調査対象者：主婦 95 人　ひとり暮らし 58 人

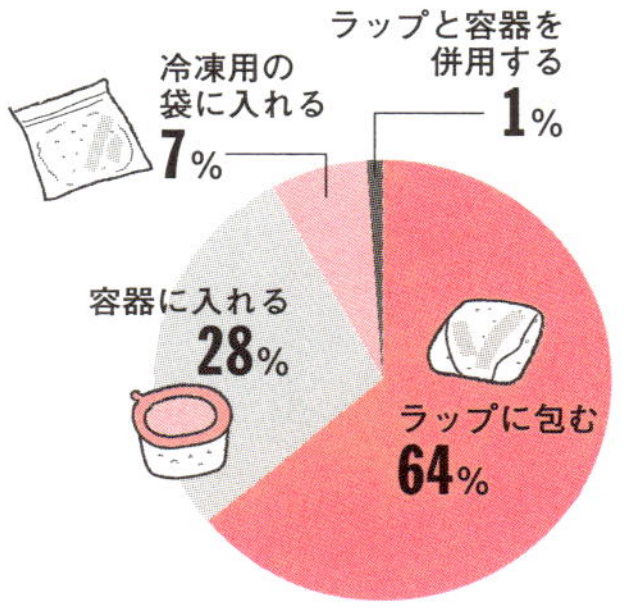

ごはんを冷凍する頻度は？

回答者：主婦 95 人　ひとり暮らし 68 人

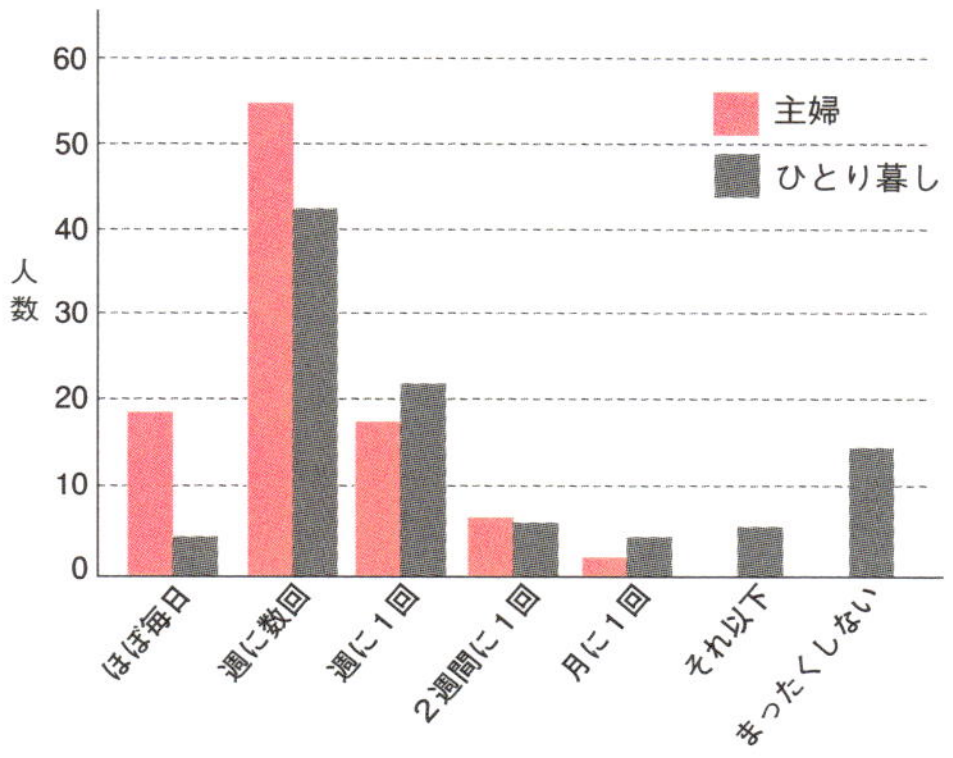

冷凍する目的は？

回答者：主婦 95 人　ひとり暮らし 58 人

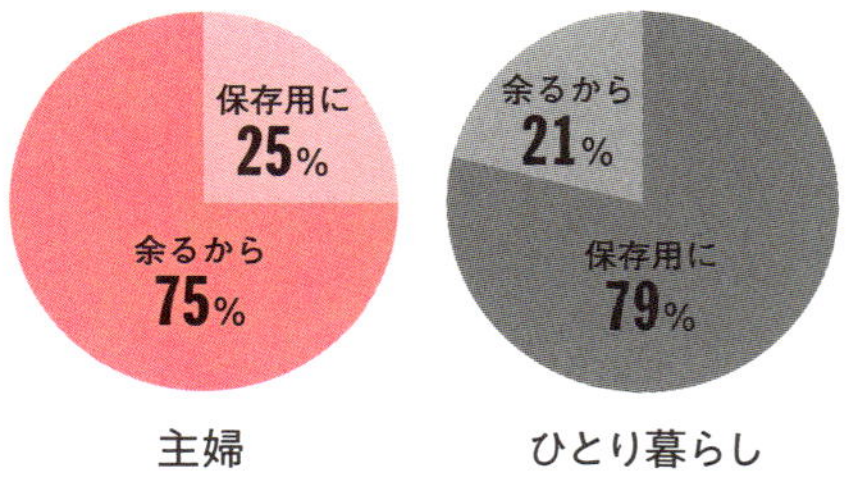

ごはんは毎日炊いてる？

回答者：主婦 95 人　ひとり暮らし 68 人

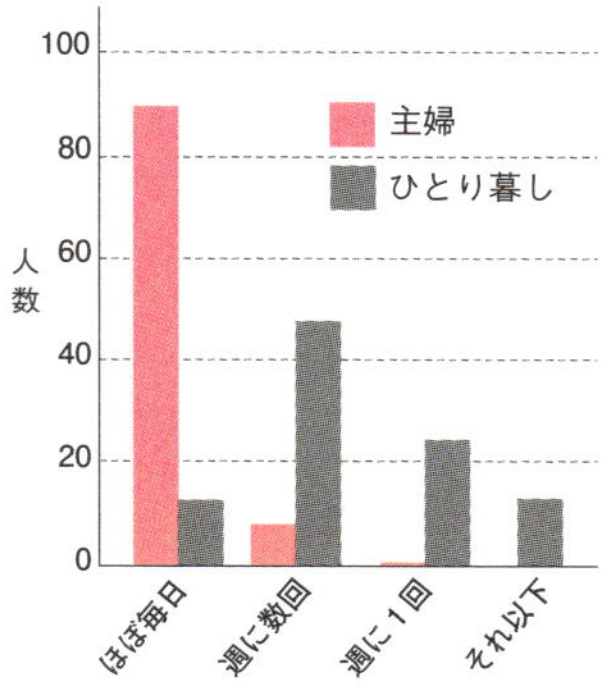

アンケート結果より…

ひとり暮らしは、冷凍する分を見込んで炊くことが多いようです。

冷凍ごはんはみんなの身近な存在ですね。


注）アンケート回答者の「主婦」は日立主婦モニター、「ひとり暮らし」は女子大学生。

調査項目によって対象者数が異なります。

協力／日立アプライアンス（株）

ピースごはんは、どの方法で炊くのがよいのか。

手間とおいしさを考えると、ピースごはんは**生の豆を最初から加えて**炊く方法がおすすめ。

3つの炊き方――「A 浸水した米に生の豆を初めから加えて炊く」「B 豆をゆで、そのゆで汁を加えて米を炊き、炊き上がりにゆでた豆を加える」「C 米を炊き、炊き上がりにゆでた豆を加え混ぜる」で炊いたピースごはんを比べました。

結果、Aの生の豆を初めから加えて炊く方法が、豆の色の悪さに目をつぶれば、手間がかからなくて味がよいので、家庭ではよい方法です。

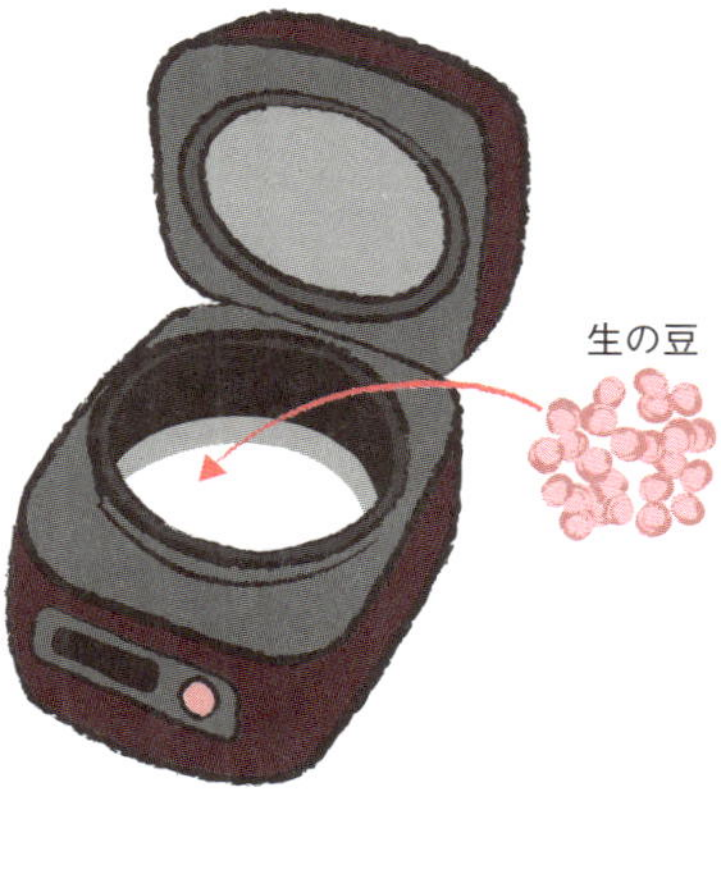

検証

炊き方による炊き上がりの違い

基本の
ピースごはんの材料

材料／４人分
精白米……………２合（300g）
［酒…………………大さじ１
　水……炊飯器の２合の目盛り
　　　　に合わせて入れる
塩（米の1.5%塩分）
　………………小さじ¾（4.5g）
グリーンピース（米の約30%）
　…………………………100g
1人分 296kcal　塩分 1.1g

A

浸水した米に
生の豆を
初めから加えて炊く

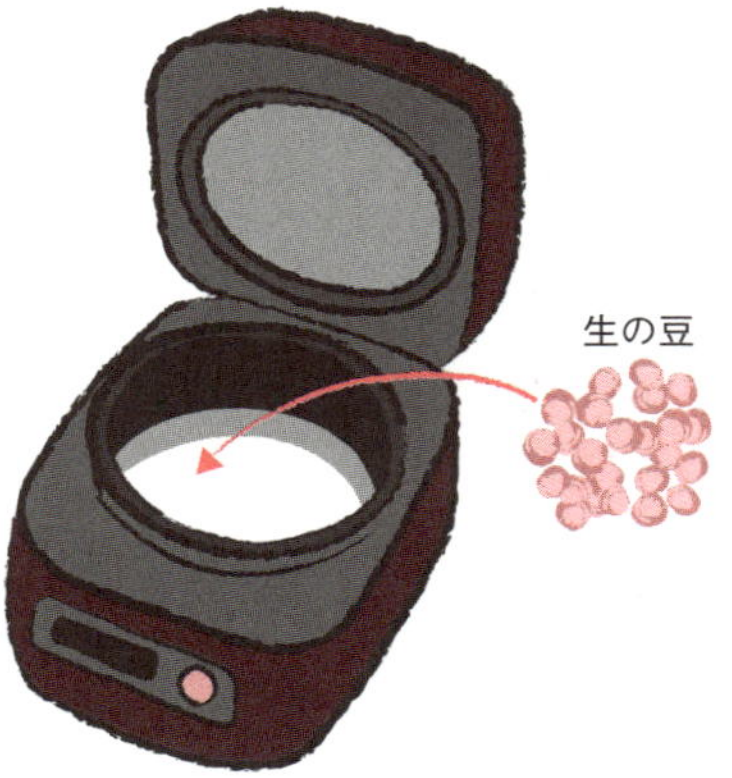

米２合を洗い、水を炊飯器の２合の目盛りまで加えて30分浸水したあと、酒大さじ１、塩小さじ3/4（4.5g）、グリーンピース150gを加え混ぜて炊く。

炊き上がり

豆の色がくすみ、
見た目はあまりよくない。
しかし、豆の香りは強く、
ごはん全体に
甘味があって味がよい。

C

米を炊き、炊き上がりにゆでた豆を加え混ぜる

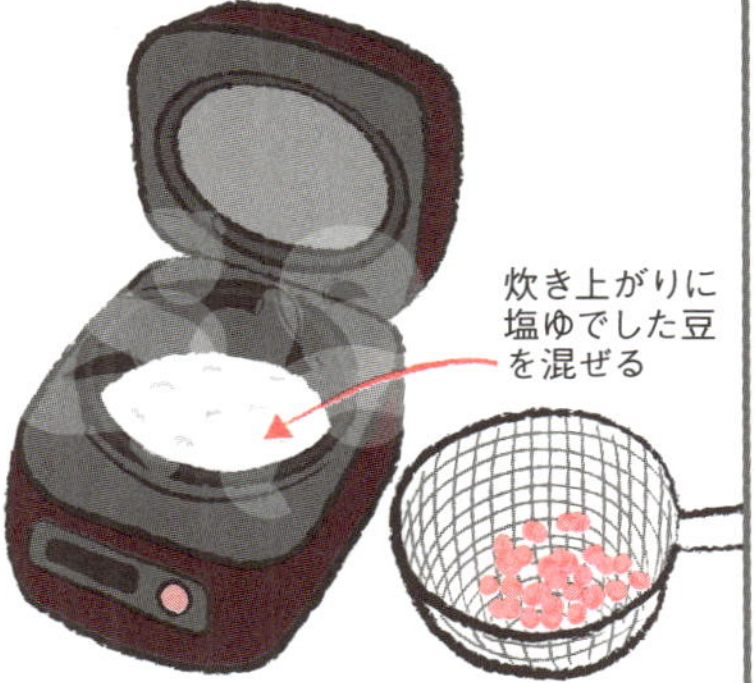
炊き上がりに
塩ゆでした豆
を混ぜる

2カップの湯に塩小さじ1/3（2g）を加え、豆を入れて沸騰後15分ゆでる。ゆで汁は捨て、豆は冷水にとって冷やす。米2合は洗い、水を炊飯器の2合の目盛りまで加えて30分浸水した後、塩小さじ3/4（4.5g）と酒大さじ1を加えて炊く。炊き上がりにゆでた豆を加え混ぜる。

炊き上がり

豆の色が鮮やかで見た目はきれいだが、ごはん全体の香り、甘味ともに弱い。

B

豆のゆで汁を加えて米を炊き、炊き上がりにゆでた豆を加える

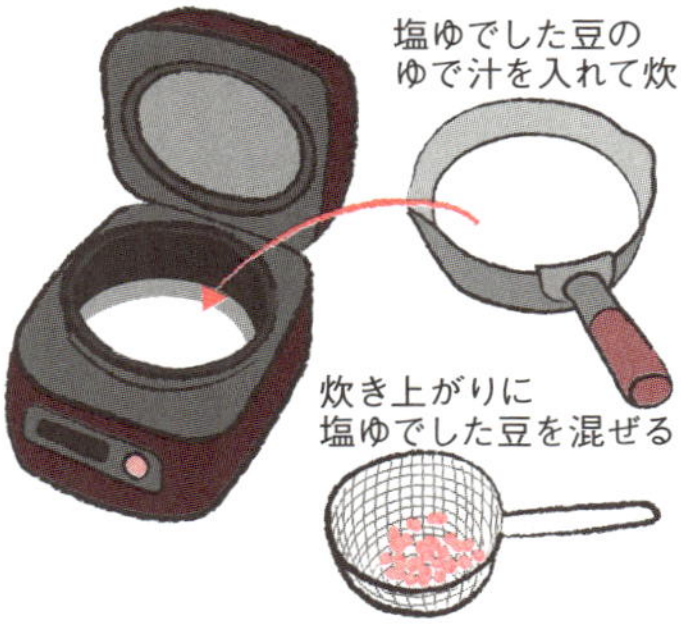
塩ゆでした豆の
ゆで汁を入れて炊く
炊き上がりに
塩ゆでした豆を混ぜる

2カップの湯に塩小さじ1/3（2g）を加え、豆を入れて沸騰後15分ゆでる。豆とゆで汁に分ける。米2合は洗い、さましたゆで汁と水を炊飯器の2合の目盛りまで加えて30分浸水し、塩小さじ1/2弱（2.5g）、酒大さじ1を加えて炊く。炊き上がりにゆでた豆を加え混ぜる。

炊き上がり

豆は鮮やかな緑色で見た目はよい。ごはん全体の香りはよいが、甘味はやや弱い。

結論

家庭では生の豆を初めから加えて炊く方法がおすすめ。

あなたはどんな方法でピースごはんを炊きますか？3つの炊飯方法でその炊き上がりを比較しました。

Aは生の豆を初めから加えて炊く方法で、豆の香り、味の総合、テクスチャーともに評価が高い炊き上がりです（図1）。

豆の甘味が強いのは豆の加熱時間の違いによります。BとCの場合、豆の加熱時間はゆでる15分であるのに対して、Aは炊飯時間の40分と長いので、豆のでんぷんの糖化が進んで甘味が増します。

ただし、生の豆を直接加えて炊くので、炊き上がりの豆の色は悪くなります。

Bは豆のゆで汁も加える炊飯方法で、炊き上がりの外観、全体の香りはよいのですが、Aに比べて豆の加熱時間が短いため、ごはん全体の甘味がやや弱いとの評価になりました（図1）。総合評価ではAよりややよい評価でした。豆をゆでる、ゆで汁をさましてから米に加えるなどの手間はかかりますが、見た目を美しく、さらに豆の味、香りを残すにはよい方法といえます。

Cの方法で炊いたものは、外観以外は最も低い評価になりました（図1）。見た目はよいのですが、米を水、酒、塩を加えて炊いて、ゆでた豆を混ぜるだけなので豆の香りがほとんどありません。また、豆の加熱時間が15分なので豆の甘味も弱く、全体としての味もよくありませんでした。

Aの炊飯方法は豆の色の悪さに目をつぶれば、手間がかからなくて味がよいので家庭ではよい方法だといえましょう。少々手間はかかるけれど、見た目も美しくておいしく仕上げたいというときはBの方法がよいでしょう。

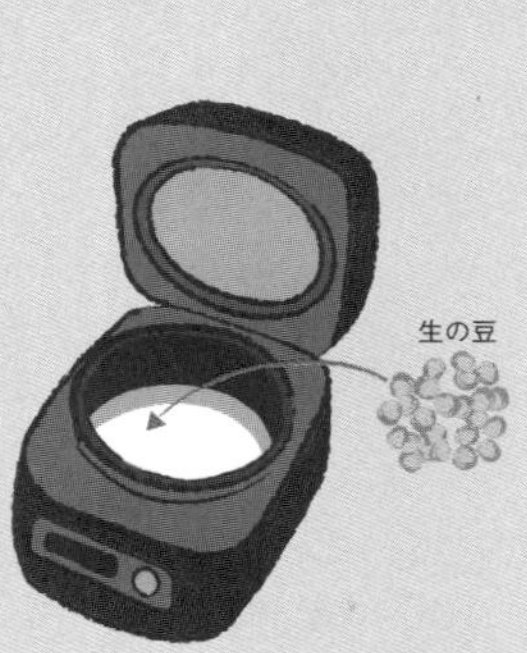

図1　3つの炊飯方法の官能評価値

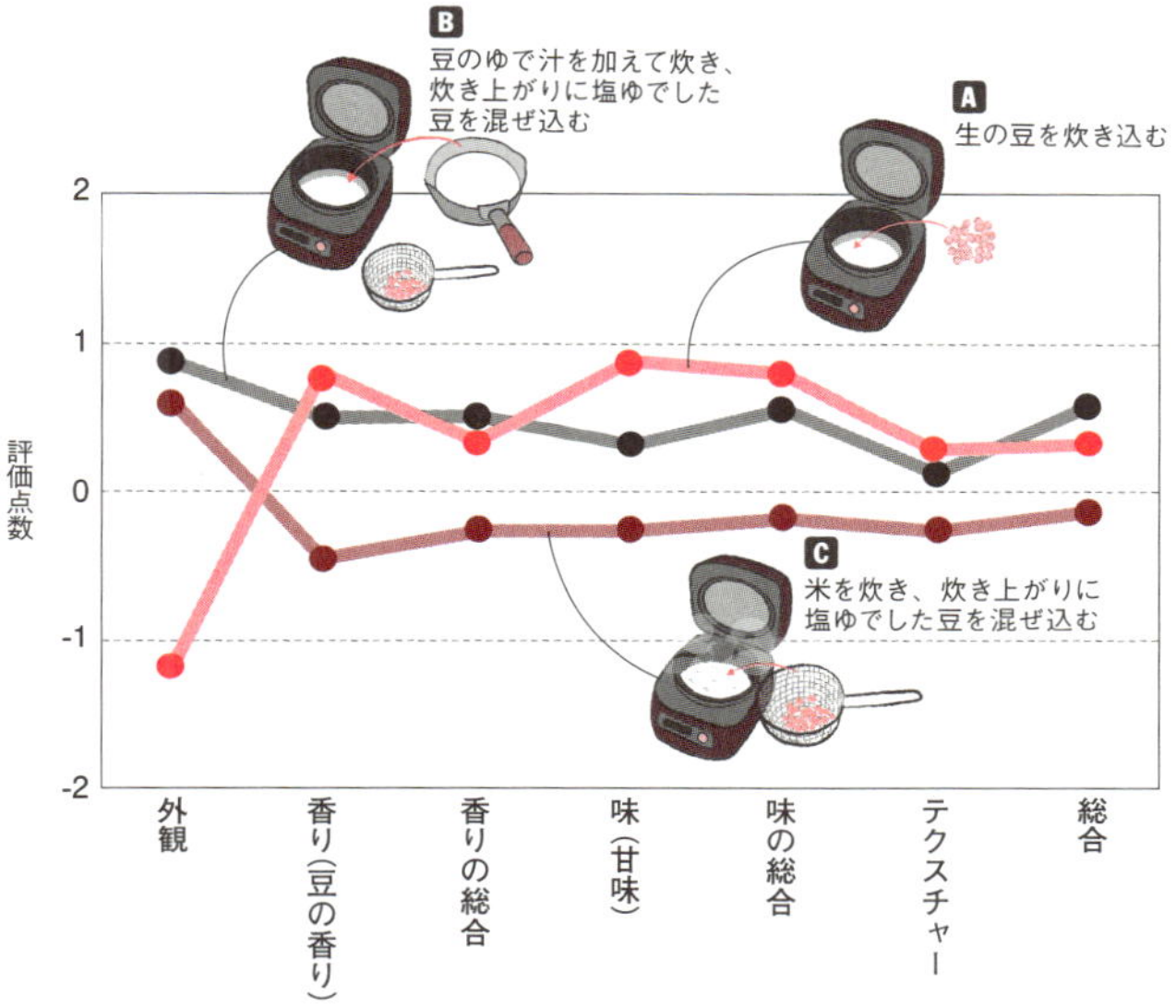

【官能評価の図の見方】

炊き上がったピースごはんの外観、香りの総合、味の総合、テクスチャー、総合の５項目は非常によい３点、よい２点、ややよい１点、普通０点、やや悪い－１点、悪い－２点、非常に悪い－３点と点数を配し、豆の香りとごはん全体の甘味については非常に強いを３点とし、非常に弱いの－３点まで同様に点数を配した。点数が高いほうが評価が高い。

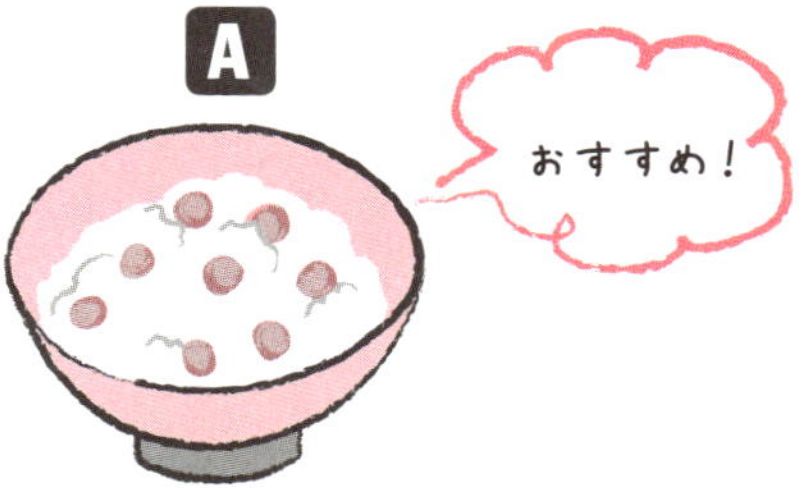

32

パスタのゆで湯の適切な食塩濃度は？

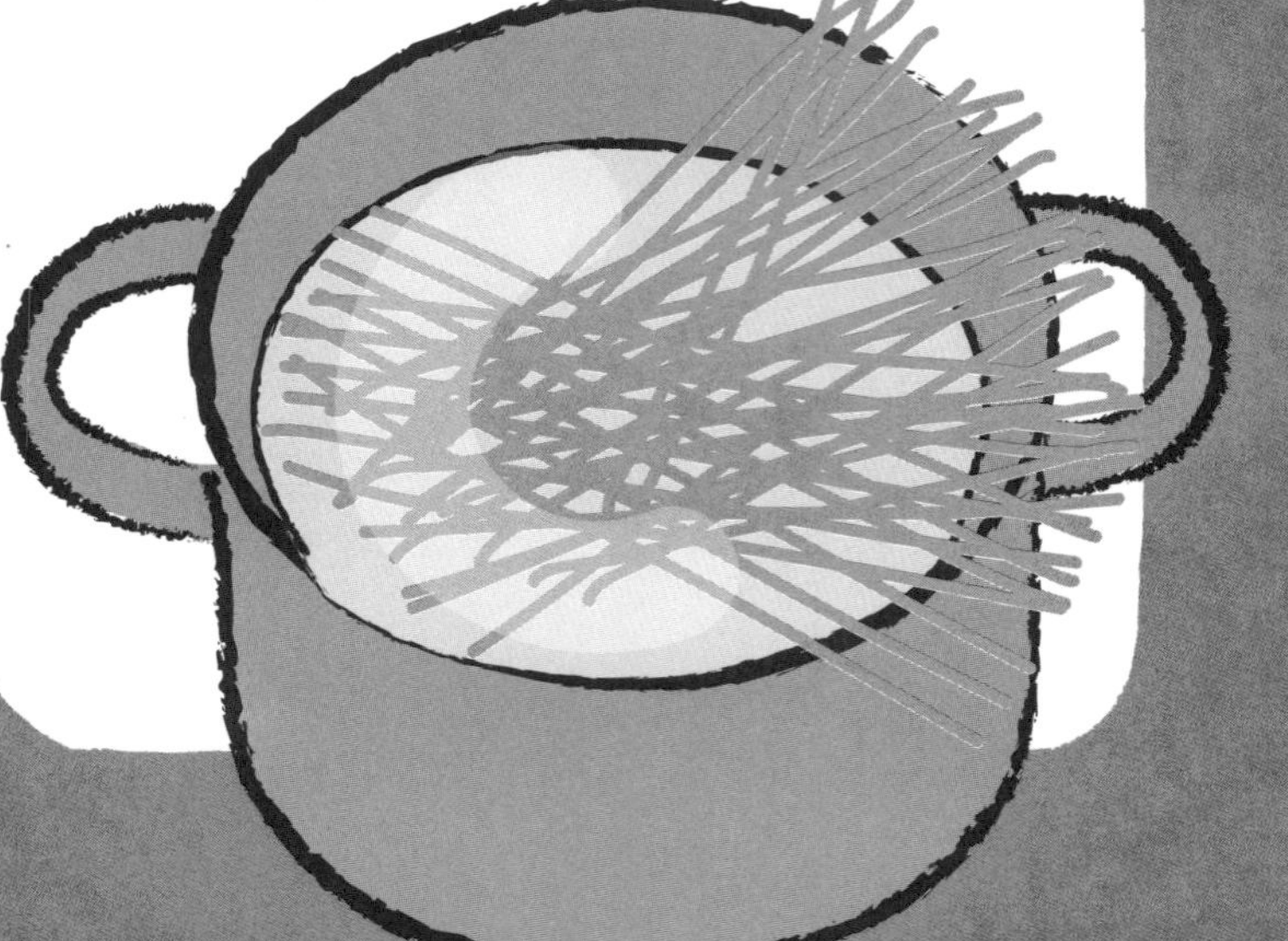

ソースをからめるときの
ゆで湯のほどよい食塩濃度は0.5%。

ソースをからめるパスタ料理のときは、パスタのコシと味のバランスを考えると、ゆで湯の食塩濃度は0.5%にすることをおすすめします。

ただし、味の面だけでいえばゆで湯に塩を加えなくても充分においしく食べられます。

検証 1 ゆでたパスタの食塩のしみ込み状態とかたさ

【実験条件】
ゆで湯の量はパスタの重量の12倍とし、パスタのゆで時間は沸騰したゆで湯に投入後 11 分間とした（実験のさいは専用の加熱器具を使用）。
★家庭で作るときは、ゆで湯の量はパスタの重量の10倍程度にする。ゆでる所要時間は包装の表示のゆで時間を参考にすればよい。

実験に使った食材
パスタ：日清製粉（株）「マ・マースパゲティ」1.8㎜太さのもの
食塩

ゆで湯の食塩濃度
0%、0.5%、1.0%、1.5%、2.0%の 5 段階に設定。

【官能評価】
評価者 10 名。

結論

ゆで湯の食塩濃度が**高いほど、**パスタにも食塩が**しみ込む。**

ゆで湯の食塩濃度が高くなるにつれてパスタにしみ込む食塩はほぼ直線的に増加した（図1）。

なお、ゆで終了後のゆで湯の食塩濃度はパスタをゆでる前のそれとほぼ同値であった。

塩を入れた湯でパスタをゆでると塩味がついて**「コシ」が強まる。**

食塩濃度が高くなるにつれて破断強度が高まる（図2）。すなわち、ゆで湯の食塩濃度が高いほどめんがしまってコシが強くなり、かたくなる傾向にあることがわかる。

図1　食塩のしみ込み状態（塩分分析計で測定）

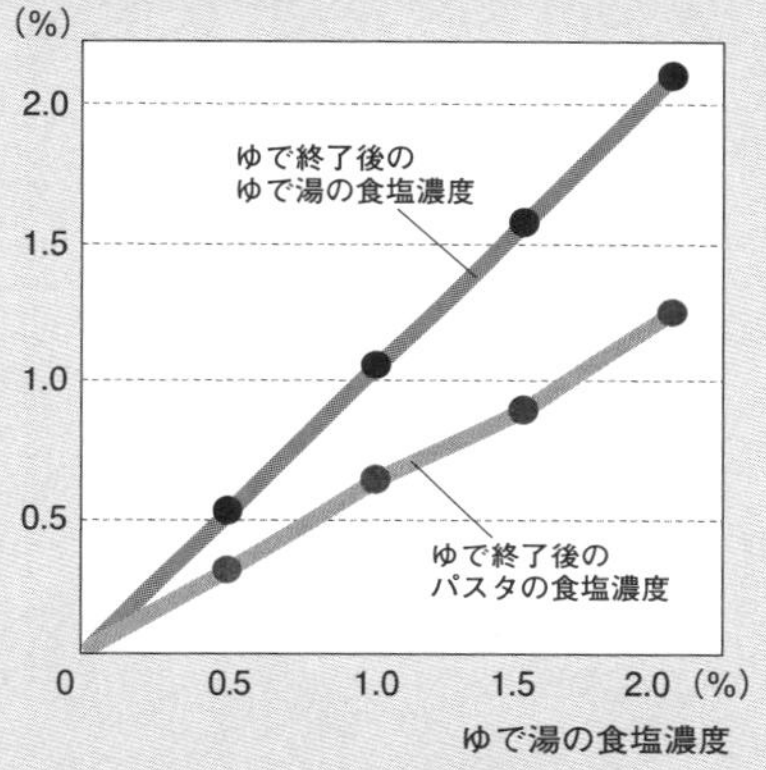

図2　破断強度測定値（ゆで上がり20分以内のパスタで測定）

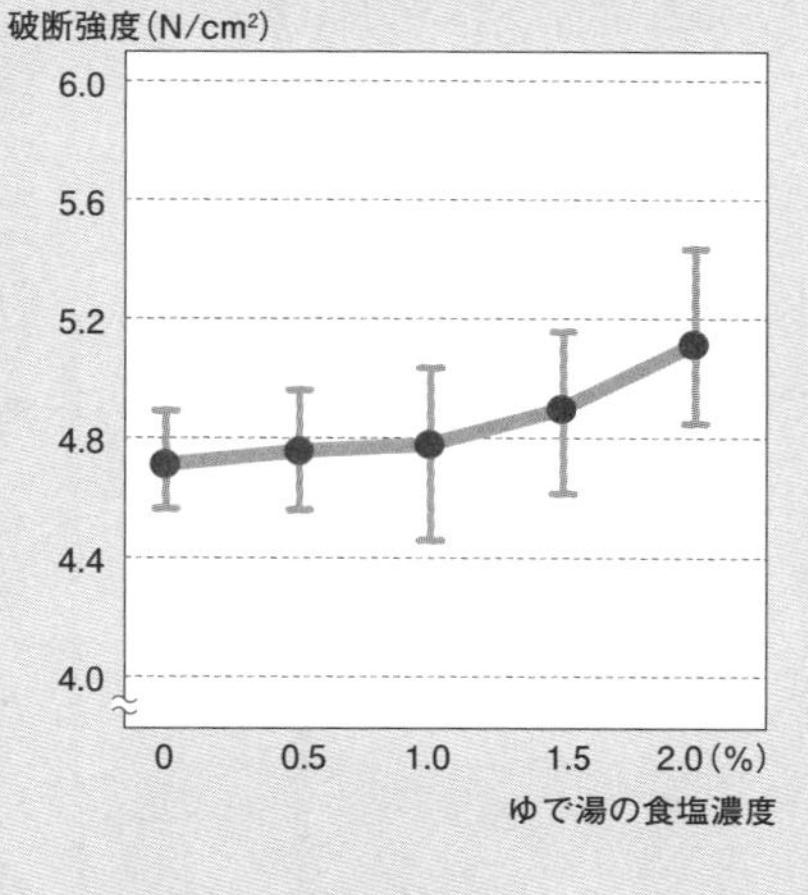

検証 2

ゆでたパスタの味を官能評価でチェック

次の4種の試料で比較した。

❶温かいもの：ゆで上げてすぐに食べた。（温度約 40℃）

❷さましたもの：ゆで上げてから 2 時間以上経過したものを食べた。（温度約 20℃）

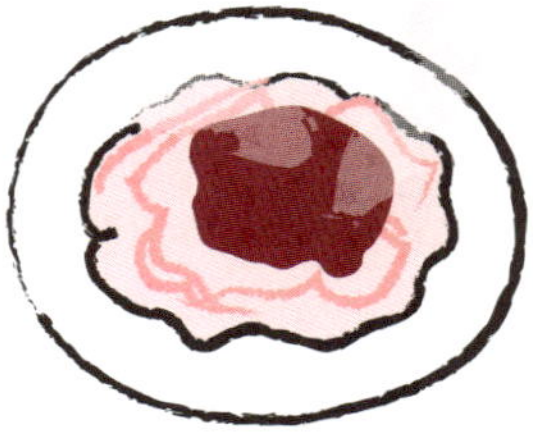

❸ミートソースかけ：ゆで上げ直後に、パスタの重量の 25％重量の温かいミートソースをかけて食べた。（温度約 40℃）

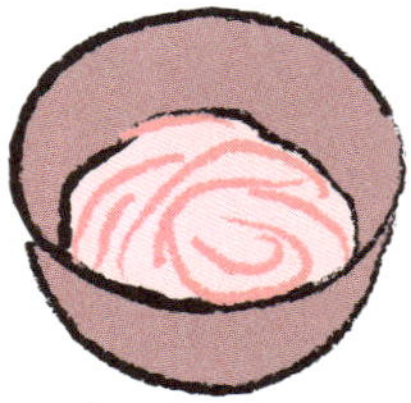

❹サラダ：ゆで上げ直後に、パスタの重量の 20％重量の常温の調味液（マヨネーズと牛乳を 1：1 の割合で混ぜたもの）をからめ、さましてから食べた。（温度約 20℃）

ミートソースかけ　「日清製粉（株）マ・マーパスタソース　ミートソース　マッシュルーム入り」を使用。ミートソースの塩分は 1.9％であった。
サラダ　ゆで上げ直後のパスタに常温の調味液をからめ、20℃にさましたものを供した。調味液の塩分は 1.8％とした。

パスタのゆで湯に塩を加えるのは「パスタに下味をつける」「パスタのコシを強くする」ため

パスタのゆで湯に加える塩には「パスタに下味をつける」「パスタのコシを強くする」といった効能があります。ただし、ゆで湯の食塩濃度が高くなるほどパスタにつく下味の塩味は強くなります。パスタ料理はパスタを塩湯でゆでることを基本にしますが、目的とする料理に適する塩加減に仕上がるようにゆで湯の食塩濃度を調節しましょう。

　パスタのコシと味のバランスを考えると、ゆで湯の食塩濃度は0.5％にすることをおすすめします。しかし、ミートソースをからめるパスタ料理にするときは、味の面だけでいえばゆで湯に塩を加えなくても充分においしく食べられます。

結論

ほどよい塩加減であれば**甘味を感じる。**

ゆで湯の食塩濃度が高くなるほど塩味を強く感じ、ほどよい塩加減であれば甘味を感ずるとの評価であった。総合的にはうすすぎず濃すぎずが評価が高い結果になった。すなわち、温かいもの・さましたもの・サラダについてはゆで湯の食塩濃度が1.0％および1.5％が評価が高く、味が濃いミートソースかけは食塩濃度が0％および0.5％が高い評価を得た（図3）。

ゆで湯の食塩濃度が高くなるにつれ、**コシが強くなる。**

ゆで湯の食塩濃度が高くなるにつれてかたくてコシが強いと感じられる傾向にあり、温かいもの、さましたもの、サラダは1.0～2.0％の評価が高かった。一方、ミートソースかけはソースがテクスチャーの差を緩和したためか、ゆで湯の食塩濃度による差は見られなかった（図4）。

濃い味つけのパスタの場合、食塩濃度を**低くする。**

温かいもの、さましたもの、サラダは1.0％および1.5％のゆで湯が比較的高い評価を得た。一方ミートソースかけは0％および0.5％の評価が高かった（図5）。

図3　味の官能評価

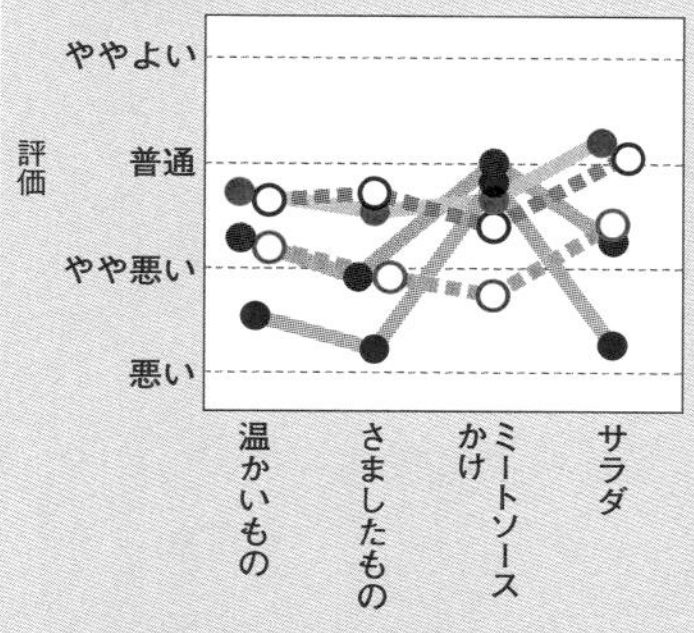

図4　テクスチャーの官能評価

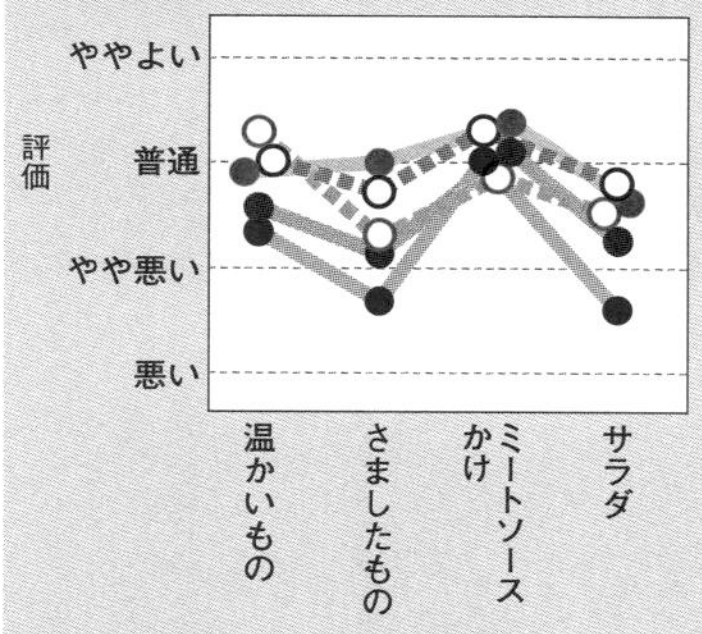

図5　総合の官能評価

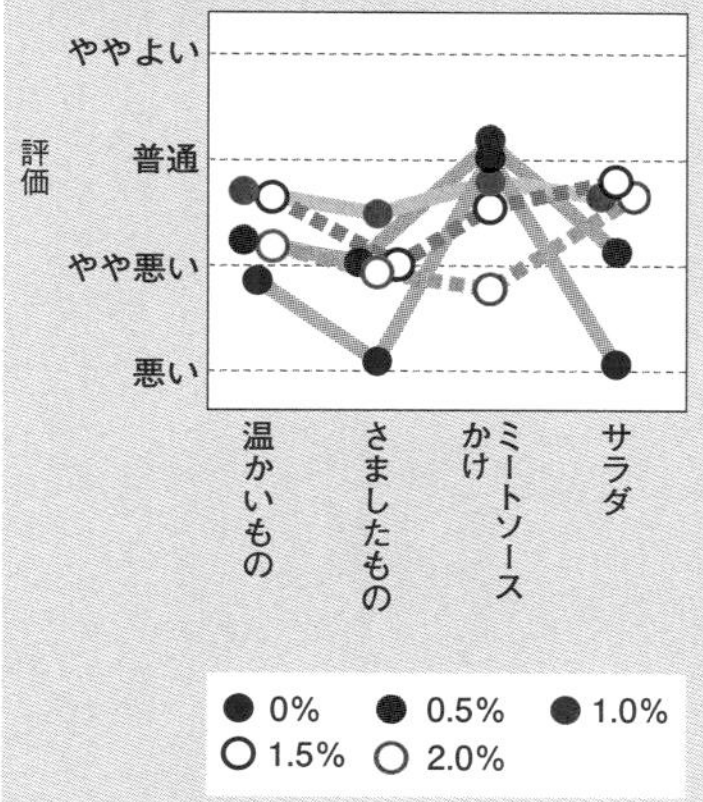

天ぷらをサクサクとした食感にする方法は？

天ぷら衣に
ベーキングパウダーを入れると、
時間がたっても
サクサク感を含め、揚げたてと変わらない。

揚げてすぐに食べるなら普通の衣（小麦粉＋卵＋水）がよいのですが、弁当のおかずのように時間をおく場合は、衣にベーキングパウダーを加えるとカリッとした食感が持続します。

普通の天ぷら衣

小麦粉 100g ＋卵 1 個＋
冷水 2/3 カップ（約 130mℓ）

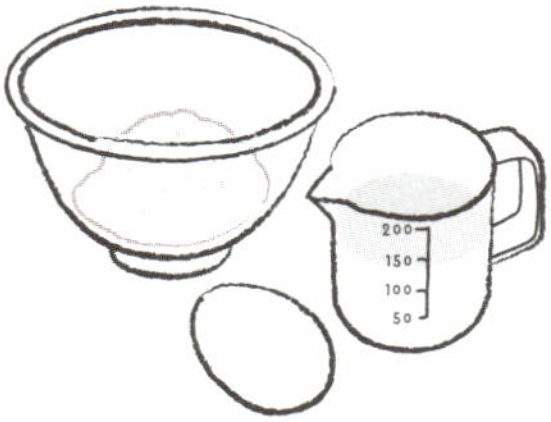

サクサク感を
持続させるには……

＋

ベーキングパウダー3g
（小さじ 3/4）

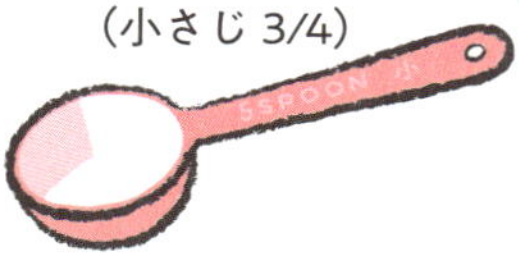

検証

天ぷら衣によるでき上がりの違い

普通の天ぷら衣と、膨張剤である重曹やベーキングパウダーを加えた3種類の衣で、「揚げたて」と「揚げてから6時間たったとき」の衣のサクサク感を比較した。

※揚げる素材は、揚げ上がりの見た目や衣の食感の差がよく出るように、表面積が大きくて吸油量が多い春菊で行なった。
揚げ油の温度は165℃とした。

A

普通の天ぷら衣

卵1個と冷水2/3カップを混ぜ合わせた卵水に、小麦粉100gを加えてさっくり混ぜる。

↓

揚げたて

衣がパリッとしていて、カラリと揚がっている。

↓

揚げて6時間後

油っぽさはないが、衣がしっとりとなり、サクサク感はない。

C

ベーキングパウダーを加えた衣

小麦粉100gに対して、ベーキングパウダーを粉の３％（3g）加える。これを卵１個と冷水2/3カップを合わせた卵水に加えてさっくり混ぜる。

揚げたて

見た目はカラリと揚がっていて、サクサクとした歯ざわり。食べると少々油っぽい。

揚げて６時間後

全体的に揚げたてのときと変わりない。

B

重曹を加えた衣

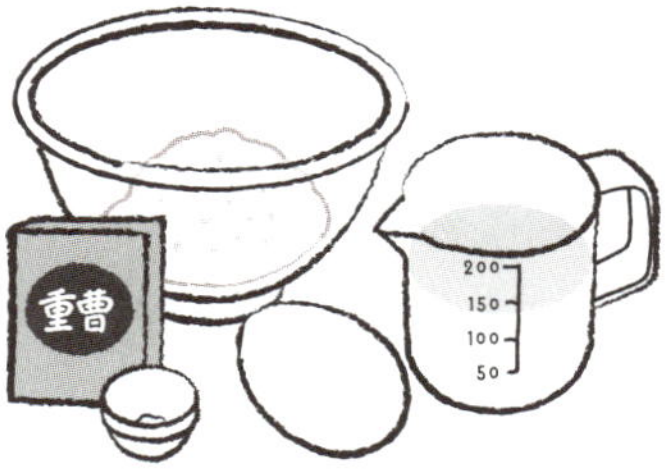

小麦粉100gに対して、重曹を粉の１％（1g）加える。これを卵１個と冷水2/3カップを混ぜ合わせた卵水に加えてさっくり混ぜる。

揚げたて

衣が黄色みを帯びていて油っぽい。

揚げて６時間後

見た目も食べても油っぽい。

●ベーキングパウダーは、［重曹含有率25%＋他の膨張剤］であるのを考慮して、条件をそろえるために重曹の３倍量を使用しました。

天ぷらをサクサクに揚げるにはどんな衣がよいのか

天ぷらの衣をサクサクとした感じに揚げるのはむずかしいものです。そこで、サクサクと揚げるために、衣に膨張剤である重曹やベーキングパウダーを加える方法があります。揚げたてと揚げてから6時間たったときの衣のサクサク感を、普通の衣、重曹入りの衣、ベーキングパウダー入りの衣の3種で比べました（図1）。揚げる素材は、揚げ上がりの見た目や衣の食感の差がよく出るように、表面積が大きくて吸油量が多い春菊で行ないました。揚げ油の温度は165度としました。

A 普通の天ぷら衣の場合

揚げたて、6時間後、ともに食べてみての油っぽさは少なく、味の面では高評価です。しかし、時間の経過とともに衣がしんなりして歯ざわりが悪くなり、6時間たつと、テクスチャーの各評価はBCより低くなります。

B 重曹入り衣の場合

衣の色が黄色みを帯び、見た目がよくありません。これは、アルカリ性である重曹が小麦粉中の色素と反応したからです。食べると、揚げたても6時間後も油っぽく、重曹による苦味もあり、味の評価は3つの中で最低になっています。テクスチャーは時間の経過による変化はさほどなく、特に悪い評価ではありませんが、外観、味の悪さが影響して、総合評価は揚げたても6時間後も最低でした。

C ベーキングパウダー入り衣の場合

普通の衣に比べるとやや油っぽさを感じはするものの、食感は揚げたても6時間後も3つの中で最もサクサクとしてよい歯ざわりです。早くに作っておくのに適した衣といえます。

重曹が一気にガスを発生するのに対して、ベーキングパウダーは、持続的にガスが発生して膨化が順調に進むように成分が配合してあります。持続的にガスが発生することで衣に含まれる水分が抜けやすくなり、その結果サクッとした衣になります。

膨張剤を入れると吸油量が増える

もう一つの実験として、3種を、衣だけ20gずつを170度の油で約2分揚げて、揚げる前と揚げてから15分後との重量の変化を調べてみました。普通の衣は揚げたあとのほうが11％軽くなり、重曹入りとベーキングパウダー入りはそれぞれ4％、5％重くなりました。普通の衣の場合、揚げることによって水分が蒸発し、吸油します。水より油のほうが軽いですから揚げたあとのほうが軽くなります。他の2種は、膨張剤の働きにより衣が約2倍容積に膨張し、ガス発生とともに水分の蒸発が進みます。衣の膨張によって普通の衣より油が付着する面積が大きくなり、吸収する油の量が多くなるので重くなると推測できます。以上の結果が、官能評価の油っぽさの評価につながると考えられます。

結論 時間を置く場合は、衣にベーキングパウダーを加えるとよい

揚げてすぐに食べるなら普通の衣がよいでしょう。弁当のおかずのように時間をおく場合は、衣にベーキングパウダーを加えるとカリッとした食感が持続するのでおすすめです。独特の苦みが気になるようなら、量を半分程度に減らしてもよいでしょう。

図1　3種類の天ぷら衣の官能評価

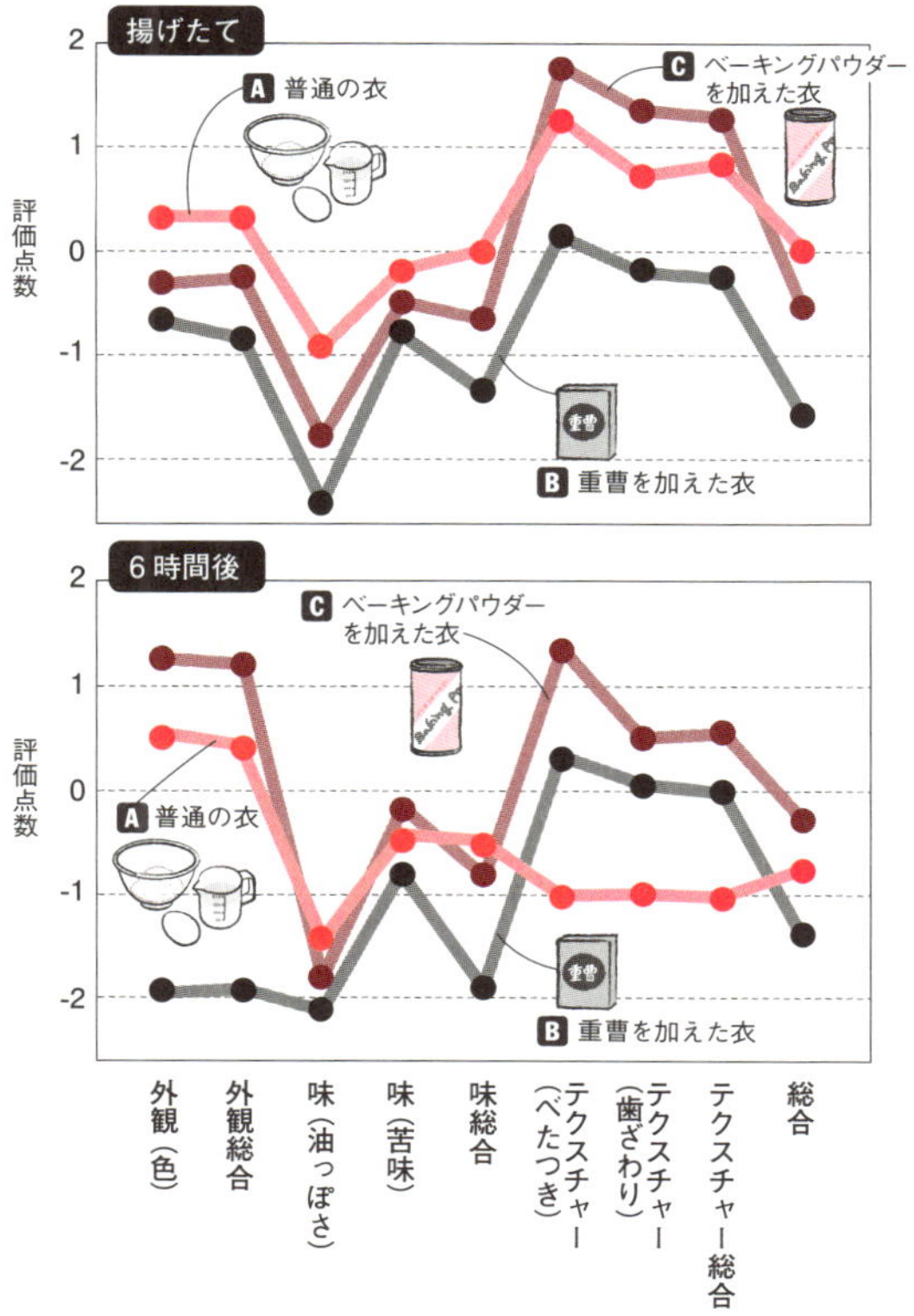

【官能評価の図の見方】

評価項目の各点数配分は、「外観（色）」「外観総合」「味総合」「テクスチャー（歯ざわり）」「テクスチャー総合」「総合」の６項目は非常によい３点、よい２点、ややよい１点、普通０点、やや悪い－１点、悪い－２点、非常に悪い－３点とした。「テクスチャー（べたつき）」は、非常にサクサクする３点、サクサクする２点、ややサクサクする１点、普通０点、ややべたつく－１点、べたつく－２点、非常にべたつく－３点とした。「味（油っぽさ）」と「味（苦味）」は、油っぽくない・苦くない各０点、やや油っぽい・やや苦い各－１点、油っぽい・苦い各－２点、非常に油っぽい・非常に苦い各－３点とした。

スポンジケーキの生地は、小麦粉を加えたらどのくらい混ぜたらよいのか。

小麦粉を加えたら、**150回程度混ぜるとよい。混ぜ足りないよりはやや混ぜすぎ**のほうが状態のよいスポンジケーキになる。

混ぜ回数が適度だと、ふくらみがよく、きめが均一でつやよく焼き上がります。しかし、混ぜる回数が少ないと、きめがあらく、不均一な焼き上がりになり、ざらついてぱさぱさした食感に焼き上がります。反対に、混ぜすぎると、ふくらみが悪くなり、ややかたくしまった感じの焼き上がりになります。しかし、混ぜるのが不足するより、しっかり混ぜるほうが弾力のあるきめのそろったスポンジになります。

検証

スポンジケーキの生地に小麦粉を加えてからの混ぜ方によるでき上がりの違い

混ぜ回数の合計

70回

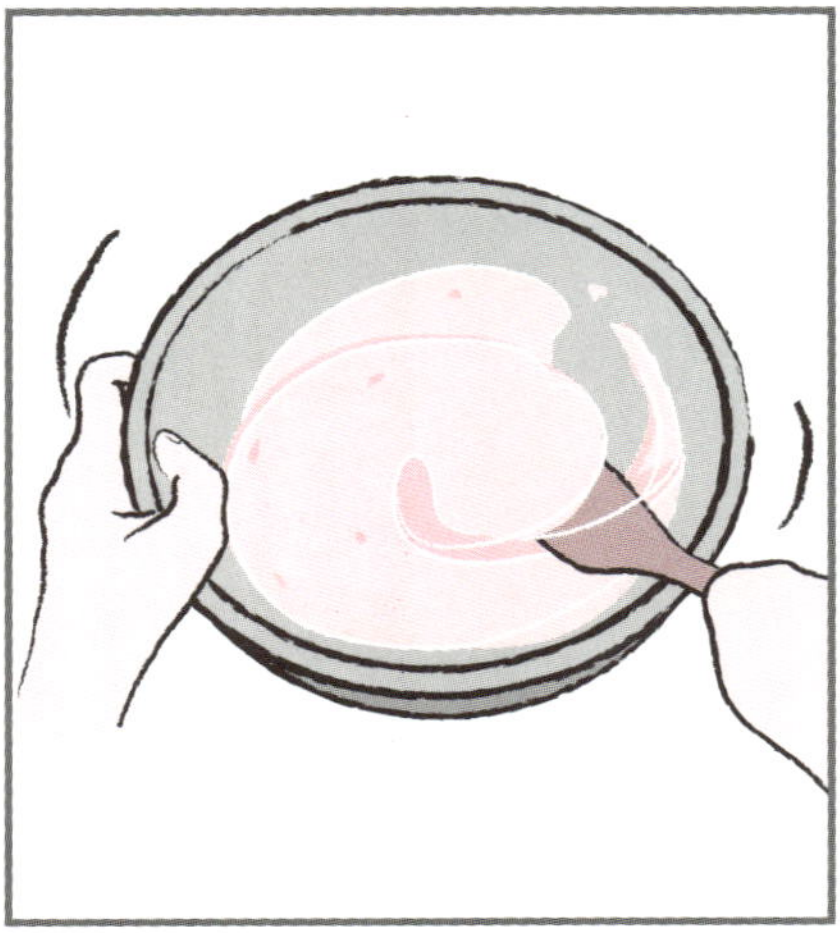

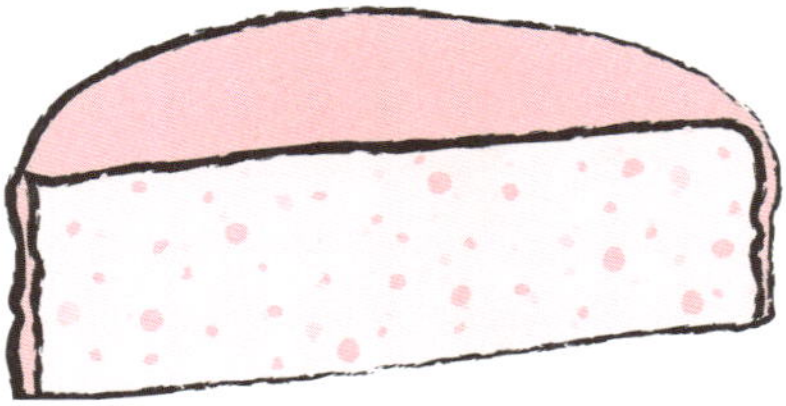

焼き上がり

きめがあらく、
パサついた感じになる。

混ぜ不足

混ぜ回数の合計

250回

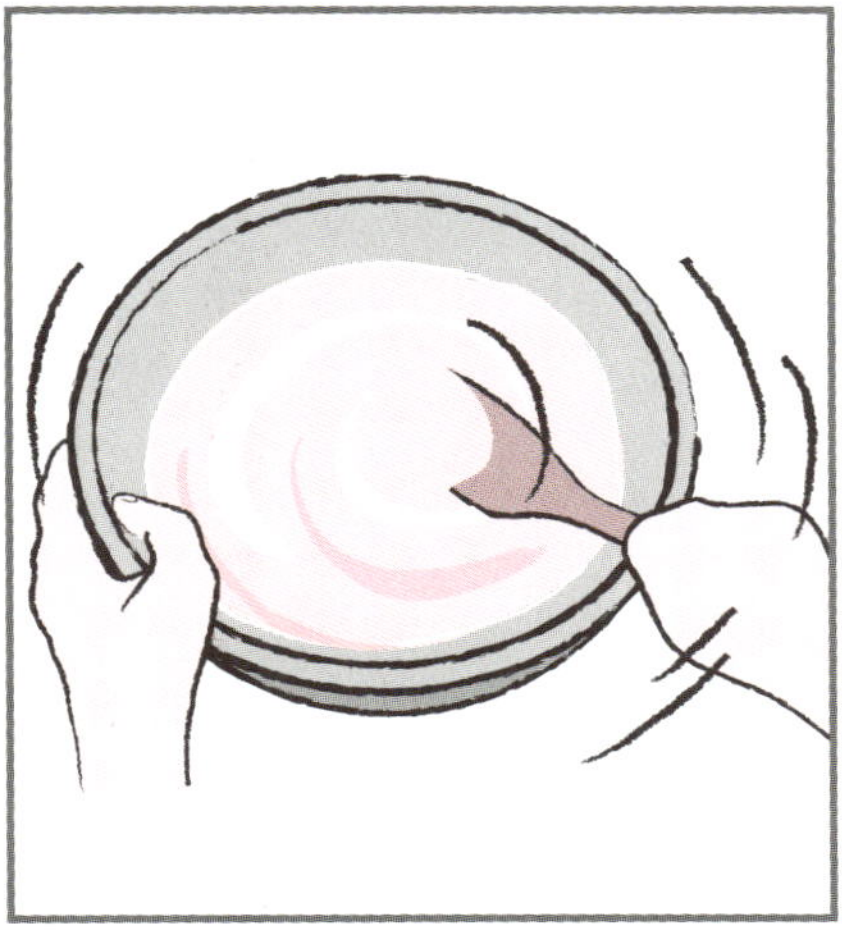

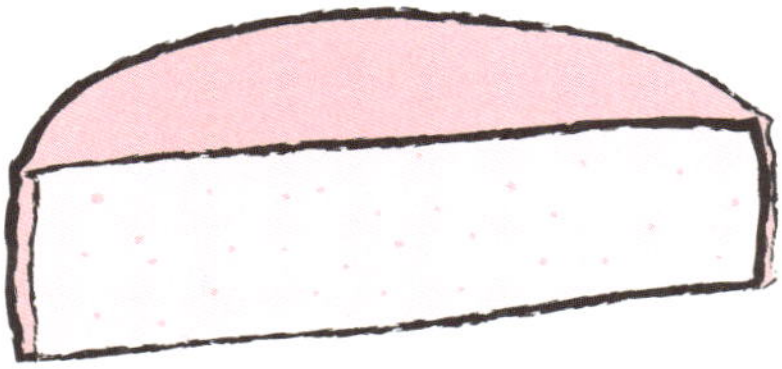

焼き上がり

やや しまった感じに 焼き上がる。

↓

混ぜすぎ

混ぜ回数の合計

150回

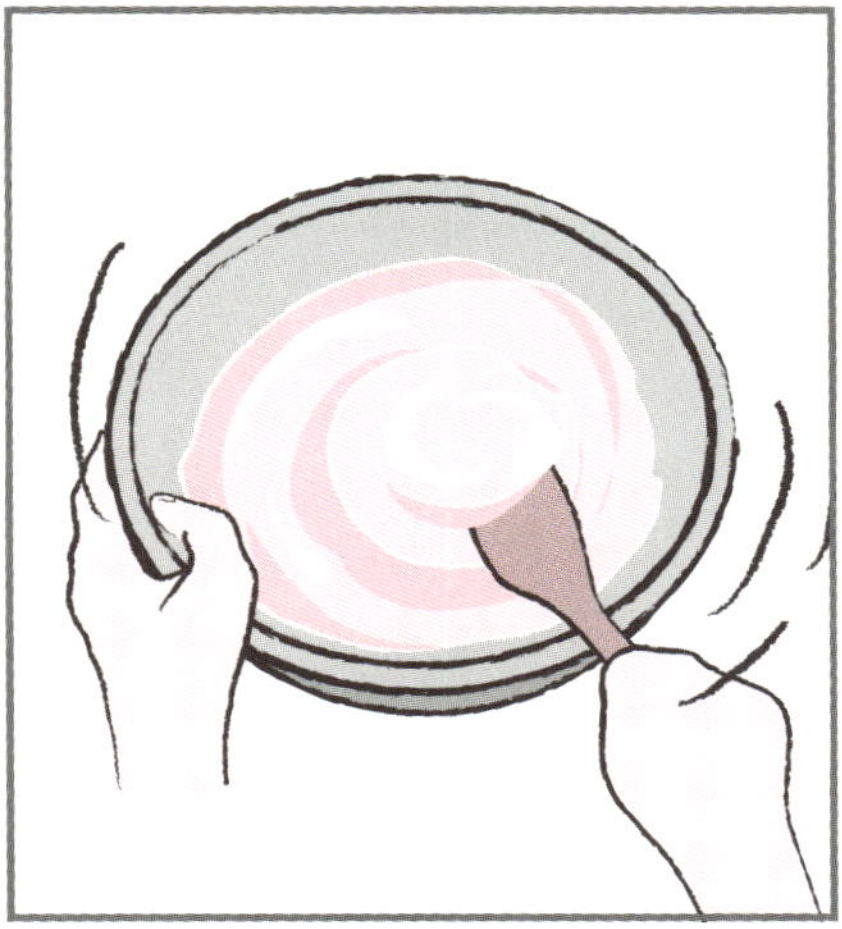

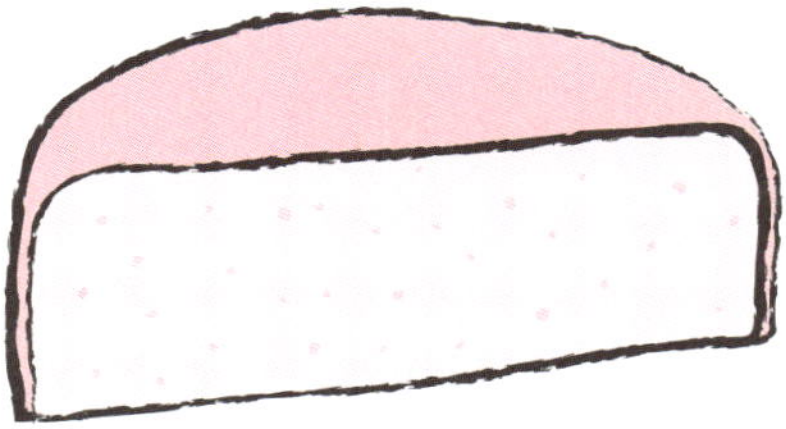

焼き上がり

きめが均一、しっとりしていて、つやがある。

↓

適度

結論

混ぜ足りないよりは **やや混ぜすぎのほうが状態のよいスポンジケーキ** になる。

　スポンジケーキの作り方には「さっくりと切るようにして混ぜる」と書いてあることが多いので、生地が粘るのを恐れて混ぜ足りない場合も少なくないようです。そこで小麦粉を加えてからの混ぜ回数（左ページ作り方❹で混ぜる回数）と焼き上がり状態との関係を調べました。

　混ぜ回数が適度なものは、ふくらみがよく、きめが均一でつやよく焼き上がります。

　混ぜる回数が少ないと、生地中の気泡をとり囲む小麦粉が充分に分散しないため、きめがあらく、不均一な焼き上がりになります。小麦粉は残ってはいないけれど、混ぜ不足では、ざらついてぱさぱさした食感に焼き上がります。切ったときに切りくずが出やすいのも混ぜ不足の生地の特徴です。これは、小麦粉と卵の水分の結びつきが弱くてグルテンが充分に形成されず、焼いたときに水分が蒸発しやすいからだと推測されます。

　しっかりと混ぜることで小麦粉が気泡のまわりに適度に分散し、きめが密になります。よく混ぜると小麦粉にグルテンが形成されて生地に粘りが出ます。しかし、混ぜすぎてしまうと、水分が抜けにくい、火が通りにくい、気泡がこわれてふくらみが悪くなるといった結果になります。また、適度な混ぜぐあいのものに比べて、ややかたくしまった感じの焼き上がりになります。

　実験の結果、焼き上がりの状態は150回の混ぜ回数のものがいちばんよいのですが、卵白の泡立てを充分にやってあれば、多少混ぜすぎても気泡がつぶれることはありませんから、生地が粘るのを恐れてさっくり切るように混ぜて混ぜ不足になるより、しっかり混ぜるほうが弾力のあるきめのそろったスポンジになることがわかりました。

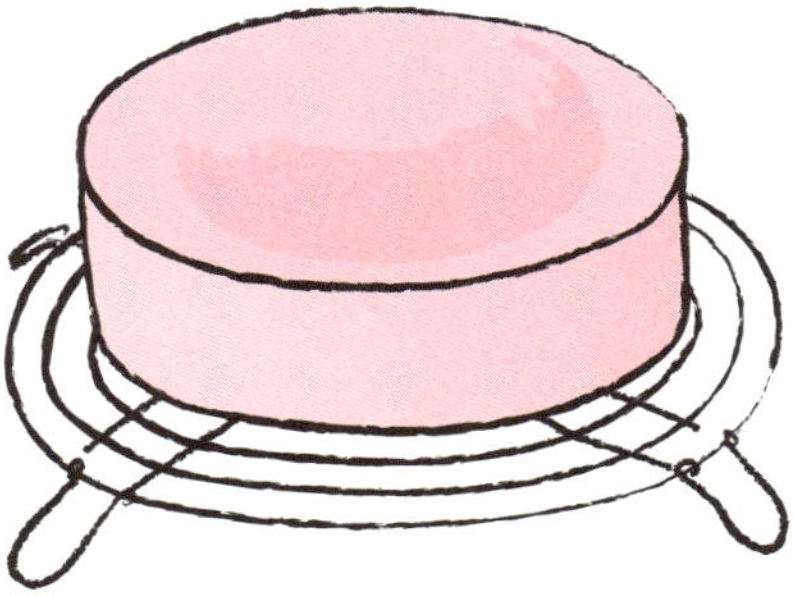

基本のスポンジケーキの作り方

材料／直径 18cm の丸型 1 個分

卵 ……………………… 4 個（200g）
砂糖（ふるう）…………………120 g
薄力小麦粉（ふるう）…………100 g
バター ………………………………40 g
1/8 切れ 178kcal　塩分 0.2 g

作り方

❶型の内側前面にパラフィン紙を敷いておく。バターは湯せんにかけてとかす。卵は卵白と卵黄に分ける。
❷ボールに卵白を入れて角がピンと立つまで泡立てる（ハンドミキサーの低速で約 15 秒攪拌《かくはん》し、高速にして約 3 分）。½量の砂糖を加えて高速で 1 分攪拌し、残りの砂糖を加えて 1 分攪拌する。
❸卵黄を 1 個ずつ加えてはよく混ぜる（高速で 30 秒ずつ合計約 2 分攪拌する。最後に低速で 30 秒程度混ぜて泡を整える）。
❹小麦粉を加え、ボールをまわしながら木じゃくしで底からすくうように大きく混ぜる。とかしバターを加えてなじむように混ぜる。
❺型に流し入れ、150℃に熱したオーブンで 30 分、160℃ 10 分で焼き上げる。
❻型を持ち上げて 10㎝ほどの高さから落として空気を抜く。型から出してさまし、紙を除く。
※今回はコンベックオーブン（強制対流型ガスオーブン）を使ったが、温度と時間はオーブンの説明書を確認すること。

●ショートケーキに仕上げる

スポンジケーキは高さを半分に切る。湯 80㎖に砂糖大さじ 4 ½を煮とかしてホワイトキュラソー適量を加えたシロップを作り、スポンジの断面にはけで塗る。生クリーム 1 ½カップに砂糖大さじ 4 を加えて泡立ててホワイトキュラソー大さじ 1 を加え混ぜ、このクリームを切り口に塗り、縦半分に切ったいちごをはさむ。表面にもシロップとクリームを塗り、いちごを飾る。
1/8 切れ 399kcal　塩分 0.2 g

水ようかんが分離しない方法は？

水ようかんは、**材料を合わせた液を**
約40度にさましてから
流しかためると分離しにくい。

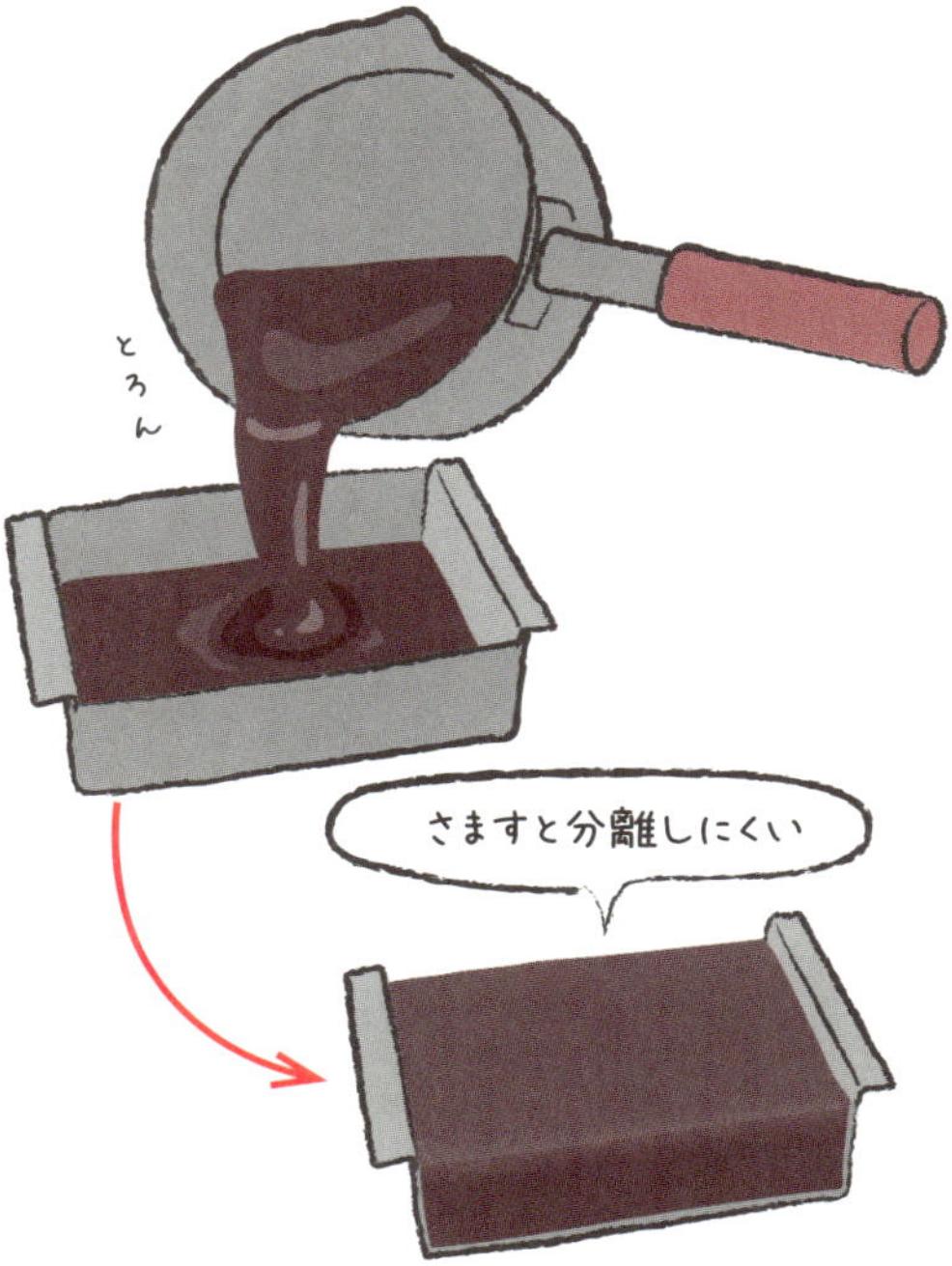

水ようかんは、かんてん液と砂糖とあんを混ぜ合わせてかためたものです。この液を40度程度にさまして流し缶に流すと、温度の低下とともにかんてんによる粘度が増しているので、あんの粒子が沈殿しにくくなるため、分離しにくくなります。

検証 流し缶に入れる温度によるでき上がりの違い

全材料を合わせた液を熱いうちに流し缶に流し入れた場合

熱い液はさらさらした状態で、さらさらのかんてん液に対して、あんは重いので沈殿する。かんてん液が上部、あんが下部の２層に分離してかたまる。

全材料を合わせた液を約40℃にさましてから流し缶に流し入れた場合

約 40℃までさました液は粘度がついてとろんとしてくる。この状態だと、あんとかんてん液がむらなく混ざってかたまるので、分離しない。

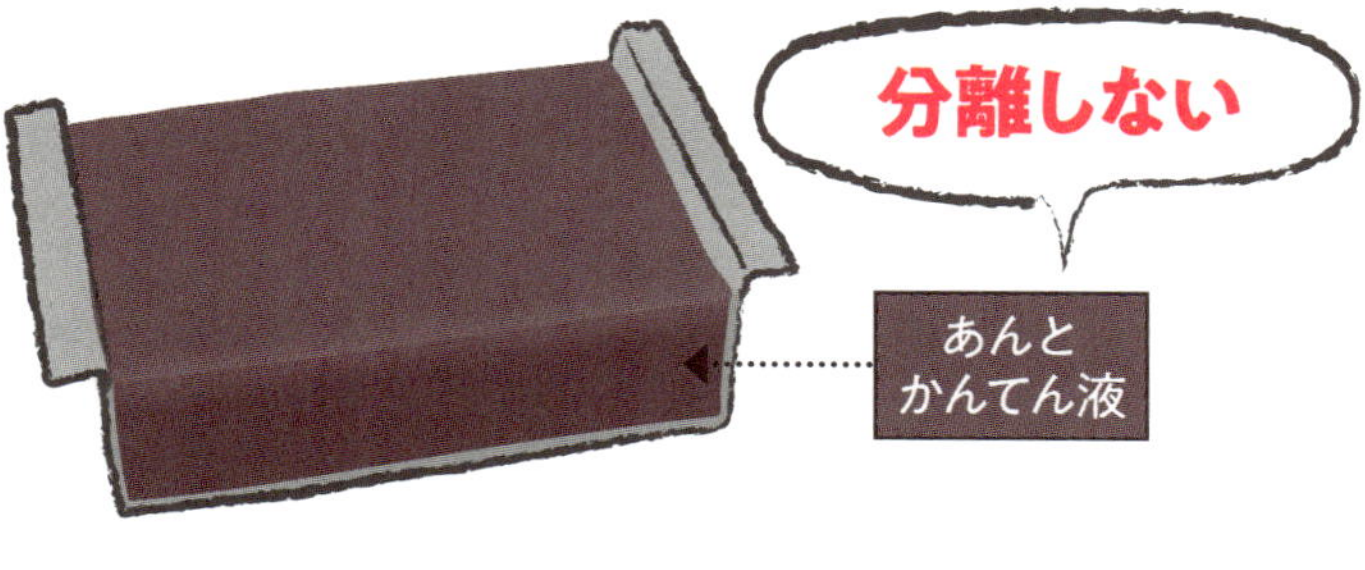

水ようかんを失敗なく作るためのポイント

ひんやりとしたのど越しがうれしいおなじみ「水ようかん」。家庭でも作れますが、ポイントをおさえておかないと、あんとかんてん液が分離してかたまってしまいます。そこで「なぜ分離するのか」「どうすれば分離しないか」を考えてみました。

水ようかんは、かんてん液と砂糖とあんを混ぜ合わせてかためたものです。これらがうまく混ざり合うと口当たりのよい水ようかんになります。そうするには、流し缶に流すときの液の温度、あんの割合、砂糖の割合、かんてんの割合が大きなポイントになります。

流し缶に流すときの液の温度

約40度程度にさまして流す

液が熱くてさらさらした状態のうちに流し缶に入れると、凝固するまでに時間がかかり、あんは重いため沈みます。その結果、下はあん、上はかんてん液というぐあいに分離してかたまります。ところが、液を約40度程度にさまして流すと分離しにくくなります。これは温度の低下とともにかんてんによる凝固が始まって液の粘度が増し、あんの粒子が沈殿しにくくなるからです。

あんの割合

※生こしあんの割合はでき上がり重量の25～30％

加えるあんの量が多くて液の粘度が高いほど分離しにくくなりますが、口当たりは重くなります。さらっとした口当たりにするには、生こしあんの割合はでき上がり重量の25～30％が適当です。

※生こしあんとは、あずきをやわらかく煮て、豆の皮を除いたもの。

砂糖の割合

砂糖の割合はでき上がり重量の30％程度

加える砂糖の割合が多いほうが混合液の粘度は高くなります。したがって、砂糖の量が多いほうが分離しにくくなります。食味を考えると、砂糖の割合はでき上がり重量の30％程度が適当です。

かんてんの割合

棒かんてん・糸かんてんの場合は、でき上がり重量の0.8％

棒かんてん・糸かんてんの場合は、でき上がりの口当たりを考えると、でき上がり重量の0.8％が適当です。粉かんてんは、棒状や糸状のかんてんより凝固力が強いので半量の0.4％でよいでしょう。

基本の水ようかんの作り方

材料／ 12 × 7.5 × 4.5cm の流し缶 1 個分（でき上がり 500g）

さらしあん（粉状、市販品）……50g※

棒かんてん（でき上がり重量の0.8%）…………………………4g（約½本）

水 ……………………… 2カップ

砂糖（でき上がり重量の 30 ～ 40%）……………………………150g

塩（でき上がり重量の 0.08%）……0.4g

※湯でさらすと 150 g の生こしあん（でき上がり重量の 25 ～ 30%）になる。

1/6 量 129kcal　塩分 0.1 g

作り方

❶生こしあんを作る。さらしあんに熱湯をたっぷり加え混ぜて５分おき、上澄みの湯を捨ててもう１回熱湯を注ぎ入れて５分おく（こうするとアクっぽさが抜ける）。上澄みの湯を捨て、あんをさらしのふきん（またはペーパータオル）で受けてとり、150 g になるまで水けを絞る。

❷棒かんてんはたっぷりの水に 30 分以上浸しておく。

❸なべの重量を計る。このなべに分量の水と水けを絞ってちぎったかんてんを入れて火にかける。かんてんが溶けたら砂糖と塩を加え、350 g になるまで煮つめる（なべごと計ってなべの重さを引く）。

❹別なべに生こしあんを入れ、③のかんてん液を少しずつ加えては混ぜる。

❺なべを火にかけてひと煮立てする。練らないこと。

❻なべ底を水につけてときどき混ぜながら約 40℃にさます。

❼水でぬらした流し缶に流し入れてかためる。

・生こしあん（砂糖を加えてないあん）は和菓子屋で買ってもよい。

結論

でき上がり重量に対して生こしあんを25～30%、砂糖を30%、棒かんてんを0.8%使用し、液を約40度にさましてから流しかためると分離しないで、口当たりのよい水ようかんができます。

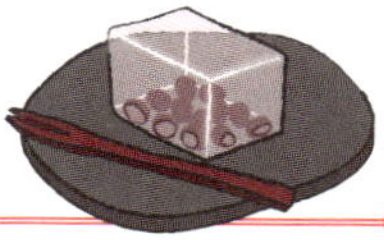

【応用】甘納豆かん

涼しげな錦玉《きんぎょく》かんに甘納豆を加えた和菓子です。かんてん液が熱くてさらさらの状態のうちに甘納豆を混ぜると、甘納豆は重いのでイラストのように沈みます。甘納豆を全体に散りばめたい場合は、かんてん液のあら熱を除いて液に少し粘度がついたところで甘納豆を加え混ぜて流し缶に流すと全体に散ってかたまります。このように、かんてん液の粘度の違いを利用すれば、加える材料を沈めるのも全体に散らすのも思いのままです。

材料／ 12 × 7.5 × 4.5cm の流し缶 1 個分

棒かんてん…………4g（約½本）

水 ……………………… 2カップ

砂糖…………………………150g

甘納豆 ………………………50g

1/6 量 122kcal　塩分 0g

作り方

❶棒かんてんはたっぷりの水に 30 分以上浸しておく。

❷なべの重量を計っておく。なべに分量の水とちぎって水けを絞ったかんてんを加えて火にかけ、かんてんが煮溶けたら砂糖を加えて 400g になるまで煮つめる。

❸目の細かいざるで濾《こ》し、甘納豆を加えて、熱いうちに水でぬらした流し缶に流し入れてかためる。

この論文からご紹介します
「情報がおいしさに及ぼす影響」
日本食生活学会誌　Vol.18，No.2，186～196（2007）
豊満美峰子、小宮麻衣良、松本仲子

どんな情報がおいしさに影響するのか。

おいしさは味だけでなく、食品の持つイメージや外観なども含まれる。

人間は情報によって「おいしさ」が変化するもののようです。「産地」、「価格」「商品名」、「栄養強化」、「栽培方法」について表示した場合の評価を調べました。

産地

国産か外国産かの場合、国産のほうが評価が高くなった。産地表示をした場合は評価が上がり、産地不明の場合の評価は下がった。

価格

価格が高いものほど食品の見た目の評価が上がり、安いものほど評価が下がった。

商品名

価格よりも商品名のほうが評価に影響を与える傾向が見られた。

栄養強化

食品への栄養の強化は、見た目のおいしさには結びつかず、むしろマイナス評価につながる傾向であった。

栽培方法

遺伝子組み換えの有無の情報の影響は、食品によって違った。

検証 どんな情報がおいしさに影響するか。

情報によっておいしさは左右されます。

店頭で食品を目にするとき、同時にさまざまな情報を受けとります。そして、「値段が高いからよさそう」、「このメーカーだから安心」などと、食品に付随する情報は、食品の評価に影響を与える大きな要素になるでしょう。

私たちが見た目で「おいしそう」かそうでないかを判断するとき、どのような情報に影響を受けやすいのでしょうか。「産地」、「価格」、「商品名」、「栄養強化の有無」、「栽培方法」の表示について検討してみました。

産地を表示

調査した食品は全部で26品
りんご、りんごジュース、オレンジジュース、パイナップルの缶詰め、クッキーなど。

りんご

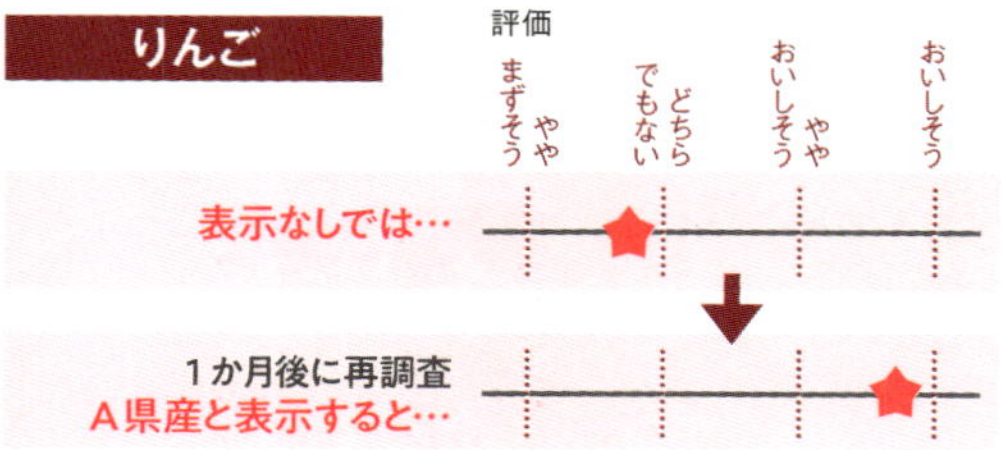

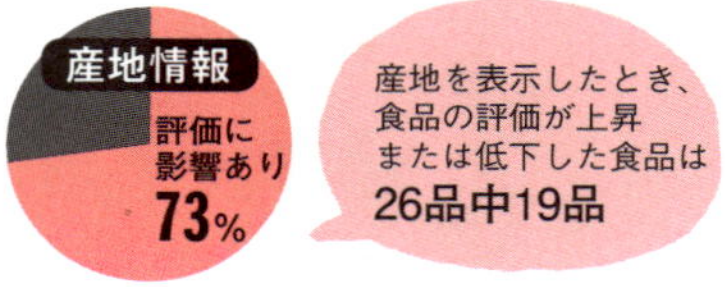

産地情報の影響

国産か外国産かの情報を与えた場合、国産のほうが評価が高くなった（りんごジュース、オレンジジュース、みかんの缶詰め、クッキー）。りんごは、国内の２県の産地名（実名）と産地不明の表示の３種類で調査すると、産地表示をした場合はいずれも評価が上がり、産地不明の場合の評価は下がった。食品の産地がおいしさと関連することが既知である場合、産地情報は評価に影響するものと考えられる。また、外国産ではその国へのイメージが評価の高低にかかわることが推測された。

【実験条件】

調査対象者は、18～20歳の女性（女子栄養大学短期大学学生）約60名。情報を表示しないで食品を見た場合と、1か月後、なんらかの情報とともに同じ食品を見た場合の、それぞれの評価を7段階で行ない、平均を求めた。

産地は26品、価格と商品名（メーカー名含む）は93品、栄養強化は19品、栽培方法は23品で、それぞれ比較可能な要素がある食品を選んだ。

価格と商品名を表示

調査した食品は全部で93品

食パン、牛乳、ヨーグルト、チーズ、ちくわ、塩、しょうゆ、みそ、酢、砂糖、みりん、マヨネーズ、ジャム、カステラ、バウムクーヘン、ポテトチップス、オレンジジュースなど。
価格に差があるものを各食品で3～5品選んだ。

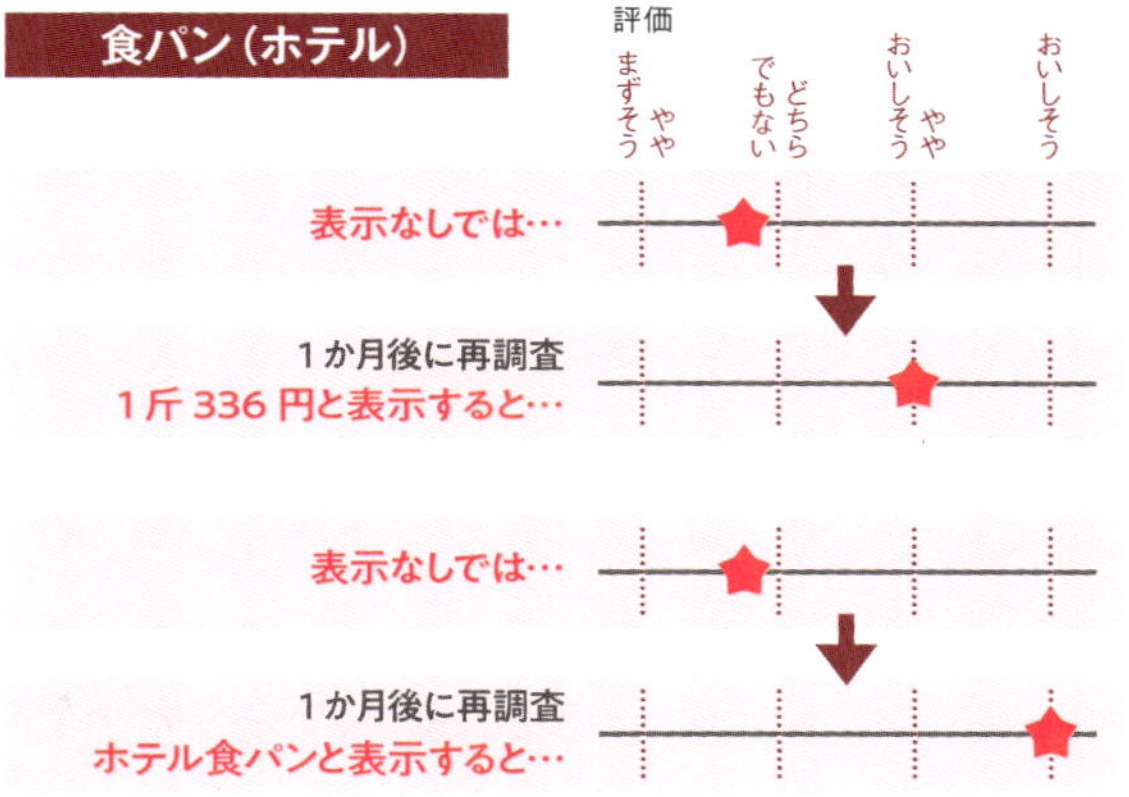

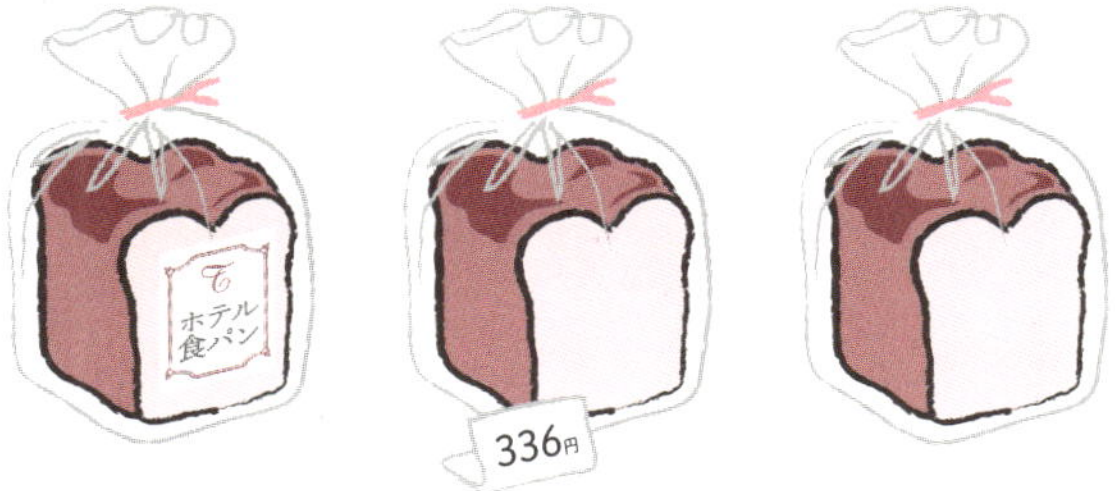

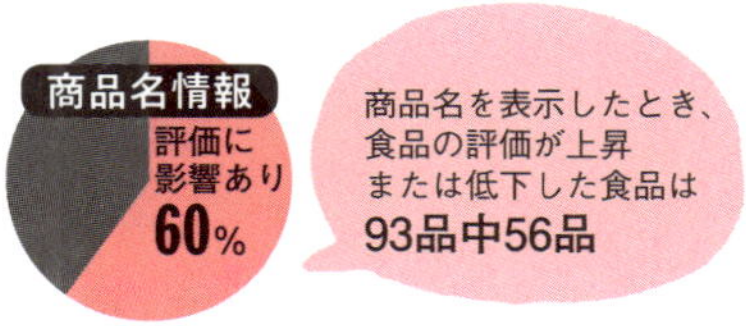

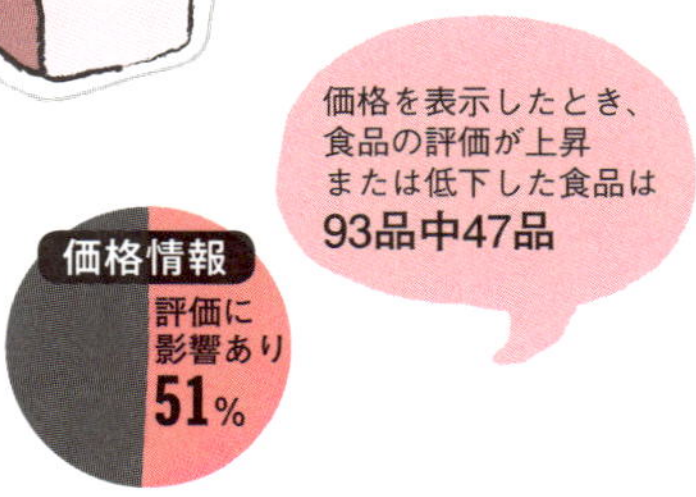

商品名情報の影響

調味料はメーカー名よりも、「本醸造」などの製造方法が商品名にあるもので評価が上がった。菓子類は市場にシェアの多い商品名の表示で評価が高くなった。価格よりも商品名のほうが評価に影響を与える傾向が見られた。

価格情報の影響

価格が高いものほど食品の見た目の評価が上がり、安いものほど評価が下がった。そのまま食べる菓子類は特に高価格品が好まれる傾向にあった。

栄養強化を表示

調査した食品は全部で19品
卵、牛乳、飲むヨーグルト、コーンフレーク、ウエハース、卵ボーロ、シュークリームなど。

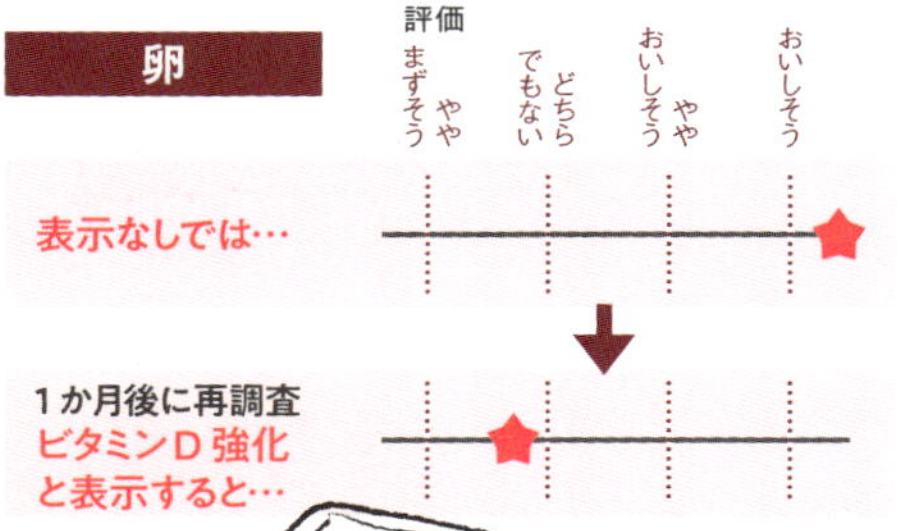

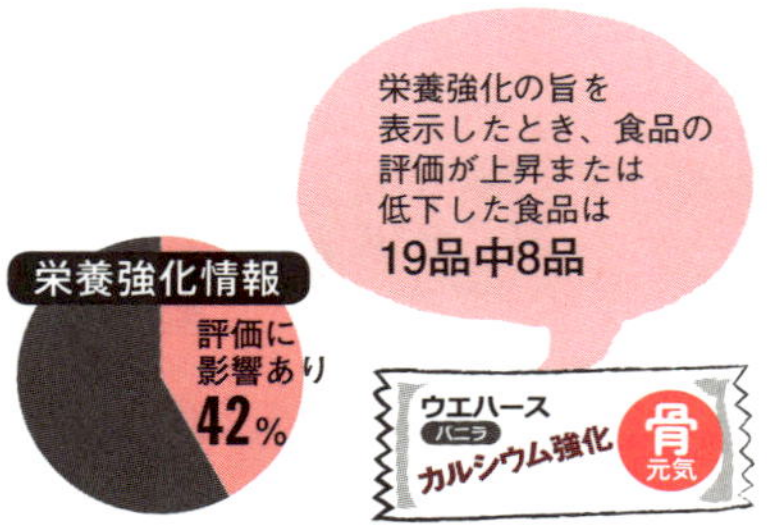

栄養強化情報の影響

なんらかの栄養を強化したという情報を表示した場合に、食品の評価に影響があったのは42%。そのほとんどが評価の下がったケースであった。卵は「ビタミンD強化」、「DHAとビタミンE強化」、「ヨード強化」、シュークリームは「カルシウム強化」の情報で、評価が著しく低下した。食品に不自然に添加物が加わっているという印象が、評価を低下させていることが推測される。食品への栄養の強化は、見た目のおいしさには結びつかず、むしろマイナス評価につながる傾向であった。

栽培方法を表示

調査した食品は全部で23品
大豆、コーンの缶詰め、ポップコーン、冷凍枝豆、ポテトチップス、ミニトマトなど。

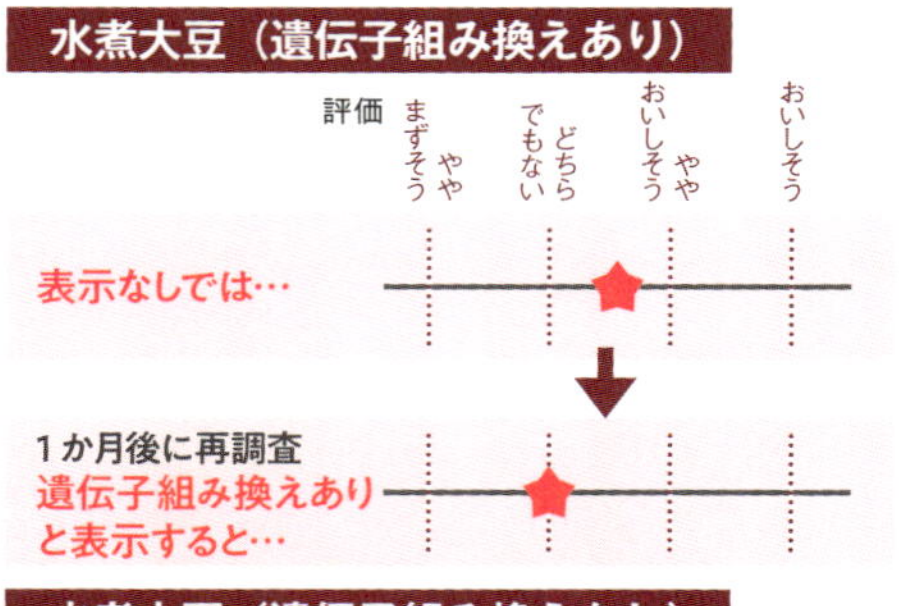

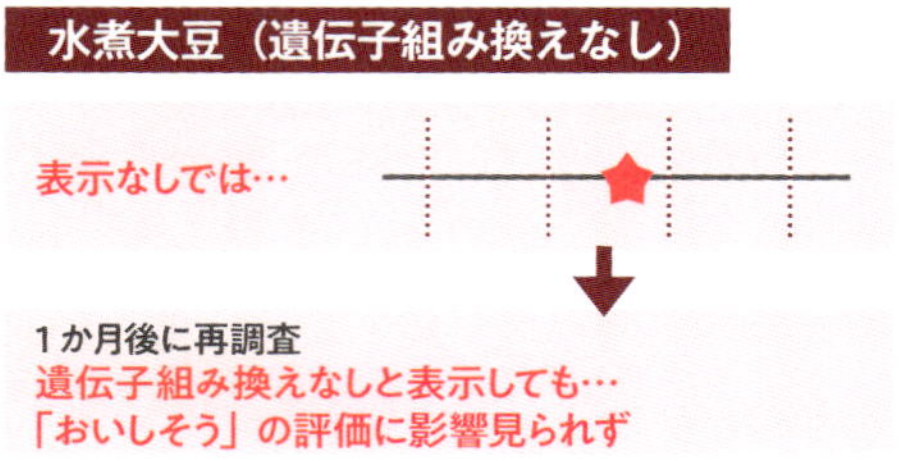

栽培方法情報の影響

栽培方法に関する情報は、原材料への「遺伝子組み換えの有無」「減農薬」「無農薬有機」などである。評価に影響があったのは、「遺伝子組み換えの有無」を表示した大豆、コーンの缶詰め、ポテトチップス、スナック菓子、ようかんと、「減農薬」と表示したミニトマト、「無農薬有機」と表示したかぼちゃの煮物であった。ポップコーン、冷凍枝豆、あめ、トマトケチャップは「遺伝子組み換えあり」の表示をしても、評価に影響がなかった。遺伝子組み換え情報の影響は、食品によって異なることが示唆された。

情報に影響される「おいしさ」のぶれをどうとらえるか

有用な情報はなにかを考えて

「おいしさ」は味だけでなく、食品の持つイメージや外観なども含まれます。私たちは、「高級感」や「有名ブランド」に弱いもの。有名ブティックのチョコレート、と聞くだけで「おいしいに違いない」と思ってしまいます。それはかならずしも悪いことではありません。人間は情報によって「おいしさ」が変化するものだと理解し、自分なりに他者の情報の何が有用なのかを考えていくとよいでしょう。

情報は食体験とリンクしておいしさに影響する

「おいしそう」という印象は変化しやすく、見た目の評価を変化させる情報は、個人の食の経験と関連が深いと考えられます。経験値が高く、情報を多く持っているほど、ぶれも大きくなる可能性があります。また、「以前食べたことがある」などの安心感も「おいしそう」という感覚につながるのではないでしょうか。

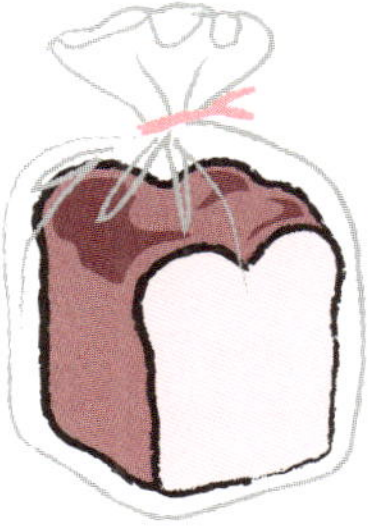

おまけの実験

食パンとヨーグルトのみ、価格を表示する前と後とで試食をして味と見た目の評価への影響を比べてみました

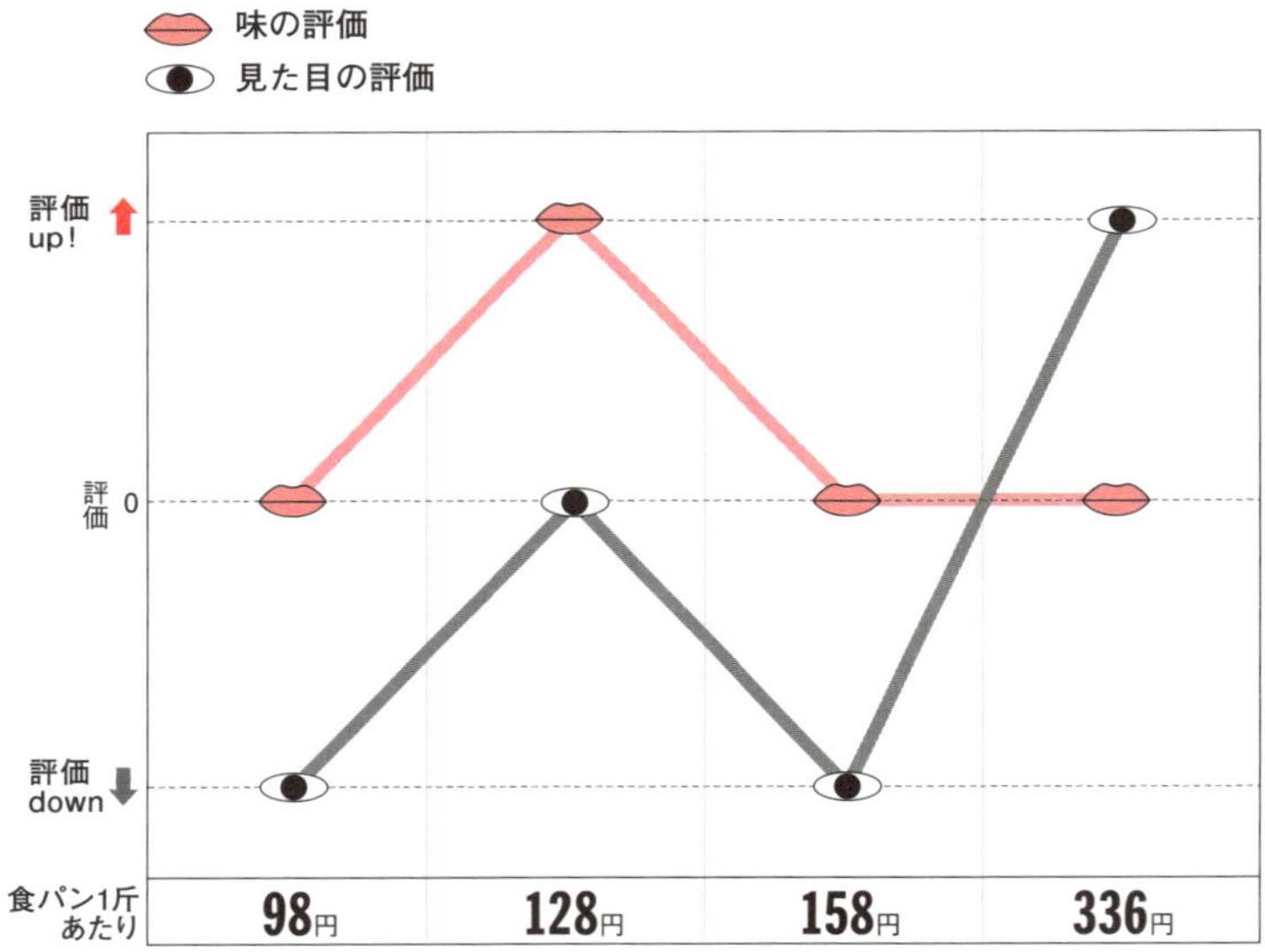

食パン１斤あたり	味の評価	見た目の評価
98 円と表示すると	影響なし	評価 down ⬇
128 円と表示すると	評価 up!⬆	影響なし
158 円と表示すると	影響なし	評価 down ⬇
336 円と表示すると	影響なし	評価 up!⬆

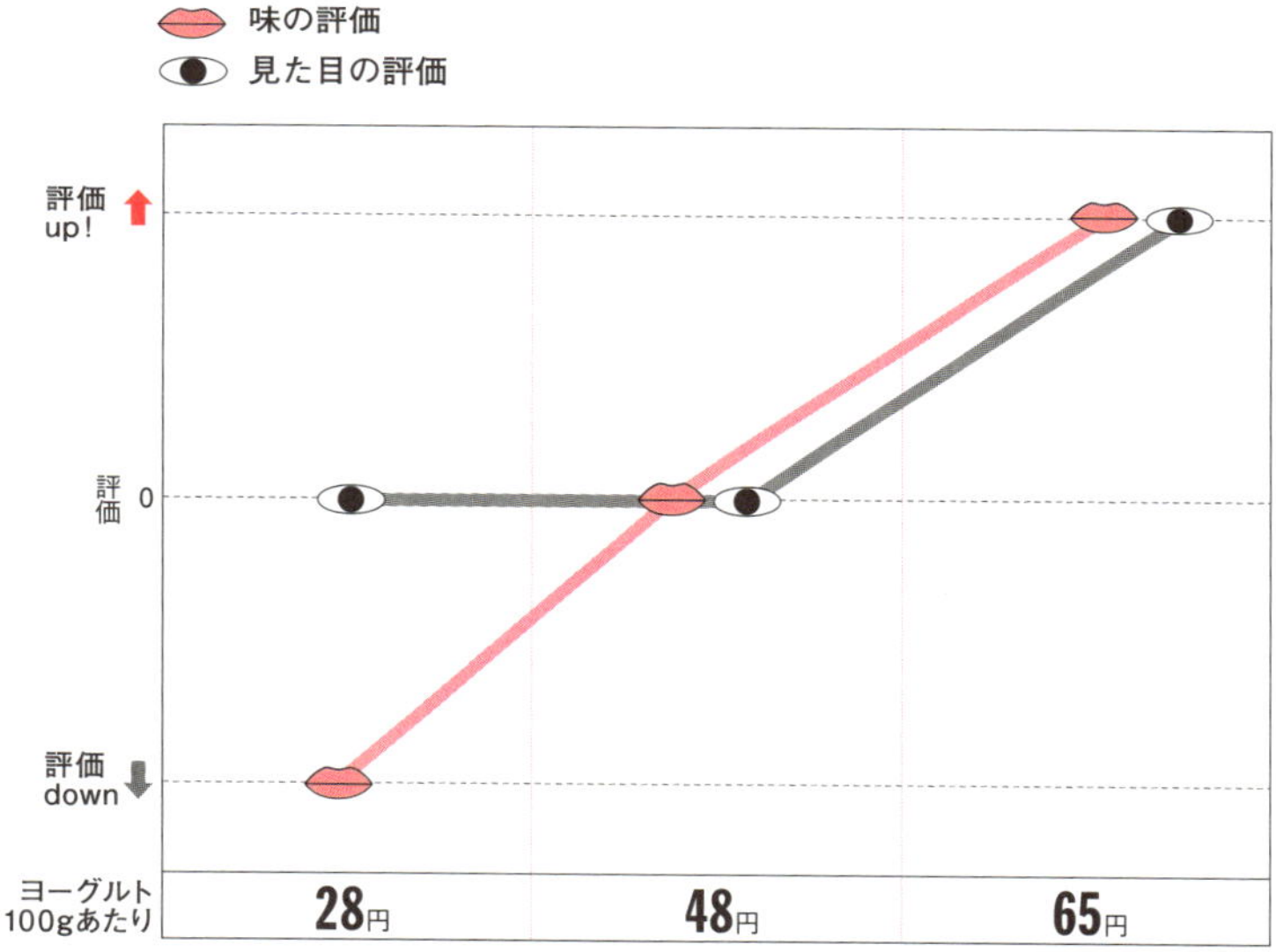

ヨーグルト 100g あたり	味の評価	見た目の評価
28 円と表示すると	評価 down ⬇	影響なし
48 円と表示すると	影響なし	影響なし
65 円と表示すると	評価 up! ⬆	評価 up! ⬆

この論文からご紹介します。

「家庭における調理方法の実態について」

日本調理科学会誌　vol.38,No.2,186 ～ 196（2005）

ふだんの料理、どうしてる？

40～50歳代の主婦190人※に、120種類の**調理の作業**について**聞きました。**

日ごろ、料理をするときにどんな作業を行なっているのか、アンケートをとりました。アンケートの結果と、実際の調理の意味についての調理学の専門家の解説とともに紹介します。

調理の意味を知ることで、料理をおいしく作るコツや、簡略化できる作業とていねいに行なうべき作業がおのずとわかると思います。

※アンケートは、女子栄養大学短期大学部に在籍する学生の家庭における主たる調理担当者を対象に行なった。

家庭の調理でたいせつなこととは……

おいしさに影響しない作業は省いてもよい

40～50歳代の主婦190人を対象に、120項目の調理作業に関するアンケートに答えてもらいました。調査の目的は、家庭における調理の実態を知ることにより、よりよい調理法を考え、伝えることに役立てるためです。

調査対象が女子栄養大学の学生の家庭だったことも関係しているかもしれませんが、料理離れの時代といわれても、基本に沿って作っているかたは多いようです。

最近は、食材の質や調理器具の性能が向上しているので、簡略化しても味には影響しない作業もあります。家庭調理の新常識を知ることで、日々の食事作りに役立つことでしょう。

なにげない調理作業も意味を知ることでおいしく作るコツがわかり、効率化がはかれる

なんとなく行なっている作業も多いのではないでしょうか。調理の意味を知ることで、簡略化できる作業とていねいに行なうべき作業がおのずとわかると思います。

理想をいえば、素材を買ってきて、きちんとした処理をして料理を作るのがよいでしょう。しかし、家庭の食事は毎日の営み。ライフスタイルに合わせて無理のない食事作りをしましょう。時間のあるときは手間をかけ、ないときには便利なものを利用して、日々の食卓を整えるのが現実的です。下処理ずみの食材や中食などをうまく利用することで、栄養バランスもととのえやすくなります。

効率よく、おいしく作りましょう

食材の質や調理器具の性能が向上したことで、必要な調理作業も変化しています。たとえば、みそ汁に使う油揚げなら湯通ししなくてもOK、というように、手間を省いてもおいしく食べられる方法を見きわめましょう。

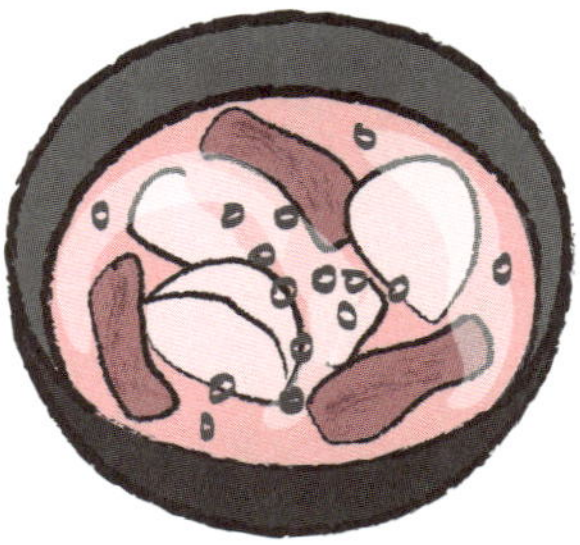

聞き ました！

多くの人がしている家庭の調理

これらの調理作業は80％近くの主婦が行なっていました。
調理の常識のように思えますが、中には不要なものもあるようです。
調理の意味を確認しつつ、自分の調理法を見直してみてはいかがでしょうか。

□鶏肉のから揚げの下味時間は **20分以上**

(解説) 20～30分がちょうどよいでしょう。それ以上長くなると、肉がしまってかたくなることがあります。

□殻つきアサリを料理するときは **砂抜きをする**

(解説) 食べたときに砂がジャリッと口に当たらないために必要な作業です。塩水（水1ℓにつき食塩30g）に浸して暗い所に2時間以上置いておきます。

□魚の煮つけは煮汁が煮立ってから **魚をなべに入れる**

(解説) 約80％の人が煮立ってから、約15％が初めから入れるという結果でした。2～4切れ煮る場合は、煮汁がすぐに煮立つので、魚と煮汁を同時に入れて火にかけてもだいじょうぶです。(52ページ参照)

□ハンバーグに入れる玉ねぎは **いためる**

(解説) いためると、甘味やうま味が増します。また、しんなりとなるので肉だねに混ぜ込みやすくなります。生のまま入れるとすっきりとした味わいになります。(32ページ参照)

□油揚げは使う前に **湯通しする（油抜き）**

(解説) 約90％の人が湯をかける、さっとゆでるなどの方法で湯通しをしています。最近の油揚げは油の臭みが少ないので、みそ汁などには、湯通しをしなくてもおいしくいただけます。(154ページ参照)

□茶わん蒸しは **蒸し器で蒸す**

(解説) 蒸し器でも、なべでも、電子レンジでも蒸すことができます。(25ページ参照)やりやすい方法で行ないましょう。

□一尾魚を料理するときはらわたは **自分でとる**

(解説) 購入するときに店でとってもらうと楽ですが、どちらでもよいでしょう。意外な結果でした。

□じゃが芋の皮は **包丁でむく**

(解説) 包丁の次にピーラーでむく人が多く、約20％いました。むきやすいほうでよいですが、皮むきは慣れていると包丁のほうがむきやすいかもしれません。

□調味料は **目分量**

(解説) 調味料を計って加えるという人は16％でした。健康のためにも、調味料や油はなるべく計って使いましょう。

□エビの背わたは **とる**

(解説) 背わたは口当たりが悪くなることがあるのでとりましょう。小さなエビであれば、それほど気にならないこともあります。

□ねぎは青い部分も **利用する**

(解説) ぜひ利用しましょう。白い部分よりもビタミンが多いですし、食材はむだなく使いたいものです。

□煮物の調味の順は **さしすせそ**

(解説) 昔から、さ(砂糖)→し(塩)→す(酢)→せ(しょうゆ)→そ(みそ)の順に加えると味がしみ込みやすいといわれてきました。しかし、同時に加えても味に大差がないことがわかっています。入れる調味料を忘れないために覚えておいてもよいですね。

聞きました！ どの調理法が望ましい？

これらの調理は、回答が分かれた項目です。それぞれの調理法には、家庭ごとに常識があるようです。よりよい方法はどれか、調理学の専門家の解説を参考にしてください。

□にんじんの皮はむく？

（解説）最近のにんじんはよく洗浄されています。むだなく使うために、鮮度や料理によってはむかなくてもよいでしょう。

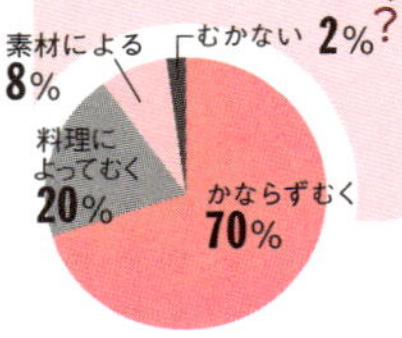

□きのこ類は洗う？ 洗わない？

（解説）衛生面を考え、洗ってから使いましょう。水を吸うと水っぽくなるので水分をふきとってから使うことがたいせつです。

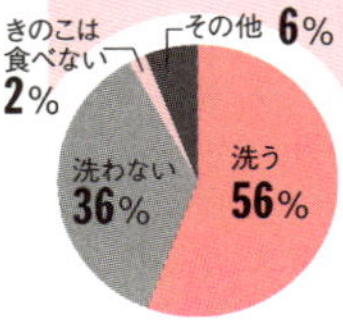

□麻婆豆腐の豆腐は水きりする？

（解説）水きりをするといためるときにくずれにくくなります。電子レンジを使うと手軽にできます。（148ページ参照）

大事な作業は手を抜かないようにね

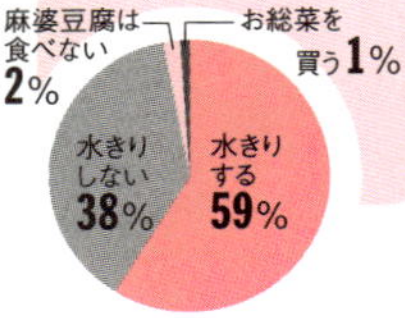

□もやしの芽やひげ根はとる？

（解説）芽やひげ根をとると、見た目はよくなりますが、家庭ではそこまで手間をかけなくてもよいでしょう。

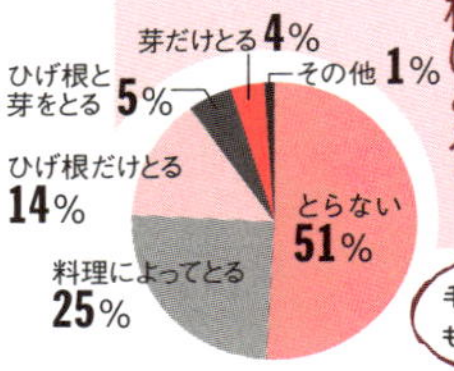

手間をかけるよりもう一品作って！

□里芋のぬめりはどんな方法でとる？

（解説）料理に合わせて方法を選びましょう。中国風の煮物など、ぬめりを生かす料理もあります。（97ページ参照）

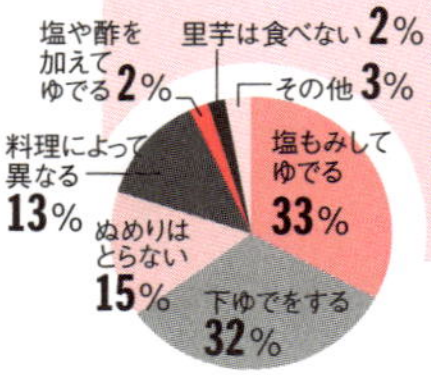

□干ししいたけはどうやってもどす？

（解説）水でゆっくりともどすのが適切です。湯では苦味が出ますし、香信などの薄いしいたけは熱湯につけると裂けることも。

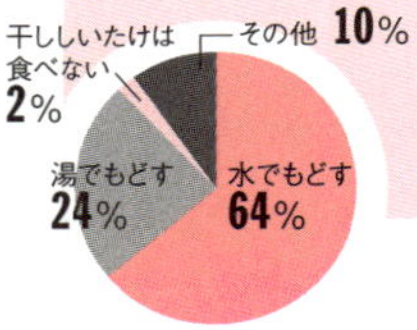

□魚の塩焼き、塩はいつふる？

（解説）魚は塩をふってしばらくおくことで、臭みが抜けて身がしまります。塩は10～20分前にふりましょう。

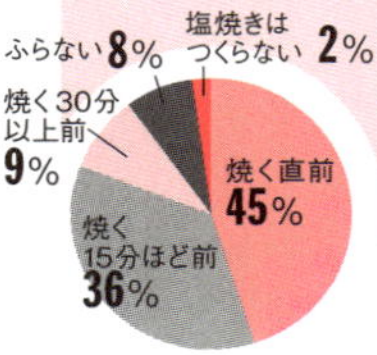

□洗米するとき、何回くらい水をかえる？

（解説）3～4回程度でよいと思います。洗いすぎると米が割れたり水溶性成分が溶け出たりしていきます。

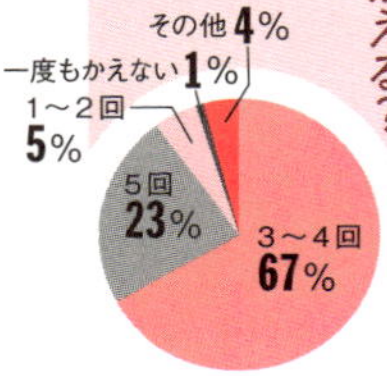

□大豆の煮物はどう作る？

（解説）体によい大豆は、水煮などを利用して積極的にとるとよいですね。乾燥豆を使えばより経済的です。

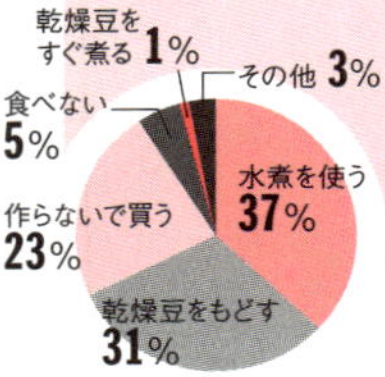

□ だし用の煮干しの下処理はどうしてる？

（解説）頭と内臓を両方とると苦味が除けます。しかし、急ぐときは省いてもだいじょうぶ。

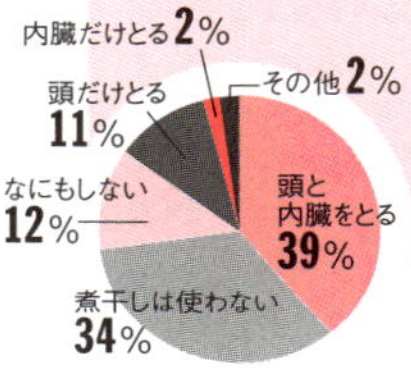

□ チャーハンはどんなごはんで作る？

（解説）チャーハンはなるべく短時間で仕上げるのがおいしさのコツなので温かいごはんがよいでしょう。

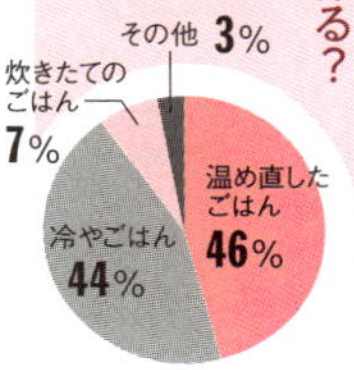

□ ドレッシングは自分で作る？

（解説）野菜をおいしく食べるために、手作りでも市販品でも、バリエーションが豊富にあるとよいですね。

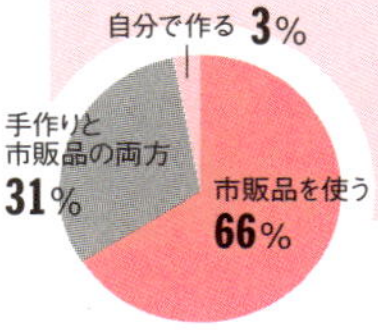

□ カレーに入れる肉の定番は？

（解説）薄切り肉は早く火が通り、食べやすい。かたまり肉はうま味が抜けにくいです。

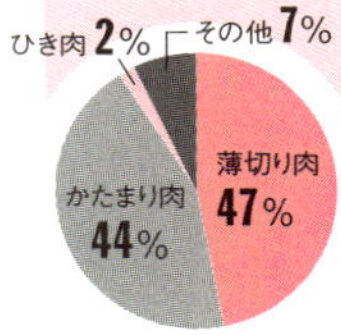

□ 揚げ油は何回ぐらい使いまわす？

（解説）何を揚げたかにもよります。油の状態を見て、濁って粘りが出ていたら使わないように。

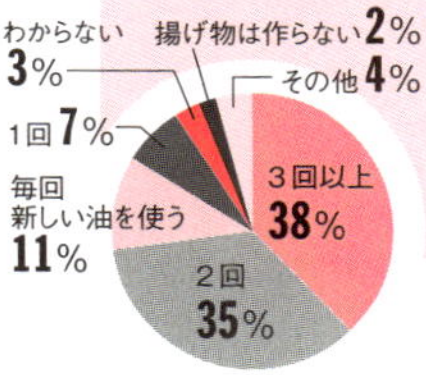

□ めんをゆでるとき、吹きこぼれをどう防ぐ？

（解説）火加減は簡単に調整できるので、かならずしも差し水でなくてもよいでしょう。

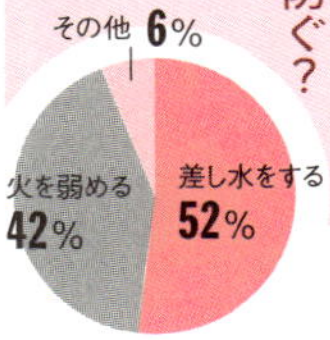

□ 刺し身はどのように用意する？

（解説）さくは身がつぶれないようにうまく切らないと、おいしさが半減することもあります。

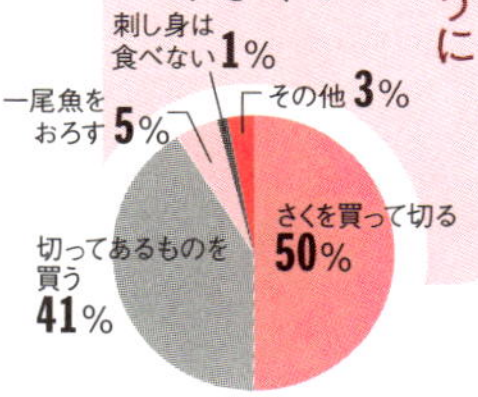

□ ゆで卵をゆでるとき、湯に塩を加える？

（解説）ゆで湯に塩を入れることでひび割れした卵がかたまりやすくなるには、湯の0.5～1.0％塩分の塩が必要。卵を常温にもどしておくとひび割れ防止になります。

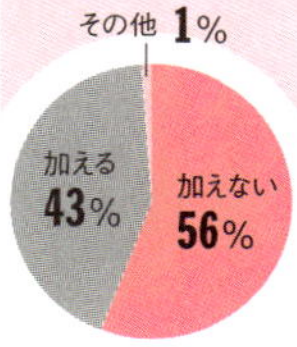

□ 鶏肉のから揚げの揚げ方は？

（解説）中温（160度前後）で中まで火を通したあと高温（180度前後）にして揚げることで、油ぎれもよく、カラリと揚げることができます。

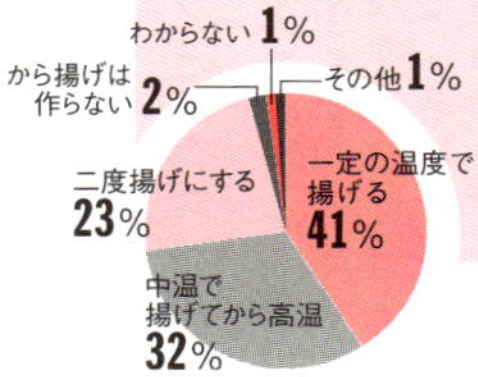

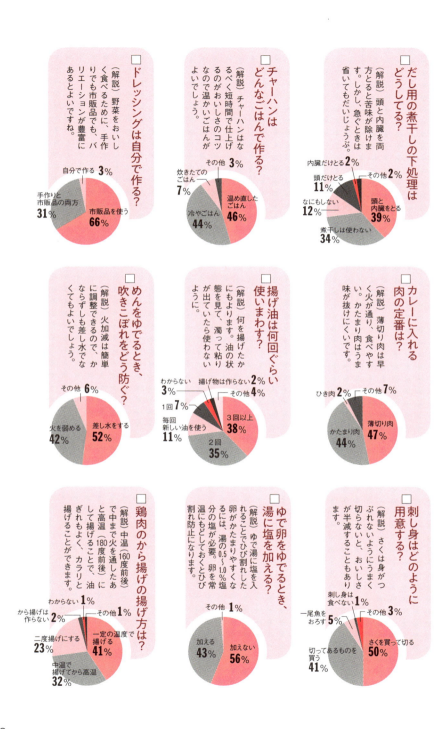

年越しとお正月に食べるものは何？

年越しにそばを食べる割合は全国約8割。お正月におせち料理を食べる割合は地域ごとに差があり、食べる料理も 地域性が強い。

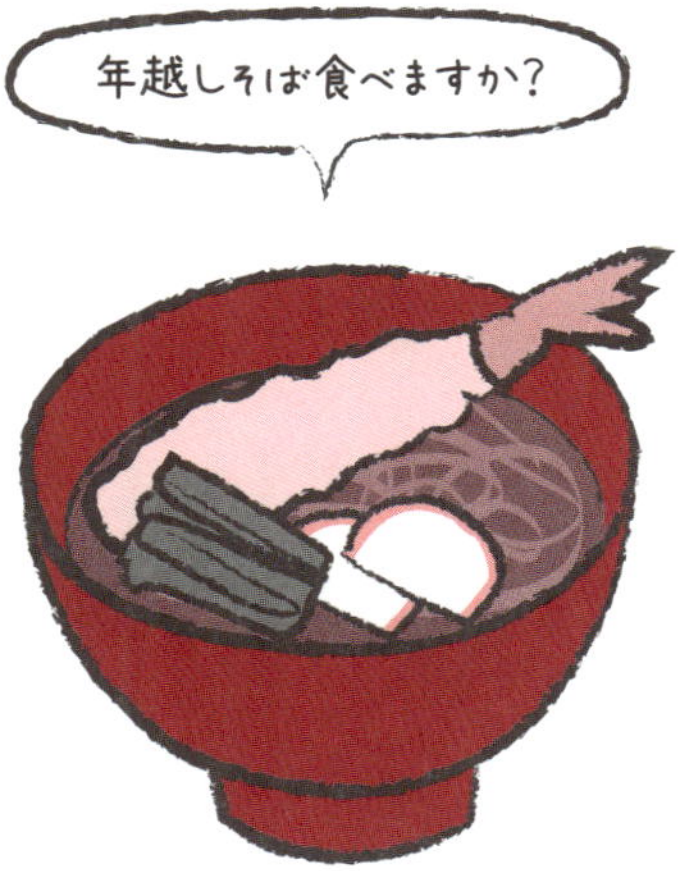

新年を迎えるための伝統的な行事や慣習がたいせつにされてきた年越しとお正月。年越しそばやおせち料理は、親から子へと受け継がれてきた食文化ですが、時代の流れによって変化しつつあります。

全国のアンケートの結果から、現在の日本における年末年始の食の実態をご紹介します。

年越し編

大みそかにはやはり年越しそばを食べるのでしょうか？ 年越しに食べられている料理について、全国で行なったアンケートの結果をご紹介します。

【アンケートの概要】アンケートの回答者は全国の大学・短大の学生２６０８名。回答者の出身県を11の地域に分けて、地域性の検討に用いた。

全国&地域別年越しに決まって食べる料理は？

年越しに決まって食べる料理の中で最も多かったのが「日本そば」。
下図は地域別の統計。日本そばの割合は折れ線グラフで示した。

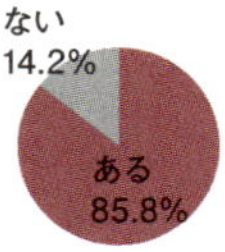

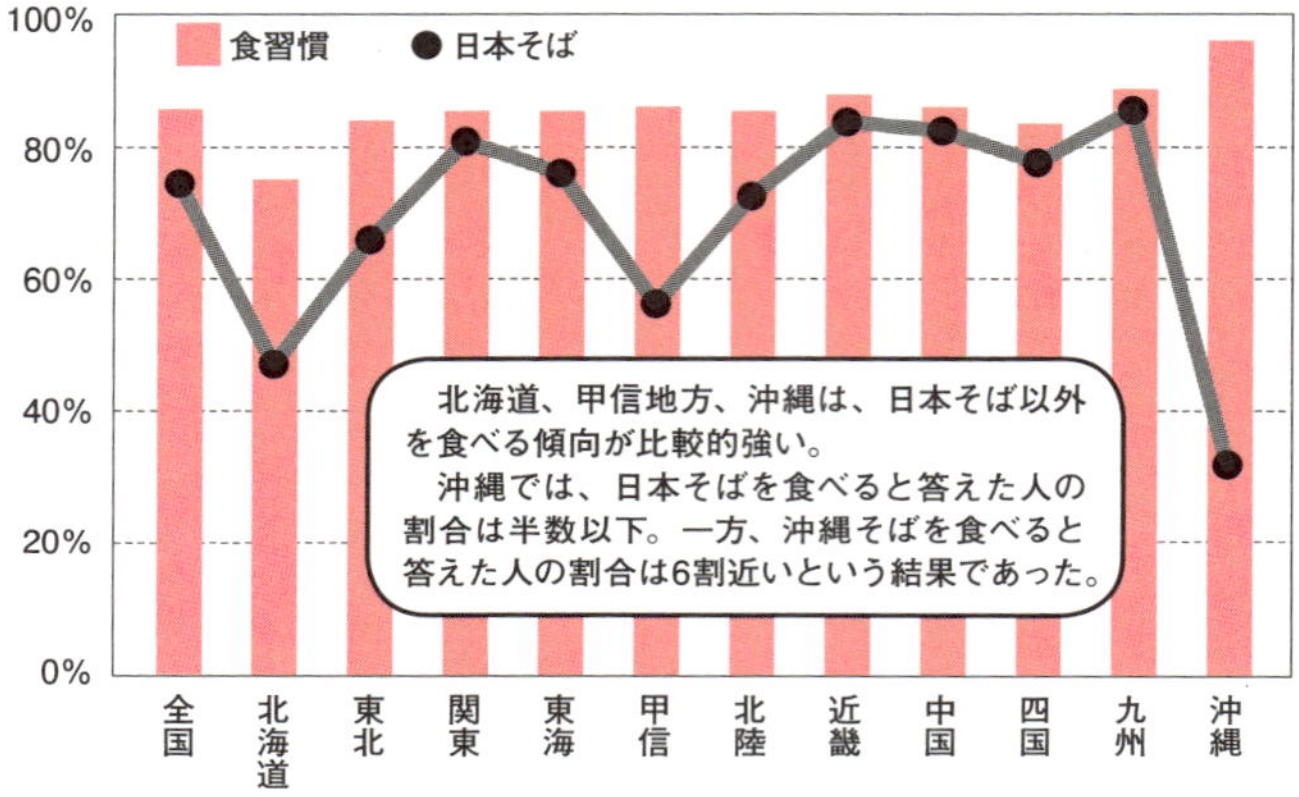

全国&地域別めん類以外に年越しに決まって食べる料理は？

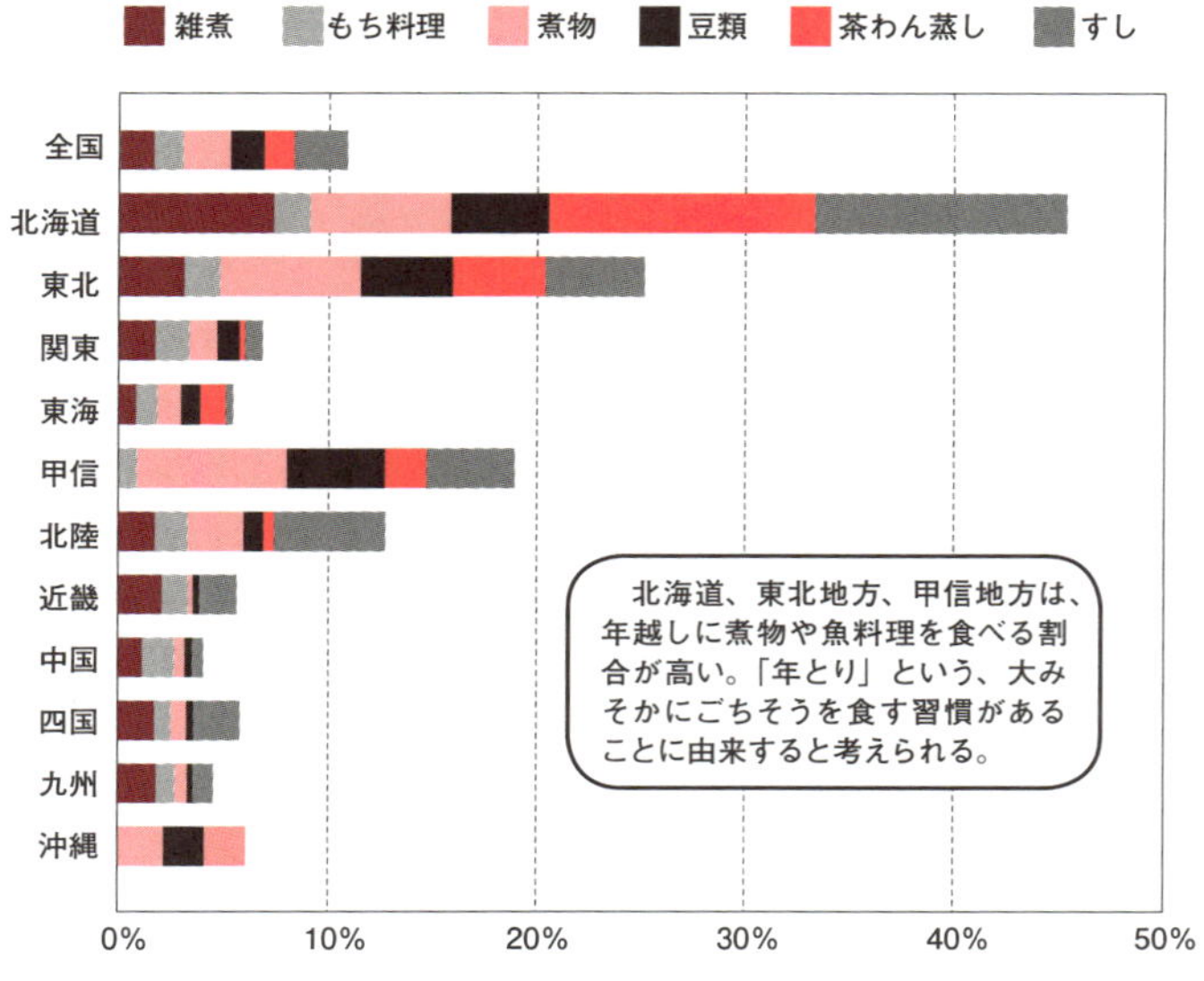

出典：飯島久美子、小西史子ほか「年越し・正月の食習慣に関する実態調査」
日本調理科学会誌　Vol.39, No.2, 154 ～ 162（2006）
（調査は 2002 年に実施）

「年越しそば」の由来は？

年越しにそばを食べる風習は、江戸時代に定着したといわれています。そばを食べるようになった由来は諸説あります。そばのように細く長く家運を伸ばし、寿命を延ばす、そばは切れやすいため一年の苦労や厄災を切り捨てる、金銀細工師が飛び散った金銀の粉を集めるのに水でこねたそばを使っていたため、お金が集まるように縁起をかつぐ、などのいわれがあります。

年越しに食べる料理の傾向は…？

そばを食べる割合は全国約8割。北海道、甲信、沖縄は独自の風習あり。

年越しに決まって食べる料理として最も多いのがめん類であり、中でも、「日本そば」が最も多いという結果でした。北海道は決まって食べる料理が比較的少なく、甲信地方や沖縄では決まって食べる料理はあるものの、そば以外の料理を食べるという回答も多く見られました。

四国では「うどん」という回答が目立ち、その中でも香川県はうどんを食べる人の割合が最多でした。沖縄は沖縄そばという回答が日本そばを上まわりました。

めん類以外では、雑煮や煮物、すしなどを食べるという回答が多く見られました。大晦日の晩は、その土地や家で恒例の料理を食し、新年を祝う行事としている地域が各地にあるようです。

年とり魚とは？

長野県や東北地方、北海道など、地域によって、大晦日に魚を用いた祝い膳を食べる風習が残っており、そこで出される魚を「年とり魚」と呼んでいます。サケ、イワシ、ブリなどが食べられているようです。古来、1日は日没から始まり朝に続くと考えられていたため、大晦日の晩はすでに新年の始まりとされていました。そのため、大晦日に縁起物の尾頭つきの魚を食べるという食文化が、現代に受け継がれているようです。

おせち編

最近は、市販のおせち料理を利用する人も増えています。食べる頻度や手作りの頻度など、おせちの実態調査の結果をご紹介します。

全国どんなおせち料理を食べましたか？

- 1位　黒豆
- 2位　かまぼこ
- 3位　数の子
- 4位　きんとん
- 5位　煮物
- 6位　田作り
- 7位　伊達巻き
- 8位　こぶ巻き
- 9位　なます

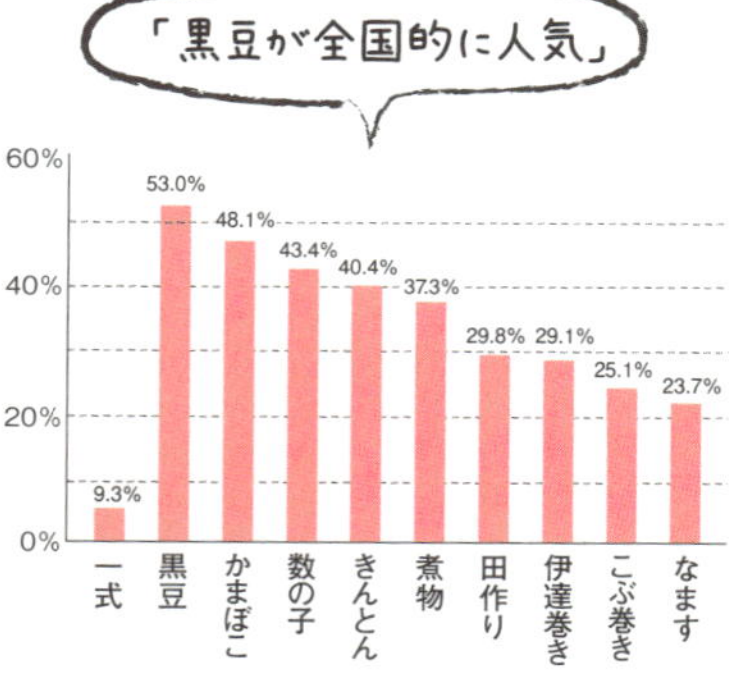

数あるおせち料理の中でも、「食べた」という回答を20％以上得たものは9種類。きんとんには芋、豆、栗のきんとんが含まれ、煮物には、煮しめ、いりどり、がめ煮が含まれる。1979年の調査では、黒豆は78.7％、かまぼこは95.0％、数の子は75.6％で、8～9割の人が食べたと答えたが、年々減少傾向にある。また、おせち一式となると、食べたという回答はかなり少なかった。

全国おせち料理の調達法は？

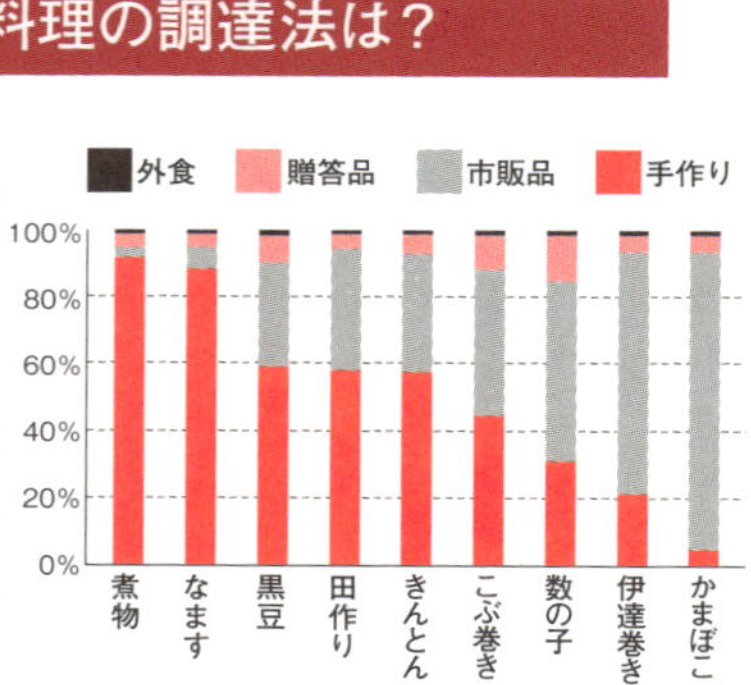

おせちを1品でも手作りするという人は、全国で約7割。煮物やなますは手作りされることが多く、伊達巻きやかまぼこは既製品の割合が高い。1979年の調査と比べると、手作りの割合は全体的に10％前後低下傾向。市販品と組み合わせるケースが多いといえる。

出典：飯島久美子、小西史子ほか「年越し・正月の食習慣に関する実態調査」
日本調理科学会誌　Vol.39, No.2, 154 ～ 162（2006）（調査は 2002 年に実施）
亘理ナミ、吉中哲子、岩倉さちこ、石綿きみ子「行事食から見た食生活の動向（第２報）
正月の行事食について」家政誌 ,32,488-498（1981）

地域別おせち料理を食べますか？

50%～
～50%
～40%
～20%
～10%

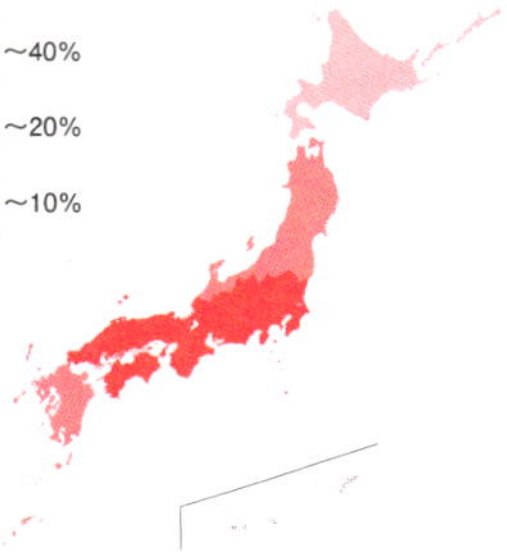

黒豆
全国的によく食べられている。
北海道と沖縄は 40%以下。

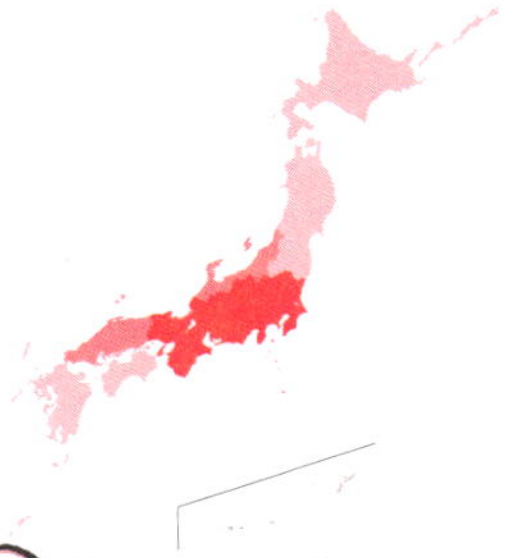

かまぼこ
関東以西から中国地方までで
よく食べられている。

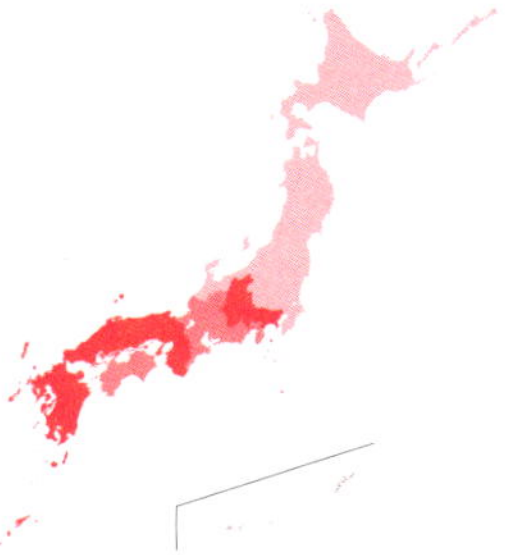

数の子
西日本でよく食べられている。

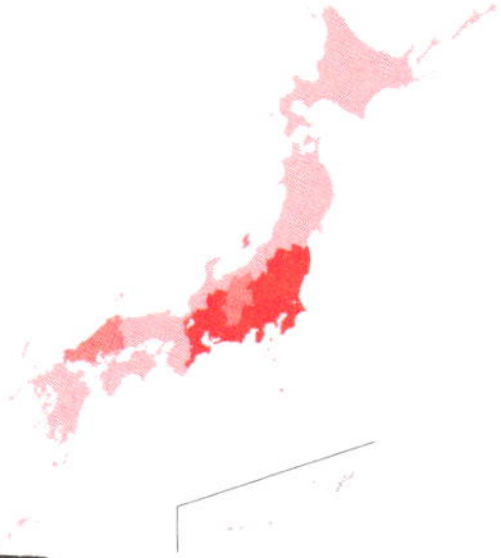

きんとん
関東、東海地方を中心に
よく食べられている。

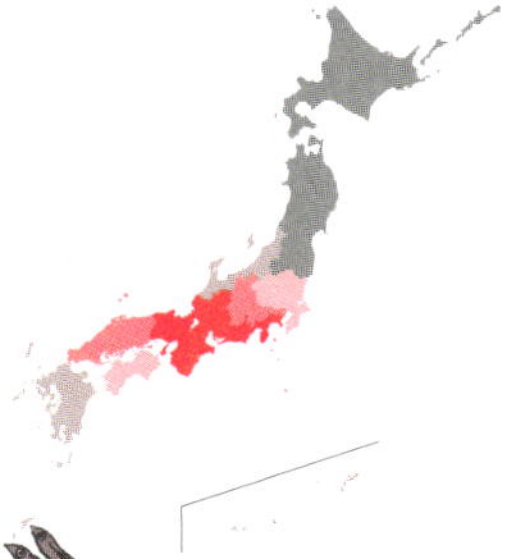

田作り
東海、近畿地方を中心に
よく食べられている。
東北以北の喫食率※は低い。

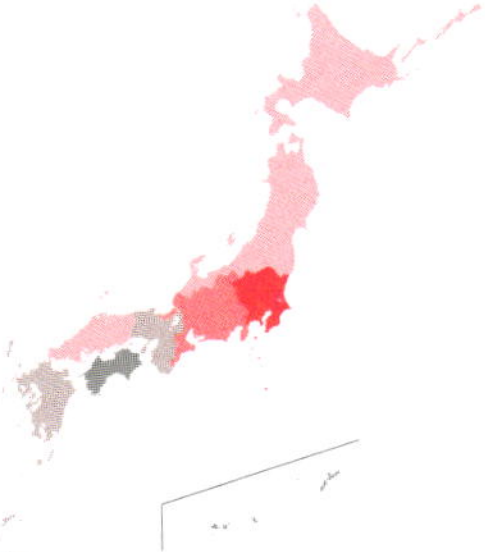

伊達巻き
関東、東海、甲信で
よく食べられているが、
四国以南の喫食率は低い傾向。

※喫食率とは食べた人の割合のこと。

おせち料理の傾向は…？

地域性が強い おせち料理の 喫食率

おせち料理の語源は、季節の変わり目などに祝いを行なう日を節日《せちにち》といい、節日に訪れた神様を歓待するためのごちそうを「節供《せちく》」と呼んだことに由来します。おせち料理の喫食率は、地域ごとに差があり、各地の食文化の独自性が見られます。上位に上がる料理以外に、近畿や東海地方では「だし巻き卵」、沖縄や九州、関東地方では「煮豆」、関東や甲信地方では「きんぴら」、関東や甲信、北陸地方では「酢ダコ」、近畿では「たたきごぼう」といった料理がよく食べられています。

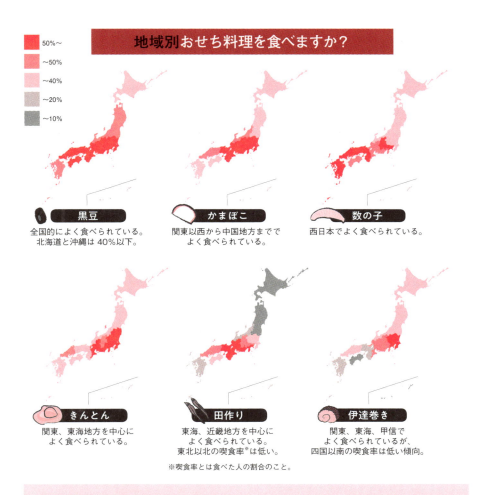

なべ料理編

調査の結果から、じつはお正月は一家でなべを囲む家庭が増えていることもわかりました。なべ料理に関する調査結果をご紹介します。

アンケートの回答者は全国の大学・短大の学生および職員１０１３名。回答者の出身県を11の地域に分けて、地域性の検討に用いた。

地域別年末年始によく食べるなべ料理ランキング

	1位	2位	3位	4位	5位
全国	すき焼き	寄せなべ	キムチなべ	おでん	水炊き
北海道	すき焼き	寄せなべ	おでん	キムチなべ	湯豆腐
東北	キムチなべ	寄せなべ	すき焼き	おでん	湯豆腐
東海	すき焼き	寄せなべ	キムチなべ	おでん	湯豆腐
北陸	すき焼き	寄せなべ	キムチなべ	おでん	湯豆腐
甲信	キムチなべ	寄せなべ	おでん	すき焼き	湯豆腐
関東	キムチなべ	すき焼き	おでん	寄せなべ	湯豆腐
近畿	すき焼き	寄せなべ	おでん	キムチなべ	水炊き
中国	すき焼き	水炊き	おでん	キムチなべ	寄せなべ
四国	すき焼き	水炊き	寄せなべ	おでん	キムチなべ
九州	おでん	すき焼き	水炊き	寄せなべ	しゃぶしゃぶ
沖縄	すき焼き	寄せなべ	おでん	水炊き	キムチなべ

すき焼き

全国的に最も頻度が高いのはすき焼きであった。地域別に見ると東北や関東、甲信地方ではキムチなべ、九州ではおでんがよく食べられている。中国や四国地方で上位の水炊きは、この地域に特徴的ななべ料理といえる。すき焼きを食べる頻度が多い沖縄は、牛肉の価格が全国で最も低いことが影響している可能性が高い。

年越しと正月の食について

年越しとおせち料理の食文化は、今でも各地域に連綿と受け継がれているようです。これは、ふだんは多忙でもお正月くらいは家族が集い、料理を囲んで故郷の味やわが家の味を楽しみたい、という気持ちが根底にあるからではないでしょうか。

確かにおせち料理を手作りする家庭は少なくなっています。しかし、おせち料理や年越し料理には日本の伝統や食文化の粋が凝縮されており、私たちは年に1度それを食べることで、日本人としてのアイデンティティーを再確認しているのだと思います。国際化が進む世の中だからこそ、これからもたいせつに守っていきたい行事食です。

出典：飯島久美子、小西史子ほか「鍋物の食べ方に関する実態調査」
日本調理科学会誌　Vol.38, No.3, 257 ～ 264（2005）
（調査は 2003 年に実施）

全国なべ料理にはどんな具を入れますか?

図　なべの種類別材料の種類（頻度が高い順）

	すべてのなべ 8種類	すき焼き 8種類	寄せなべ 11種類	キムチなべ 9種類	おでん 7種類	水炊き 10種類	湯豆腐 4種類	しゃぶしゃぶ 9種類
1位	豆腐類 75.2%	長ねぎ 90.1%	白菜 95.8%	白菜 95.9%	大根 97.2%	白菜 95.4%	豆腐類 96.5%	白菜 78.7%
2位	白菜 71.1%	豆腐類 88.0%	豆腐類 85.5%	豆腐類 86.5%	こんにゃく 84.2%	豆腐類 85.6%	白菜 51.6%	豚肉 72.9%
3位	長ねぎ 65.8%	牛肉 86.2%	長ねぎ 83.1%	長ねぎ 79.2%	がんもどき 68.5%	長ねぎ 78.6%	長ねぎ 42.5%	長ねぎ 64.0%
4位	えのきたけ 55.6%	しらたき 76.1%	えのきたけ 76.5%	豚肉 76.1%	卵 67.8%	えのきたけ 77.2%	えのきたけ 25.2%	豆腐類 61.3%
5位	しらたき 46.4%	白菜 73.7%	しいたけ 61.2%	えのきたけ 70.9%	厚揚げ 59.5%	しいたけ 62.1%		牛肉 59.1%
6位	しいたけ 46.2%	えのきたけ 71.2%	しらたき 59.6%	しいたけ 47.6%	じゃが芋 48.9%	春菊 57.2%		えのきたけ 58.2%
7位	春菊 41.2%	春菊 59.2%	春菊 57.5%	しめじ 44.0%	豆腐類 29.9%	鶏肉 56.8%		春菊 51.6%
8位	大根 34.4%	しいたけ 38.3%	タラ 48.2%	しらたき 43.3%		しらたき 50.2%		しいたけ 36.9%
9位			しめじ 48.0%	うどん 37.2%		しめじ 43.9%		しらたき 36.0%
10位			うどん 37.9%			豚肉 36.1%		
11位			大根 33.6%					

寄せなべ

キムチなべ

おでん

なべ料理の材料は家庭によって差がある

なべ物に使う材料を、料理ごとに答えてもらったところ、一つのなべ物に入れる材料は平均8種類であり、頻度が高い順に、豆腐、白菜、ねぎ、えのきたけ、しらたき、しいたけ、春菊、大根であった。これらを共通材料とすると、ほかの材料はそのなべ料理の独自性を表わしている。

キムチなべは豚肉、すき焼きは牛肉、寄せなべにはタラ、水炊きには鶏肉あるいは豚肉、しゃぶしゃぶは豚肉あるいは牛肉といった、独自性を示す材料がある。

研究室で検証しました！

女子栄養大学 料理のなるほど実《じっ》験《けん》室《しつ》

料理をおいしく作るコツ

監修●吉田企世子　女子栄養大学名誉教授
松田康子　女子栄養大学調理学研究室教授
奥嶋佐知子　女子栄養大学調理学研究室准教授

著者●小川久惠　女子栄養大学名誉教授
奥嶋佐知子　女子栄養大学調理学研究室准教授
児玉ひろみ　女子栄養大学短期大学部調理学研究室専任講師
小西史子　女子栄養大学調理学研究室教授
柴田圭子　女子栄養大学調理科学研究室准教授
髙橋敦子　女子栄養大学名誉教授
殿塚婦美子　女子栄養大学名誉教授
豊満美峰子　女子栄養大学短期大学部調理学研究室教授
松田康子　女子栄養大学調理学研究室教授
松本仲子　女子栄養大学名誉教授

五十音順

栄養価計算●島 奈緒子（女子栄養大学生涯学習講師）
デザイン・イラスト●横田洋子
図・表●横田洋子　木本直子
校正●くすのき舎

※本書は、月刊誌『栄養と料理』（女子栄養大学出版部）に 1993 ～ 2012 年の間に掲載した記事を再編集し、まとめたものです。

発　行／2019 年 2 月 15 日　初版第 1 刷発行
2021 年 4 月 20 日　初版第 2 刷発行

発行者／香川明夫
発行所／女子栄養大学出版部
〒170-8481　東京都豊島区駒込 3-24-3
電話　03-3918-5411（販売）
03-3918-5301（編集）
ホームページ　https://eiyo21.com/

振替　00160-3-84647

印刷・製本　広研印刷株式会社

ISBN978-4-7895-4831-1